En el Jardín de la Paz

Guía Matrimonial Sólo para Hombres

Por

El Rabino Shalom Arush

Director de las Instituciones 'Jut shel Jesed' –

'Hilo de Bondad'

Autor de:

'En el Jardín de la Fe'

'La Sabiduría Femenina'

'En el Jardín de la Riqueza'

'En el Jardín de la Sabiduría'

'En el Jardín de los Anhelos'

'En los Campos del Bosque'

'Las Puertas de la Gratitud'

'Educación con Amor'

Y otros libros más

Elul 5772 – Septiembre 2012

En todo lo relacionado con este libro, distribución y encargos, por favor ponerse en contacto con:

Instituciones *'Jut shel Jesed'* – 'Hilo de Bondad'

Tel: 972–52–2240696
www.myemuna.com

Apartado Postal: 50226, Jerusalén, Israel

ISBN : 9798859779765

Traducción:
Yonatán D. Galed

Diseño y compaginación:

Eye See Productions
972–2–5821453

Imprimido en Israel

Aprobaciones Rabínicas

Presentamos extractos de algunos de los elogios y aprobaciones que hemos recibido de las principales figuras rabínicas de esta generación para la versión original de este libro*:

"Se ha alegrado mi corazón y mi alma se deleitó al leer las páginas del libro 'En el Jardín de la Paz' que brillan con palabras luminosas... Es la obra de un artista, el brillante, justo y humilde Rabino Shalom Arush shlit"a, pleno de conocimiento de Torá... quien ilumina la oscuridad como la luz del día... Que goce de muchos días felices...".

~Gran Rabino Ovadia Yosef *shlit"a*
El *Rishon LeTzion* y el Presidente
del Consejo de los Sabios de la Torá

"Me siento impresionado hasta lo más profundo de mi alma ante este libro tan valioso e importante 'En el Jardín de la Paz', que trata el tema de la paz hogareña y el honor a la mujer y aproxima la Redención por medio de invocar la Presencia Divina en cada hogar, a través de la verdadera paz matrimonial y el mutuo respeto ... Este libro debe encontrarse en cada casa, y cada uno debería esforzarse en difundirlo hasta que no haya hogar alguno que no lo tenga ... Que quien obtenga este libro sea bendecido con todas las bendiciones posibles, Amén...".

~Rabí Eliezer Berland *shlit"a*
Presidente de la Yeshivá *'Shuvu Banim'*, Jerusalén

*Contactándonos se pueden obtener tanto las demás aprobaciones como las cartas originales en detalle.

Deseo felicitar a mi estimado amigo, conocido por su enorme difusión de la fe auténtica, el brillante Rabino Shalom Arush shlit"a, director de las Instituciones 'Jut shel Jesed' de Jerusalén. Sus magníficos libros y CDs ya han sido aceptados en forma masiva en todo el mundo y ahora también el nuevo libro: 'En el Jardín de la Paz' que trata el tema de la paz matrimonial y la solidaridad familiar. Se trata de un libro que nuestra generación necesita en forma urgente, pues vemos con nuestros propios ojos cuántos hogares son destruidos por las disputas y los enfrentamientos... Aquel que distribuye este libro, lo estudia en forma independiente o lo enseña a los demás, está beneficiando enormemente a la sociedad en general...".

~**Rabí Naftali A.Y. Moscowitz** *shlit"a*
El Rebe de Melitz , Ashdod, Israel

"Felicitaciones por la publicación de los excepcionales libros del Rabino Shalom Arush shlit"a 'En el Jardín de la Fe', 'En el Jardín de los Anhelos', 'En el Jardín de la Paz', 'En el Jardín de la Riqueza', 'En los Campos del Bosque', 'La Sabiduría Femenina' y los demás... Estos libros deben encontrarse en cada casa, para fortalecer así las bases de la auténtica fe...".

~**Rabí Yehuda Zeev Leibowitz** *zt"l*
Autor *de "Or Levi – Ziv Yehuda", Minjat Yehuda,* y otros

Advertencia Importante:
¡A las mujeres les está prohibido leer este libro!

En un matrimonio, cada uno de los cónyuges carga con la plena responsabilidad del éxito matrimonial. Por lo tanto, cada uno de ellos debe aprender las obligaciones específicas que le corresponden, y ciertamente no ocuparse si su pareja cumple o no con sus obligaciones. Cuando uno está ocupado evaluando la conducta de su cónyuge, lo más probable es que descuide sus propios deberes. Lo que es aún peor, es que cuando nos concentramos en los defectos de nuestra pareja, llegamos inevitablemente a la frustración y a la disputa.

Por otra parte, los esfuerzos unilaterales de uno de los integrantes de la pareja de cumplir con sus propias obligaciones, llevan a una mejor atmósfera hogareña y causan una influencia positiva en su compañero. Cuando cada uno se esfuerza por cumplir sus propias obligaciones, ciertamente logra que la paz reine en su hogar.

Por consiguiente, como este libro trata esencialmente de los deberes y obligaciones de un marido respecto a su esposa y no puede beneficiarle a la mujer en absoluto – sino perjudicar sus relaciones conyugales, ¡a las mujeres les está estrictamente prohibido leerlo! Para eso yo he escrito un libro que se dirige únicamente a las mujeres titulado 'La Sabiduría Femenina – En el Jardín de la Paz para Mujeres' y que está prohibido leer a los hombres.

Espero que esta advertencia sea suficientemente clara y comprensible y que cada mujer sepa abstenerse de su lectura, total o parcial. Toda mujer debe rezar que su esposo logre seguir los consejos de este libro y que también ella pueda cumplir con sus propias obligaciones hacia su marido, de modo que juntos puedan lograr y disfrutar de la dulce y buena vida que proviene de una auténtica paz matrimonial.

Bendigo a cada mujer que presta atención a estas palabras de advertencia y resiste la tentación de leer este libro, con verdadera paz, armonía y dicha conyugal, una larga y buena vida, abundancia material y espiritual, alegría y felicidad, satisfacciones de sus niños y que, con la ayuda del Creador, crezcan justos, bendecidos y exitosos caminando por el buen camino ¡Amén!

Con la bendición de la Torá,
Rabino Shalom Arush

Índice

La verdadera solución • Falta de conocimiento • La lujuria
¿Quién es el perturbador? • Crisis emocional • Todavía no
es tarde • Mirar hacia adelante • Perdón y disculpa • Sacar
conclusiones • ¿Qué será de los niños? • La vida sigue

Nota del Traductor:
Prefacio de la Edición Española

'**En el Jardín de la Fe**', el primer libro del Rabino Shalom Arush, ha abierto nuevos caminos de esperanza y felicidad a millones de personas alrededor del mundo. Como escribió un lector: "Mi vida está dividida en dos partes– antes de leer '**En el Jardín de la Fe**' y después de leerlo". Con este comentario todo está dicho.

Las palabras del Rabino Arush son una bebida refrescante para un alma seca. Él es un experto 'médico del alma' que con habilidad cura los males de la gente con una secreta panacea espiritual que ha pasado de generación en generación – la *Emuná*, la auténtica y pura fe en el Todopoderoso Creador del Universo.

Todos aquellos que han tenido el privilegio de conocer al rabino de cerca, pueden atestiguar sin reservas: ¡Él meticulosamente practica lo que enseña y predica! No hay duda alguna que fuimos bendecidos con un pilar indiscutible de *Emuná* y paz matrimonial en nuestra generación.

Decenas de miles de personas sólo en Israel llegan a la puerta del Rabino Shalom Arush, entre ellos muchos que sufren dificultades matrimoniales consideradas irreconciliables. Es incontable la enorme cantidad de matrimonios que ha salvado con sus consejos y su guía. Prácticamente incapaz de seguir con la orientación privada de tanta gente, el Rabino Arush decidió escribir este manual matrimonial titulado '**En el Jardín de la Paz**' únicamente para hombres, y otro para mujeres titulado '**La Sabiduría Femenina – En el Jardín de la Paz para Mujeres**'. Tal como en el caso de '**En el Jardín de la Fe**', estos libros se transformaron en un éxito de librería al poco tiempo de salir a la luz.

'**En el Jardín de la Paz**' ha tenido un éxito fenomenal tanto en hebreo como en sus traducciones y ha sido reconocido como un victorioso entrenador matrimonial que "ha pinchado el globo de la estadística de divorcios". Hoy en Israel, cuándo alguien hace un pedido de divorcio en un tribunal rabínico, los *Dayaním* (Jueces Rabínicos) primero preguntan: "¿Ha leído usted el libro '**En el Jardín de la Paz**'? Si no, léalo y vuelva dentro de tres semanas". La mayor parte de esas personas nunca vuelve...

Un viejo refrán dice que los ganadores no tienen que excusarse por haber ganado el juego, mientras que los perdedores están llenos de excusas por haberlo perdido. Con este libro, ya no hay más excusas. Los consejos del Rabino Arush, firmemente basados en la Torá y en las enseñanzas de los grandes Justos de las generaciones –los mayores 'médicos del alma' que alguna vez existieron–, son profundos y prácticos, efectivos y fáciles de entender. Todo hombre que honestamente pondrá en práctica sus consejos, ciertamente verá una mejora significativa en todos los aspectos de su vida y, en especial, en su vida de matrimonio.

Querido lector, este libro conocido también como "La guía matrimonial para el verdadero varón" sacará lo mejor de ti como hombre, marido y padre. Si aún no has encontrado tu "media naranja", si ya has celebrado tus bodas de oro, o si acabas de comenzar tu vida matrimonial, '**En el Jardín de la Paz**' se transformará rápidamente en tu fiel compañero y guía.

Con la ayuda del Creador, se ha hecho todo lo posible para conservar el sabor, la intención y la hermosa simplicidad del estilo original de las palabras del autor, adaptándolas a nuestro público de habla hispana. Por lo tanto, cualquier error en este libro es debido únicamente a la traducción y no al autor.

¡Infinitas gracias al Rey de reyes, el Creador del Universo, por habernos permitido llevar a cabo este proyecto y habernos acompañado por todo el camino hasta llegar a tenerlo en nuestras manos!

Deseamos también expresar nuestras gracias sinceras y muchas bendiciones a todos los miembros de nuestras familias que nos han apoyado desinteresadamente en el camino, como a todos aquellos que tomaron parte de este trabajo y especialmente a (por orden alfabético): A. Kabaz, C. Galed, D. Kripicer, G. Heffes y S. Efrati. Sea la Voluntad del Creador que gocen de los frutos de este libro, que merezcan una vida larga, sana, feliz y plena de *Emuná*, y que vean crecer a sus descendientes como gente recta y justa, Amén.

Y por supuesto, deseamos expresar nuestra más profunda gratitud al Rabino Shalom Arush mismo, quien tanto nos ha iluminado con sus nobles enseñanzas y... ¡sonrisas! Que HaShem lo bendiga siempre, como también a toda su familia y a sus alumnos alrededor del mundo, con toda abundancia espiritual y material, ¡Amén!

Jerusalén, *Elul* 5772 – Septiembre 2012

Prefacio del Autor:
El Camino al Paraíso

Unos treinta años atrás, cuando yo todavía era soltero, le pedí a mi maestro y guía espiritual, el Rabino Eliezer Berland *shlit"a*, que me guíe y me aconseje sobre el matrimonio. El rabí me dio dos breves pero fundamentales consejos, que descubrieron ser reglas esenciales para toda la vida. Prácticamente, este libro deriva de esos dos consejos recibidos, interiorizados, meditados y trabajados durante años. De esos dos maravillosos e invaluables diamantes, sus consejos, tuve el mérito de escribir una guía completa y práctica para lograr la paz doméstica de la que ya millares de parejas han sacado provecho, ahorrándose así la amargura de los conflictos, la aflicción, el divorcio, el sufrimiento y la miseria, y reconocido que la vida matrimonial puede y debe ser una vida feliz y enriquecedora.

Cada uno debe saber muy bien: En comparación con un hogar donde reina la paz, el Paraíso mismo puede ser definido como sólo una pequeña sucursal de esa casa. Un hogar de paz posee todas las características del Jardín del Edén en este mundo terrenal. Por el contrario, el infierno mismo es sólo la pequeña sucursal del hogar que no conoce la armonía, pues no hay peor infierno y sufrimiento que vivir en una casa donde reina la discordia.

Además, la perfección de nuestro mundo, o sea la 'Redención Final' del Pueblo de Israel y del mundo entero, depende totalmente de la paz que reina en los hogares. Sólo donde reina la paz la Presencia Divina puede morar, y cuanto más Presencia Divina haya en el mundo más mereceremos y acercaremos la Redención.

La paz es la fuente de toda bendición y todo lo bueno en este mundo, desde la abundancia material pasando por la abundancia espiritual – ¡todo depende de la paz! Por lo tanto, cada uno comprende que debe hacer todo lo posible para lograr la paz y vivir armoniosamente con su pareja y su familia.

Hemos titulado a este libro '**En el Jardín de la Paz**', nuevo miembro de nuestra serie de los "Jardines", como el renombrado '**En el Jardín de la Fe**' y otros, por los cuales fuimos bendecidos por el Creador.

Debo subrayar que en el transcurso de este año, cuando estuvimos ocupados en reunir el material para este libro, imprimimos repetidas veces algunas páginas con el fin de distribuirlas, ya sea a un marido a punto de divorciarse, a un soltero listo para casarse, o a una mujer que suplicaba que alguien guiara a su marido a entender el verdadero significado de la vida conyugal. Todos dijeron que estas páginas fueron para ellos como agua fresca para un cuerpo cansado, y que les abrieron los ojos impidiéndoles cometer graves errores, corregir los ya cometidos, e iluminaron sus hogares con una dulce luz de paz y armonía.

Fueron aquellas reacciones que nos impulsaron a emplear todos los medios para publicar el libro lo más pronto posible, para que en lugar de imprimir cada vez algunas hojas separadas, todos los capítulos estuvieran reunidos adecuadamente en un solo libro que cada uno pudiera leer y estudiar, y merecer así un hogar pleno de alegría y felicidad.

Querido lector, es de suma importancia que leas este libro desde el principio hasta el final sin excepciones y sin saltear ningún capítulo, aun si alguno de ellos te parece no tener importancia o irrelevante para tus necesidades específicas. También aquel que ya celebró sus bodas de oro debe leer el capítulo sobre la búsqueda de pareja o el capítulo sobre los deberes del novio, ya que aprenderá de ellos reglas que podrán salvar su vida y la de su familia. También quien aún está soltero, debe estudiar todos los capítulos sin excepción, con el fin de prepararse para una vida conyugal adecuada.

Cómo podré agradecerle a HaShem, el Creador del Universo, y cómo podré alabar al Rey de reyes por toda Su infinita bondad, maravillas y milagros que ha realizado en mi vida. Y sobre todo, por el privilegio que me ha dado de difundir el conocimiento de la *Emuná*, la autentica y pura fe, por todo el mundo, permitiéndole saber a cada persona que puede acercarse al Creador como un hijo querido, sin excepciones. Y por supuesto, por el mérito de poder extender la luz dulce y especial de la paz matrimonial, ya que donde reina la paz, mora la *Shejiná,* la Presencia Divina. Espero y rezo para que este libro contribuya a ese objetivo, de modo que la gente pueda acercarse más al Creador y probar el dulzor de la verdadera felicidad matrimonial.

Mi gratitud sincera a mi estimado maestro y guía espiritual, el Rabino Eliezer Berland *shlit"a,* pues este libro se basa directamente en sus extraordinarias enseñanzas y guía. Sea la voluntad de HaShem que tenga una larga vida y siga muchos años más el maravilloso camino de atraer más y más alumnos al amor a la Torá, con plena salud y muchas bendiciones, Amén.

Agradezco desde lo más profundo de mi corazón a mi querida y dedicada esposa, Miriam Varda, mi compañera en la vida y mi mejor amiga, que HaShem la dote de una vida larga, feliz y sana. Ella merece todo el crédito de mis logros. Todo lo que tengo y toda mi influencia en los demás – a ella le pertenecen. Que podamos merecer ver juntos el éxito de nuestros descendientes, de todos nuestros alumnos, y la pronta Redención de nuestro pueblo y la rectificación del mundo.

Deseo agradecer a mi querido discípulo, Rabí Yonatán D. Galed, por ser mi "palabra" en español, dedicándose a las traducciones y adaptación de mis enseñanzas, libros, CDs y nuestro sitio Web. Que HaShem lo bendiga a él, a su esposa, a sus hijos, a su estimada madre y a toda su familia con todas las bendiciones escritas en la Torá, y que siga difundiendo mis enseñanzas por todo el mundo de habla hispana hasta los 120 años, Amén.

Finalmente mi agradecimiento a mi personal y a mis queridos discípulos que me asistieron en la preparación de mis libros; grabadores, editores, traductores, mecanógrafos, el equipo de la Red, distribuidores, impresores y todos los demás. Gracias especiales a Rabí Yaakov Hertzberg y a su esposa Ester que me ayudaron ampliamente en la redacción de mis libros en hebreo. Que HaShem los bendiga siempre.

Sea la voluntad del Creador, nuestro Padre Misericordioso en el Cielo, que todos merezcamos seguir la senda de la Verdad, en Su benevolencia y amor; y pueda Su Reino revelarse rápido en toda la Tierra, Amén.

Rabino Shalom Arush
Jerusalén, *Elul* 5772 – Septiembre 2012

Capítulo Uno:
El Precepto Principal

Cada hombre debe saber muy bien: Lo más importante en el servicio al Creador es el *'Shalom Bait'*, la paz hogareña. Lo más significativo para el crecimiento espiritual y acercamiento al Creador es la paz matrimonial. El marido debe invertir en la armonía conyugal todos sus esfuerzos, ya que éste es un Precepto principal que debe obligarse a cumplir durante toda la vida. Mientras no hay paz en el matrimonio, se debe dedicar todo el tiempo y los esfuerzos necesarios para aprender sobre el tema, rezar, y hacer todo lo posible para lograrla.

Existe un error común, que el hombre piensa que encargarse de la armonía en el hogar, las necesidades y los deseos de su esposa, es una pérdida de tiempo. Y en especial cuando podría dedicar ese precioso tiempo a su crecimiento espiritual y el estudio de la Torá. Pero en realidad, es todo lo contrario. El *'Shalom Bait'* es lo más importante para el desarrollo espiritual del hombre; es el verdadero barómetro de su servicio al Creador, y de hecho es su proyecto de vida y su verdadera prueba en este mundo.

Quedarse soltero

Todo aquel que tiene un poco de conciencia espiritual, entiende que el verdadero objetivo del hombre en la vida es acercarse y apegarse al Creador, a Su Torá y a Sus Preceptos. Aparentemente, es mucho más fácil conseguirlo siendo soltero, sin el yugo de una familia a la que se debe atender y proveer el sustento, como dice el Talmud, que el hombre casado tiene como una piedra de molino colgándole del cuello. De ser así, uno podría pensar que HaShem preferiría que nos quedáramos solteros para que pudiéramos servirlo sin interferencias externas. Sin embargo, no es así. Nadav y Avihu, los dos hijos de Aarón, el hermano de Moisés, fueron castigados por el Creador por no haberse casado, si bien ellos eran, de acuerdo con el sagrado libro del Zohar, hombres Justos y piadosos; Moisés mismo atestiguó que se encontraban en un nivel espiritual más elevado que el de él. También el Rey Jizkiáhu (Ezequías) que era un gran Justo y piadoso, aunque toda su vida dedicó a la Torá –y por cuyo mérito todo el Pueblo de Israel estudiaba Torá y él era digno de ser el Mesías– fue sometido a un decreto Divino de muerte e incluso la pérdida de su lugar en el Mundo Venidero, debido a que no se había casado. Dicha sentencia recién fue revocada cuando se casó con la hija del Profeta Isaías.

Esto suscita la pregunta: ¿Por qué es tan importante casarse? ¿Por qué aquéllos que no se casaron fueron castigados con tanta gravedad? Nadav, Avihu y Jizkiahu simplemente querían cumplir con los Preceptos Divinos, estudiar la Torá sin interrupciones, desconectarse de este mundo material y apegarse al Creador. ¿Por qué entonces HaShem exige que nos casemos? Después de todo este Precepto ata al hombre a este mundo tan bajo y material...

Ésta es la respuesta: El propósito de toda la Creación y de la observancia de la Torá y de los Preceptos, sólo puede lograrse dentro del contexto de una relación matrimonial y un hogar en el que reina la paz. Por lo tanto, el matrimonio carece de todo sentido si no tiene paz hogareña. Porque, si no hay paz en el matrimonio, ¿para qué uno se casa? ¿Para cometer transgresiones y hacer sufrir a la esposa? Dado que el hombre no puede cumplir con la Torá y el mundo no puede llegar a su perfección sin que esté casado, entonces no existe algo peor pues transforma su existencia en este mundo en algo superfluo, ya que no cumple con su propósito...

Analicemos el concepto antedicho con la ayuda de dos parábolas que describen situaciones reales, con las que cada uno de nosotros puede relacionarse:

El Célibe Santo *shlit"a*

Desde su juventud, el Célibe Santo *shlit"a** decidió que su alma anhelaba lo espiritual, llegando a la conclusión de que lo mejor sería quedarse soltero y encontrar una casa de estudio aislada en la que pudiera consagrar toda su vida al estudio de la Torá y al servicio Divino. Al poco tiempo, el Célibe Santo *shlit"a* descubrió una pequeña sinagoga que se encontraba situada en un pueblito rural muy apartado. Le pidió permiso al encargado del lugar para comer, dormir y beber dentro de los confines de la sinagoga, que también servía de casa de estudio para los habitantes del pueblo, y con gran solemnidad le prometió que no molestaría a nadie. El encargado aceptó el pedido.

Y así, el Célibe Santo *shlit"a* solía sentarse en un rincón de la sinagoga dedicándose al estudio de la Torá y a la plegaria día y noche, sin interrupción. Apenas salía de la casa de estudios. Negándose a sí mismo el mínimo deleite corporal, lo único que comía eran unos pocos pedacitos de pan seco, bebía agua de la canilla y dormía en un duro banco de madera. Así transcurrieron días, meses y años, hasta el día en el que el encargado de la sinagoga encontró al anciano Célibe Santo *shlit"a* con la cabeza apoyada sobre el libro sagrado, sin aliento de vida.

---

* *shlit"a* es la abreviatura en hebreo de "Que merezca largos y buenos días" que es aplicada a grandes rabinos. Aquí se emplea en forma cínica.

Todo el pueblo acompañó al Célibe Santo zt"l*
en su último camino hacia su lugar de descanso,
alabando su enorme santidad, austeridad y piedad.
Todos los residentes del pueblo estaban seguros de
que semejante hombre, que se había apartado por
completo de todo lo mundano, era sin ninguna duda
un gran Justo.

De hecho, el Célibe Santo zt"l compartía la misma
opinión; estaba convencido de que era un *Tzadik*
de elevados méritos. Cuando su alma ascendió
al Tribunal Celestial, estaba seguro de que sería
recibido por una guardia de honor compuesta por
los más grandes Justos de toda la historia, que
tocarían violines y liras, acompañados por un coro
de arcángeles que cantaban. Estaba absolutamente
persuadido de que ellos lo escoltarían a su legítimo
puesto en el Paraíso para disfrutar del sublime
resplandor de la Presencia Divina.

Sin embargo, para desgracia del Célibe Santo zt"l,
no fueron a recibirlo las almas de los grandes Justos,
ni oyó a ningún ángel cantando en su honor. Lo
único que vio fueron los rostros entristecidos de sus
antepasados, e inmediatamente fue llevado ante un
Tribunal de Hombres Justos de rostros severos.

El presidente del Tribunal Divino abrió un libro
enorme, que contenía la historia de la vida del Célibe
Santo zt"l, y empezó a revisar todos los Preceptos
que había cumplido. Luego se dirigió a él por su
nombre, ignorando el majestuoso título de 'Célibe
Santo *shlit"a*' que lo acompañaba toda su vida. Y así
dijo: "Jaimito, estudiaste Torá, rezaste, pronunciaste

---

* zt"l – iniciales de «bendita sea la memoria del Justo» que es
el sufijo usado después del nombre de un gran Sabio o Justo
fallecido. Otra vez aquí se emplea en forma cínica.

todas las bendiciones necesarias antes y después de comer, te colocaste los *Tefilín* todos los días, te pusiste *Tzitzit*, observaste el Sábado y las fiestas, e incluso ayunaste más de lo necesario. De hecho, hiciste un buen trabajo en lo referente al cumplimiento de los Preceptos. Sin embargo, no cumpliste con la misión por la cual fuiste enviado al mundo físico. Es verdad, estudiaste Torá, pero no la pusiste en práctica. Si te hubieras casado, te habrías dado cuenta de lo lejos que aún te encuentras del verdadero cumplimiento de la Torá, y entonces hubieras invertido un gran esfuerzo para lograrlo.

Echándole una mirada de reprobación al alma desconcertada, el presidente del Tribunal Supremo añadió: "¿Acaso no sabías que todo el propósito del estudio de la Torá es adquirir la *Emuná*, la pura y firme fe en el Creador del Universo? El nivel de *Emuná* que alcanzaste es extremadamente bajo. Si te hubieras casado, habrías tenido que enfrentarte con una larga lista de pruebas y tribulaciones al lado tu esposa. Si ella con todas sus exigencias y demandas te hubiera molestado en tus estudios, no habrías pasado las pruebas. Y tanto más si ella te hubiera reprochado o despreciado, te habrías manchado el alma con enojo y con quejas; recién entonces habrías entendido cuán débil era tu *Emuná* y cuánto deberías trabajar en ella. Pensabas que confiabas en el Creador, pero si sólo te hubieras enfrentado al desafío de proveerle el sustento a toda una familia, te habrías dado cuenta de lo débil que es en realidad tu confianza en Dios. Cada vez que te hubieras enfrentado a un problema financiero, te habrías sumido en un estado de depresión y desesperación...".

Las acusaciones se iban volviendo más graves a cada minuto. Pero el presidente del

Tribunal Supremo no había finalizado aún su amonestación al Célibe Santo *zt"l*: "En el instante en que hubieras ganado un poco de dinero, habrías empezado a codiciarlo y entonces habrías abandonado la Torá para tratar de enriquecerte. ¿Paciencia? Nunca enfrentaste una prueba de paciencia. De hecho, si te hubieras casado, hubieras descubierto cuánta ira e impaciencia hay en ti. ¿Buenos rasgos de carácter? Si te hubieras casado te habrías dado cuenta de cuánto tienes que mejorar, ya que nunca tuviste que hacer concesiones o ceder ante otra persona. ¿Alegría? Tal vez te consideres a ti mismo una persona alegre, pero si te hubieras casado, te habrías percatado de lo lejos que estabas de ser una persona alegre y de lo difícil que te habría sido alegrar a tu mujer mientras escuchabas todas sus quejas, rezongos y problemas. Además..."

"... Si el Creador hubiera deseado que solamente cumplieras los Preceptos entre el hombre y Él, entonces te habría dejado en el Cielo; no habría enviado a tu alma al bajo mundo material. Tu misión allí abajo era llegar a conocerlo y acercarte a Él, lo que sólo puede lograrse en el mundo material contrayendo matrimonio, cumpliendo los Preceptos relacionados y enfrentado todas las pruebas y tribulaciones de un hombre casado...".

"... Por lo tanto, por tu forma de vida sin haber contraído matrimonio, no cumpliste con la mayoría de los Preceptos de entre el hombre y su prójimo. No tuviste la oportunidad de dar de ti mismo; de sacrificarte por otros; no renunciaste a tus deseos en pos de los deseos de otra persona. No tienes la menor idea de lo que significa "ceder ante el otro". No hiciste nada para deshacerte de tu egoísmo innato o siquiera mitigarlo".

El presidente del Tribunal Supremo le demostró a Jaimito hasta qué punto había errado el blanco. Jaimito se quedó parado frente al tribunal mientras el fuego de la humillación le quemaba. Había fracasado por completo. No había logrado su *Tikún*, su rectificación espiritual, en absoluto. A la fuerza tomó conciencia de que no había entendido cuál era su tarea en este mundo. Si sólo pudiera volver atrás para casarse, tener hijos y esforzarse por fundar un hogar pleno de paz, poniendo así en práctica los Preceptos del Creador – y no sólo estudiarlos teóricamente...

El Excelso Sabio y Pilar de Bondad *shlit"a*

Relataremos otra historia para ayudar a elaborar mejor el tema, esta vez sobre el Excelso Sabio y Pilar de Bondad *shlit"a*:

Ya en su tierna infancia, el Excelso Sabio y Pilar de Bondad *shlit"a* fue un niño de gran talento, una maravillosa personalidad y una mente agudísima. Cuando creció, se hizo famoso en su ciudad natal ya que todos sabían que era un genio de la Torá. Luego, tuvo el mérito de casarse con la hija de una de las familias más importantes de la zona. El Excelso Sabio y Pilar de Bondad *shlit"a* desarrolló al máximo sus aptitudes. Estudiaba Torá con excepcional perseverancia. A pesar de su alto nivel, nunca se olvidaba de dejar un tiempo libre para acercar a los más simples trabajadores al camino espiritual.

En cuanto a proyectos de caridad, el Excelso Sabio y Pilar de Bondad *shlit"a* no tenía parangón.

Prestaba desinteresadamente dinero a los pobres o los ayudaba a conseguir la suma necesaria de otras personas. También se encargaba de proveer alimentos a viudas y huérfanos. Y así fue como muy pronto se convirtió en una figura pública de gran liderazgo a quien todos amaban y admiraban. Incluso los más grandes líderes espirituales de la generación se hicieron amigos del Excelso Sabio y Pilar de Bondad *shlit"a*.

El Excelso Sabio y Pilar de Bondad *shlit"a* tenía solamente una "pequeña" falta en su admirable expediente personal: ¡su esposa! Ella ni lo respetaba ni lo admiraba. Al contrario, todo el tiempo se quejaba de él y le hablaba con total desprecio. La mayor parte del tiempo, el Excelso Sabio y Pilar de Bondad *shlit"a* llegaba a su casa a la madrugada y encontraba a su esposa amargada, enojada y a punto de explotar. Muchas veces lo recibía con gritos y desprecios. Él trataba de ignorar este aspecto tan poco agradable de su vida y por ese motivo pasaba muy poco tiempo en la casa.

El Excelso Sabio y Pilar de Bondad *shlit"a* consideraba las quejas de su mujer como producto del mal carácter que ella tenía y de su bajo nivel espiritual. Obviamente, ella no valoraba los méritos de ese genuino sabio de la Torá, un verdadero justo y piadoso hombre, y por eso no lo respetaba y solía molestarlo en forma constante con sus mezquinas exigencias y acusaciones infundadas. Él siempre se aseguraba de proveerle todo el dinero que necesitaba para que no pudiera quejarse que él no se preocupa por ella. Todo su matrimonio no era para él más que un embrollo sin fin y en vez de enfrentarse a su esposa, optaba por mantenerse alejado. Incluso en los fines de semana y en las festividades siempre se las arreglaba para organizar un "compromiso de antemano", como una conferencia de Torá que debía dar en algún lugar alejado. "En vez de 'pudrirme' en casa", pensaba, "sería mucho mejor dedicar mi valioso tiempo al campo espiritual y a los actos de bondad...".

Pero, como ocurre con todos los seres de carne y hueso, también llegó el último día del Excelso Sabio y Pilar de Bondad *shlit"a*. El mismo automóvil con el altoparlante que recorría todos los barrios anunciando una emergencia o la muerte de un gran Justo, anunciaba ahora con tono acongojado por toda la ciudad: "¡El 'Arca Sagrada' fue tomada cautiva! ¡Los Ángeles del Cielo vencieron a las Rocas de la Tierra! El funeral del gran Sabio, Ministro de la Torá y de la benevolencia, el sagrado Excelso Sabio y Pilar de Bondad *zt"l* saldrá a la hora... En dirección a la sección de los grandes Rabinos en el Cementerio... Y todos llorarán la pérdida de esta elevada alma...".

Miles de personas escoltaron al Excelso Sabio y Pilar de Bondad *zt"l* en su último camino rumbo al lugar de su descanso eterno. Los rabinos de la ciudad lo elogiaron sin escatimar calificativos. Miles de personas gemían de dolor y las calles estaban colmadas de gente que sollozaba. Yaciendo en el medio de todo esto y completamente consciente de todo lo que acontecía a su alrededor, el Excelso Sabio y Pilar de Bondad *zt"l* estaba más orgulloso que nunca: Un funeral así tenía lugar solamente una vez en muchos años...

Cuando el Exaltado Sabio y Pilar de Bondad *zt"l* llegó al Cielo, de inmediato lo atrapó un grupo de ángeles acusadores que sin demasiado cuidado lo arrojaron al Tribunal Celestial. El Exaltado Sabio y Pilar de Bondad *zt"l* se quedó atónito por el duro trato, exclamando que seguramente había alguna equivocación. Estaba seguro de que allí recibiría el mismo trato honorable al que estaba acostumbrado durante su vida, y no podía entender lo que pasaba...

El juicio del Excelso Sabio y Pilar de Bondad *zt"l* había comenzado. Los miembros del Tribunal Celestial pasaron revista rápidamente a los Preceptos y actos de bondad que había realizado durante su vida, sin que se pudiera ver impresión alguna en sus rostros. Pero cuando llegaron en la lista a la sección 'Matrimonio', adoptaron una mirada que daba miedo. El presidente del Tribunal Supremo parecía furioso mientras contaba la cantidad de veces que la mujer del Excelso Sabio y Pilar de Bondad *zt"l* había llorado; la cantidad de lágrimas que había derramado; la cantidad de veces que se había ofendido; los días terribles que había pasado sintiéndose sola, vacía y desesperada; la tremenda desilusión que sentía cada vez que su marido no prestaba la mínima atención a la comida que había preparado con tanto esfuerzo, a la limpieza de la casa, a las encomiendas que había llevado a cabo... En pocas palabras: El Excelso Sabio y Pilar de Bondad *zt"l* se dio cuenta de que había estado equivocado toda su vida, alterando las prioridades.

El presidente del Supremo Tribunal ignoró por completo los ficticios títulos de honor que le fueron etiquetados en el engañoso mundo inferior y se dirigió al acusado por su nombre propio: "Isaaquito, si bien estudiaste mucha Torá y llevaste a cabo muchos actos de caridad y bondad, no llevaste a cabo tu misión personal en la vida, lo que significa que no lograste la rectificación de tu alma. Fuiste un absoluto egoísta, ocupado únicamente en ti mismo, en tu propio éxito, en tu propio prestigio y honor.

Todos tus estudios de la Torá fueron al Lado Oscuro, dándoles poder a las fuerzas de mal en el mundo. Todos tus actos de benevolencia no pueden expiar tus pecados, ya que la verdadera bondad comienza por casa. Si no hay caridad en casa, entonces toda la que uno realiza afuera no tiene valor...".

"Tendrías que haber dirigido tus buenas acciones de bondad -antes que nada- hacia tu propia esposa, pues ella es literalmente carne de tu carne. Al no hacerlo, de hecho diste a entender que no eres un hombre de bondad, y lo que le diste a perfectos extraños -mientras ignorabas a tu propia esposa- se debió sólo a tu amor a los honores. La única razón por la cual tenías tanta 'paciencia' para escuchar los problemas de los pobres y miserables extraños durante horas, sin nunca tener ni unos pocos minutos disponibles para escuchar a tu esposa, fue porque gozabas sentirte el 'misericordioso y piadoso justo' de la ciudad. Dabas sermones, consejos y guía sobre la paz matrimonial pero no cumpliste con nada. De hecho, le dabas a la gente los peores consejos matrimoniales que existen. A causa de tu influencia negativa, familias enteras fueron destruidas...".

"Todo esto te pasó porque no entendiste que la prueba y el trabajo principal que tenías era vivir en paz con tu propia esposa. Pensabas que era una pérdida de tiempo valioso en el cual podrías estudiar más Torá y progresar en tus estudios. Todos los maravillosos Preceptos que el esposo tiene que cumplir en la relación con su esposa fueron para ti una fastidiosa carga y una gran molestia en tu vida caritativa, aunque en realidad constituyen la forma más verdadera, más elevada y más profunda de bondad.

"Si sólo hubieras invertido tus esfuerzos en la paz hogareña, muy pronto te habrías enterado de lo alejado que estabas de cumplir con el verdadero propósito de la Torá. El objetivo de la Torá y de los Preceptos es que el hombre logre la *Emuná*. Entonces, ¿qué Torá estudiaste si no te llevó a la auténtica fe en HaShem? **¿¿Por qué no creías que cuando tu mujer te hablaba, era el Creador Mismo el que hablaba contigo??**, **¿¿y que cuando tu mujer pedía que te quedaras en casa, era el Creador Mismo que quería que lo hagas??** El objetivo de la Torá y de los Preceptos es hacer que te vuelvas humilde – ¿¿acaso es un acto de humildad el hacer caso omiso a los sentimientos de tu esposa yéndote de la casa a pesar de su voluntad?? El atributo de la bondad se encuentra en el corazón, es decir que el hombre debe sentir lo que le falta a su prójimo y tener compasión de los demás – ¿entonces cómo es posible que no le hayas tenido compasión a tu propia esposa? ¿¿Cómo es que no diste de tu tiempo ni de tu atención a la persona **más cercana** y que más te asiste, muchísimo más que todas las personas extrañas a las que les hiciste favores, que no te dieron nada fuera de honores y prestigio?? ¿Acaso alguna de ellas estaba dispuesta a quedarse despierto noches enteras para atender a tu bebé? ¡¿Estaba dispuesta a soportar una milésima parte del sufrimiento y pesar del embarazo, el parto y la crianza de tus hijos?!"....

Así continuó el presidente del Tribunal Supremo demostrándole a "Isaaquito" que se había equivocado 'en grande', y todo por no dar importancia primordial al tema de la paz conyugal.

En estos dos ejemplos vemos dos personalidades que, para el resto del mundo, son personas excepcionales que alcanzaron un nivel privilegiado y la calificación de "sobresaliente" en todos los campos, lo que muy pocos pueden alcanzar en sus vidas. Sin embargo, como no invirtieron sus esfuerzos en el "tema" principal que es el *'Shalom Bait'*, la paz hogareña, en el Cielo recibieron una evaluación tan baja, incluso más baja que las personas más simples que aparentemente no poseen ninguna virtud especial, pero han logrado vivir en paz con sus esposas.

Un gran mensaje

Varios grandes Justos contemporáneos que han leído este libro, han dicho que todo aquél que lo estudie bien, lo repase cada mes y cumpla con todo lo escrito, anula de sí mismo, de su familia, y del mundo entero todos los malos decretos, los problemas, las enfermedades y las muertes repentinas, ya que la gran mayoría de las desgracias que hay en el mundo, como los accidentes de tránsito, atentados, enfermedades incurables, etc., son producto del sufrimiento de las mujeres, por la falta de respeto de sus maridos. Sus lágrimas despiertan el Atributo de Justicia Divina en el mundo, lo que causa todo tipo de males. Por lo tanto, si una sola lágrima de una mujer causa semejante Juicios severos en el mundo, entonces cuántas bendiciones despiertan la sonrisa de una mujer, su alegría...

Nuestros Sabios han dicho: "Respeten a sus esposas y ustedes enriquecerán", y "Cuídense de respetar a sus esposas, ya que la bendición se encuentra en el hogar sólo por el mérito de ellas". Los Sabios no se referían únicamente a una bendición material y a la riqueza material, sino a todas las bendiciones y todas las buenas influencias que puedan existir. Por lo tanto, todo marido que tenga el mérito de vivir en paz con su esposa, ciertamente será bendecido con un sinfín de bendiciones, tantos materiales como espirituales.

Repetir y memorizar

Es muy importante saber que es sumamente necesario repetir y memorizar lo aprendido debido a que la Mala Inclinación es extremadamente fuerte en ese sentido, y hace todo lo posible para destruir la paz en el hogar. Además, todos los puntos en los que se debe trabajar para lograr la paz hogareña, son muy delicados y hay que aprenderlos y repetirlos con el fin de que penetren profundamente en la conciencia del hombre y pasen a la acción.

Un hombre me contó que ya hace años que escucha todos los días nuestro CD 'El Respeto a la Esposa' y sabe con total certeza que eso es lo que le da las herramientas necesarias para que reine la paz en su casa. ¡Otro hombre me comentó que escuchó ese CD más de cuatrocientas veces! Una mujer me contó que durante los meses en que su marido estaba pegado a este libro su hogar se volvió el Paraíso mismo, pero en el momento que lo dejó de leer, volvió el infierno...

Además, debes saber que como autor de este libro, sobre cada punto que escribí recé abundantemente e hice mucha *Hitbodedút*, a veces durante varios meses, hasta la completa compresión. De hecho, hasta el día de hoy dedico todos los días una plegaria por la paz hogareña y en especial al tema de no criticar a mi esposa, ni siquiera por equivocación. Por eso, lo mejor es cuando el hombre tiene una sesión de Plegaria Personal, estudia este libro, y reza por cada tema hasta comprenderlo en forma completa. Incluso después debe tener una plegaria diaria para poder cuidar todo lo que adquirió y debe volver a repasar el libro enseguida despué de terminarlo. Tanto más aquél que todavía no ha tenido el mérito de hacer *Hitbodedút* por cierto tiene la obligación de ir siempre con el libro, y completarlo por lo menos una vez al mes para tener así sus enseñanzas presentes en todo momento y poder así cumplirlas.

Auto-corrección

Hay que saber que este libro no es meramente un libro de "consejos" a través del cual el marido pueda alcanzar la paz conyugal y una vida tranquila, sino es un libro de "Auto-corrección". Este libro contiene una guía completa para que el hombre pueda alcanzar su rectificación personal en forma total, pues la rectificación del hombre gira en torno al tema de la paz en el hogar. ¿Por qué? Porque la paz en el hogar es el único verdadero parámetro para poder saber si el hombre rectificó lo necesario o si aún tiene algo para rectificar. Sólo a través de la falta de paz en su hogar podrá el hombre saber, con la guía de este libro, qué más le falta corregir como persona y de qué modo hacerlo.

Específicamente, los puntos principales que el hombre tiene que rectificar y adquirir en su vida son la *Emuná* y la humildad – **¡Lo que es imposible lograr sin trabajar sobre la paz en el hogar!** Sin tener *por lo menos* un poco de *Emuná* y humildad no puede haber paz conyugal. Luego hay que esforzase para aumentar y profundizar esa medida de *Emuná* y humildad –sin cesar–, hasta lograrlas en forma completa y obtener así una total paz hogareña.

Recuerda bien, todo el tema de la paz en el hogar es únicamente el producto del esfuerzo personal de rectificación que se lleva a cabo, y es éste el objetivo del libro: darle a todo marido las herramientas necesarias para que alcance su propio *'Tikún'*, rectificación, en forma completa.

El verdadero objetivo

Rabí Najman de Breslev enseña *(Likutey Moharán* II, 37) que el verdadero objetivo del hombre en este mundo es servir al Creador y andar por Sus caminos. Esto nos permite conocerlo y acercarnos a Él, y éste debe ser el principal objetivo de cada hombre, ya que es ésta la misma voluntad del Creador – que Lo conozcamos. Por lo tanto, no debemos tener ninguna otra intención en nuestro esfuerzo y trabajo espiritual, sino realizar fielmente Su voluntad.

Debido a que nuestro principal objetivo en esta tierra es llegar a conocer al Creador, cada uno de nosotros debe saber perfectamente que no existe ninguna posibilidad de lograrlo sin superar exitosamente la prueba del *'Shalom Bait'*, la paz conyugal. Por lo tanto, se desprende que la paz en el hogar es la verdadera finalidad que cada uno debe alcanzar en este mundo.

Querido lector, deja ser a este libro tu fiel compañero. Esforzándote por poner en práctica cada punto, te haces el mayor favor del mundo.

Capítulo Dos:
Sin Críticas

En este capítulo vamos a aprender uno de los fundamentos más importantes para la paz en el hogar. Empezaremos con la siguiente historia verídica:

Un marido vino a verme y con él una larga lista de lo que hace cada día por su mujer:

Cada día le consagra tiempo, es atento a sus necesidades, le compra todo lo que ella quiere, la mima y la satisface con todo tipo de cosas extraordinarias... Aparentemente su esposa debería ser la mujer más feliz que existe; sin embargo, cuenta su esposo, a pesar de todo no gozan de paz en el hogar; su esposa nunca está satisfecha, siempre está triste, se queja, anda nerviosa y hasta estalla en terribles ataques de ira – ¿¿cómo puede ser??

Lamentablemente, conozco muy bien la situación que me describió, y de inmediato supe el motivo de la falta de paz hogareña. Le dije que lo que destruye toda la alegría y la felicidad en su esposa, son las críticas que le dirige todo el tiempo. Observé en su rostro que mis palabras dieron en el blanco, y continué explicándole que cada vez que critica a su esposa, todos los regalos, los mimos y la atención que pueda prodigarle, no la harán feliz. ¿Y por qué? Porque una mujer que es criticada constantemente por su esposo, es una mujer triste, deprimida, desesperada y sin una gota de vitalidad.

Y es éste el fundamento elemental de la paz conyugal: el marido nunca debe criticar, o hacerle comentarios despectivos a su esposa sobre ningún asunto.

Explicaremos este principio por distintos caminos, su profundidad, sus consecuencias y los esfuerzos requeridos para cumplirlo, pero ante todo necesitamos explicar lo siguiente: Así el Creador conduce el mundo. Lo quieras o no, es una ley inmutable que es imposible cambiar. De la misma manera que es imposible cambiar el orden de la Creación, un hombre que critica a su mujer no puede vivir con ella en armonía. Basta con verificar la realidad para comprobar que no es ninguna exageración. Se ve claramente cómo cada crítica y cada comentario crean una y otra grieta en el hogar, hasta que éste puede llegar a derrumbarse completamente.

Las razones y causas por las cuales HaShem creó a la mujer de tal forma que la más mínima crítica de su esposo le causa un daño terrible, son muy profundas e invariables. Por lo tanto, no esperes que tu esposa "demuestre madurez", fuerza moral, o que se acostumbre a tus comentarios. La crítica literalmente la destruye, y de este modo HaShem la creó.

El honor de la esposa

Tenemos que saber que en el campo espiritual la raíz del alma de la mujer es el honor. Toda su vitalidad y alegría dependen del honor que le demuestra su marido. En consecuencia, todo lo que afecte a su honor la lastima en su raíz, debilita su vitalidad, y hasta puede matarla en cuerpo y en espíritu.

La mayor herida a la autoestima de la mujer es la crítica de su esposo, aunque él lo haga con la mayor delicadeza, y tanto más si lo hace en forma exigente y despectiva. Toda mujer quiere verse perfecta a los ojos de su marido – esto es su honor, su alegría y lo que le da seguridad. Pero si el marido critica a su mujer, él destruye la autoimagen de ser perfecta a sus ojos y toda su confianza en sí misma. La mujer siente entonces que no tiene ningún valor a los ojos de su esposo, y ya que no hay nada peor que eso para ella, su vida se vuelve insoportable.

El principio que la crítica es todo lo opuesto al honor se encuentra explícitamente en las Leyes de la Torá. No está permitido criticar al padre o a la madre ni a nuestro rabino, ya que es una terrible falta de respeto. Aunque vea el hijo que su padre ha transgredido la Torá, no le está permitido criticarle o hacerle un comentario al respecto. La única forma en la que se le puede hacer ver su error es insinuándolo en forma indirecta. Si el padre lo entiende o no, ya no es responsabilidad del hijo.

De esto aprenderemos, en relación a la esposa, que el honor de la mujer consiste en que su esposo no la critique de ninguna manera. Y de hecho, el honor a la esposa es un tema incluso más sensible y delicado que el de los padres o del rabino, ya que a la esposa ni se le puede aludir un error indirectamente. A continuación aprenderemos otras maneras de influir sobre la esposa.

El fundamento principal

El fundamento que las críticas destruyen la paz conyugal es tan claro y definitivo, que cada vez que viene un marido a consultarme por la falta de paz hogareña –luego que me cuenta todas sus quejas, me describe los problemas con su esposa y los factores que, según su opinión, son los causantes de la falta de paz– le digo lo siguiente: "Te escuché, pero tienes que saber que todos los motivos que mencionaste como causantes no son válidos. ¡El motivo principal por el que no tienes paz en tu hogar es porque continuamente criticas y le reprochas a tu mujer!

Nunca ha sucedido que un marido no haya reconocido que critica a su mujer. Pero después de tomar la firme decisión y comprometerse dejar de hacerlo, ha visto una mejora dramática en su matrimonio...

Asimismo, cada vez que una esposa me cuenta los problemas que tiene con su esposo y plantea todo tipo de quejas sobre sus costumbres, sus suegros, el sustento, etc., lo que aparentemente es la causa de su falta de paz hogareña, por supuesto la escucho detenidamente, pero en mi interior ya sé cuál es la causa principal. Después que se ha desahogado, pido hablar con su esposo a solas, y le comentó a él que el único problema son las críticas que le dirige todo el tiempo.

La mayoría de las veces la mujer misma no es consciente de lo que le causa dolor, y al esposo le parece que ella hace una tormenta en un vaso de agua por cada cosa insignificante, pero, en verdad, todo es el resultado de los comentarios y reproches que le angustian. Por consiguiente, ella no puede comprenderle, ser considerada o indulgente. Se vuelve argumentadora, hostil y disgustada y riñe con su esposo por cualquier cosa.

¡Énfasis!

Aquí debemos enfatizar especialmente, las consecuencias de las críticas del marido pueden ser tan serias a tal punto que existen casos en los que la esposa llega a sufrir enfermedades físicas, lo que aparentemente no debería atribuirse al marido. Especialmente en los casos que se trata de un esposo delicado e incluso noble donde no parece haber relación alguna entre él y el sufrimiento de su esposa, de hecho se debe directamente a la falta de conocimiento del esposo de la prohibición de criticarla en forma alguna. Y aunque lo haga muy pocas veces, aquellas pocas críticas pueden llevar a la esposa a una depresión terrible, a tal punto que pierda toda la alegría de vivir, e incluso llegue a sufrir trastornos físicos, infecciones, y distintas complicaciones – todo por las críticas de su marido...

En consecuencia, todo el tiempo en el que el marido critica a su mujer, no existe posibilidad alguna de avanzar y de buscar factores adicionales que afectan a la paz conyugal, o investigar distintos problemas espirituales o materiales que sufre la esposa. Ante todo, el esposo debe corregir su conducta, hacer *Teshuvá* y arrepentirse por todas las críticas que le hizo a su esposa –aunque fuesen totalmente "justificadas", y con más razón las que no lo fueron–, y rogar y pedirle al Creador que le conceda la fuerza y la determinación necesarias para no volver a criticarla, ni por error.

En la mayoría de los casos los maridos quedarán asombrados al ver el cambio dramático, para bien, en sus matrimonios tan pronto como comienzan a corregir su conducta, ya que en el dejar de criticar se apoya la mayor parte de la paz conyugal.

Después de haber comprendido que la mujer no tolera crítica alguna, explicaremos a un nivel más profundo la razón por la que está prohibido hacer comentarios o crítica alguna a la esposa.

Tu esposa es tu espejo

Ya que todo en la Creación está sujeto a la Supervisión Divina, y todo está dirigido para la rectificación espiritual de la persona y del mundo, debe existir un motivo y un mensaje al haber establecido el Creador en la mujer la característica que no puede tolerar crítica alguna. ¿Cuál es el motivo entonces? ¿Cuál es el mensaje? ¿Por qué implantó el Creador ese grado de sensibilidad en la mujer, que su alma no sea capaz de recibir crítica alguna?

Cuando era un joven estudiante le pedí a mi Maestro y guía espiritual, el Rabino Eliezer Berland *shlit"a*, que me orientara en el tema de la paz hogareña. El Rabino me enseñó los dos siguientes fundamentos que dependen uno del otro, y juntos forman, de hecho, la respuesta a nuestra pregunta:

El primer fundamento: Según el Arizal, la mujer es el espejo del hombre. Por lo tanto el marido debe saber que en todo lo que ve en su esposa, cualquier cosa que sea, una deficiencia o un mal rasgo, existe un mensaje para él.

El segundo fundamento: Nunca hacer ninguna crítica a la esposa, aunque ella cometa el más grande pecado o haga la peor cosa posible.

El rabino me enseñó que todo lo que veo en mi esposa es un mensaje para mí. El mensaje puede aplicarse a todos los campos en la vida, tanto al campo espiritual como el material. En el campo espiritual, a las relaciones entre el hombre y HaShem, a los defectos que tiene que corregir en su carácter, etc.; y en el campo material, la esposa sirve como un espejo que le refleja al hombre su actitud hacia ella – si él la respeta de verdad, entonces ella también lo respeta. En cambio, si ella no lo respeta, eso indica que él tampoco la respeta a ella. Si para él ella es lo más importante de su vida, él también lo será para ella, etc.

¿Y por qué los dos fundamentos dependen uno del otro? Ya que todo defecto que el hombre ve en su mujer es su propia falla, en consecuencia no debe intentar corregir los errores de su esposa por medio de críticas o llamadas de atención, sino hacer una introspección y buscar en sí mismo cómo está afectado por esas fallas y corregirlas. Al hacerlo, el defecto ya se corregirá automáticamente en su esposa.

Estos dos fundamentos pueden salvar, literalmente, la paz conyugal de toda pareja. Cuando el principio del espejo es conocido por el marido, le es fácil abstenerse de formular la menor de las críticas, incluso por la más grande falta cometida. Con este punto de vista espiritual, el hombre aprende una lección importante de cada defecto que ve en su esposa y busca cómo corregirse él mismo.

Ésta es la regla: HaShem le muestra al marido, por medio de su esposa, lo que *él* tiene que corregir en su vida. Cualquier característica negativa que vea el hombre en ella, cada defecto y cada error que ella cometa, le muestra lo que él tiene que rectificar. Tal como un hombre que se para frente a un espejo y ve su cuello torcido, no procura corregir al espejo, sino su cuello. Si ve una suciedad sobre su camisa, no empezará a limpiar su imagen reflejada, es ridículo. Así mismo, el marido tiene que saber que lo que ve en su mujer es lo que él mismo debe corregir.

Y ésta es la respuesta a nuestra pregunta: ¡El Creador creó a la mujer tan sensible a la crítica no para que el marido la critique y corrija, sino para corregirse a sí mismo! Si el Creador hubiera querido que el marido corrigiera a su mujer, le habría dado a ella un alma capaz de recibir las críticas y los reproches. Él creó a la mujer de tal modo que cuando el marido la critica, ella no lo puede aceptar y toda la paz del hogar se desmorona.

Lo anterior nos enseña también cómo de verdad puede el hombre efectuar un cambio en su esposa, sin decirle una sola palabra: corrigiéndose a sí mismo, como lo haría delante de un espejo, y entonces ella cambiará.

El matrimonio es designado de hecho para lograr la rectificación del alma del hombre, ya que de acuerdo con la Torá la mujer no tiene la obligación de casarse como el hombre. Y de esto podemos comprender entonces la enseñanza del Arizal que la mujer ya ha sido corregida espiritualmente y la causa por la que es enviada a este mundo bajo, es para facilitar la corrección de alma de su marido.

Por lo tanto, toda mujer está "programada" con la máxima precisión para cumplir con su objetivo, que su esposo llegue a su perfección espiritual. Cada error, falla o falta en la espiritualidad del marido provoca, en forma automática, una respuesta determinada y conocida en la esposa. Asimismo, este principio opera también en la dirección contraria, es decir, toda cosa buena, elevada y virtuosa que el marido logra, también provoca, automáticamente, una respuesta positiva y conocida en su mujer. Enseguida aprenderemos como interpretar las distintas reacciones de la esposa.

Cuando observamos la esencia de la mujer con ojos de *Emuná,* entendemos que todas sus cualidades están "programadas" con precisión para lograr que su esposo sea un hombre justo y recto.

Observa y ya entenderás

Ya que la mujer es el espejo de su marido, él debería saber cómo interpretar lo que ve en ese espejo a fin de llegar a las conclusiones apropiadas. Ilustraremos con algunos ejemplos en los cuales la mujer sirve de espejo para su marido, y de ellos cada uno podrá extraer conclusiones con respecto a su propia vida. Cada esposo debe rezar para que HaShem le de la sabiduría necesaria para entender lo que observa en su "espejo".

a) El Creador dirige el mundo conforme a la regla: "Medida por Medida". El Creador le muestra al hombre, por medio de su esposa, lo que Él piensa de él, por ejemplo – si la esposa no respeta a su esposo, es señal que él mismo no Lo respeta a HaShem como debería. Si la esposa no le obedece, ciertamente él tampoco Le obedece al Creador, y así sucesivamente...

b) El Creador le da un indicio al marido de lo que tiene que rectificar por medio de los defectos de su esposa. Por ejemplo – si la esposa tiende a enojarse fácilmente, eso le demuestra que debe esforzarse para rectificar su inclinación a la ira. Si su esposa desprecia un determinado Precepto, es porque él mismo lo desprecia. Si su esposa no es recatada en su comportamiento o forma de vestir y atrae así a otros hombres, es porque él mismo mira a otras mujeres, y así en todos los casos.

c) El Creador utiliza las brechas en la paz hogareña para estimular al marido a la corrección. Por ejemplo – cuando el marido empieza a actuar orgullosamente, de inmediato su esposa se opone a él y lo desprecia. Si un hombre es propenso a la lujuria, su esposa lo aborrece y no puede tolerar que la toque ni que se acerque a ella. Si el marido reflexionará sobre el estatus de la paz en su hogar, vería que le indica precisamente cuál es su trabajo y qué debe corregir en su vida.

d) Dijo el Rey Salomón (Proverbios 27:19): "Como en el agua, el rostro corresponde al rostro – así el corazón del hombre al del hombre". En otras palabras, de la misma forma que la superficie del agua refleja una imagen, nuestro corazón refleja otro corazón. Por lo tanto, la conducta de la esposa hacia su marido le muestra, con precisión, cuál es la auténtica actitud de él hacia ella. Si él la trata como a una reina, ella lo tratará como a un Rey...

e) Nuestros Sabios enseñaron que todo aquel que tiene una "mala esposa" no verá el infierno. El Talmud enseña que por lo tanto el marido debe aceptarlo con amor, y así expiará sus transgresiones lo que lo salvará del castigo en el Mundo Venidero.

Mi apreciado Maestro, Rabí Levi Itzjak Bender *zt"l*, me dijo que no sólo una esposa que maldice o golpea es descrita como una "mala esposa", sino también por cualquier actitud por la que la mujer le ocasiona sufrimientos o angustia a su marido. Incluso una mujer descuidada, no ordenada o que no cuida la limpieza, está incluida en esa categoría. El Talmud (tratado *Yebamót* 63) dice que aunque una esposa le prepare las mejores comidas a su marido pero hace algo para apenarlo, como ignorarlo o darle la espalda, es también considerada una 'mala esposa'. También una mujer que es meticulosamente ordenada y limpia se incluye en la definición, ya que es muy difícil vivir dentro de un "museo"...

Debemos aclarar: Todo marido cuya mujer puede ser definida como una "mala esposa" —es decir, que le causa cualquier tipo se sufrimientos–, debe saber que ella no es mala en su interior. La Torá nos enseña que "No hay tribulaciones sin transgresiones". Los sufrimientos que le llegan al esposo a través de su esposa son merecidos, y si el Creador le ha dado una mujer desordenada, sucia, estéril, irascible y ofensiva, es porque tiene algo que corregir; ¿por qué, entonces, quejarse de la esposa?, ¿acaso es ella culpable de los sufrimientos que él merece?... Ella es solamente la vara del Creador, así que en vez de reprenderla, debe el esposo abrir sus oídos y su corazón a la reprimenda de HaShem, aceptar lo que le llega, hacer *Teshuvá* y corregir su propia conducta.

Tu 'espejo personal'

El entendimiento del principio que la esposa es el espejo de su marido es lo primero que lleva al hombre a no criticar a su esposa en absoluto. Cada vez que ve en ella un defecto, de inmediato debe reflexionar y buscar que es lo que debe él corregir en sí mismo, ya que lo que ve en ella, es el reflejo de su propia imagen.

Siempre recuerda: ¿Acaso una persona que ve en el espejo que su blusa esta arrugada, desarruga la que ve en el espejo o su propia blusa? Cada uno entiende que incluso si intentara hacerlo en el espejo de nada le serviría. Lo mismo pasa en la pareja – la crítica a la esposa nada cambiará en ella y nada rectificará, sino que sólo causará daño ya que la crítica del marido despertará en ella enojo y pesar, y ella llorará y se desanimará...

Un hombre que carece de conocimiento espiritual, se molesta y se enoja con cada falla que ve en su esposa, se lamenta de su mala suerte al casarse con ese tipo de mujer, y se pregunta cómo pudo equivocarse de tal manera. Por lo tanto, se siente obligado a criticarla y reprocharle haciéndole todo tipo de observaciones con el fin de estimularla a cambiar y corregirse. Es evidente que este esposo no puede amar a su esposa ya que sólo ve defectos en ella.

Todos los problemas matrimoniales nacen por causa de la mencionada actitud. Mientras pienses que tu esposa debe cambiar, y que tú tienes que corregirla, tu vida matrimonial se convertirá en el infierno mismo. Recuérdalo: *¡No te casaste para corregir a tu esposa, te casaste para corregirte a ti mismo por medio de tu 'espejo personal' – tu esposa!*

La lupa

Una esposa no es un mero espejo que refleja imágenes de tamaño natural, sino algo mucho más sofisticado. Es de hecho un microscopio electrónico de alta potencia que revela y expone todo lo oculto en su esposo. En otras palabras, ella es un "espejo de aumento" que agranda todas las cualidades y los defectos de su marido. Por ejemplo, si uno tiene una leve tendencia a la ira, HaShem le mostrará ese mal rasgo por medio de su esposa, y en forma ampliada. Ella estará obligada a mostrarle desproporcionados niveles de cólera, para que de esa forma él reciba el mensaje.

El Creador actúa así porque el hombre tiende a ignorar sus defectos e insuficiencias. Si HaShem se contentaría con sugerírselos suavemente mostrándole en su esposa–espejo su cólera en tamaño natural, nunca le prestaría atención y no corregiría ese defecto. Solamente cuando lo vea a través de una lupa poderosa, existe la posibilidad que se dé cuenta y se despierte a trabajar sobre sí mismo. Por lo tanto, es necesario utilizar alusiones evidentes y duras, como han dicho los Sabios: "Al inteligente – una insinuación, al tonto – una piedra…".

Espejo o tribulaciones

Por supuesto que la mujer refleja de la mejor forma a un marido que la respeta y hace todo lo posible para no criticarla y reprocharla. Pero si la critica y la entristece, entonces los ataques de ira de ella provienen directamente de su profundo pesar y dolor. Entonces, el mensaje Divino es muy claro: ¡Estás oprimiendo a tu mujer! ¡Debes cambiar tu conducta, hacer *Teshuvá* y dejar de atormentarla!

Hay maridos, que ante las expresiones de rabia de sus esposas, en lugar de entender que están sufriendo y tratar de corregir lo debido, se comparan a sus esposas y se sienten orgullosos de verse como hombres íntegros y pacientes que saben controlarse. Tal marido debe saber que está a años luz de su rectificación personal. Su remedio es que estudie *muy* bien este libro, y que rece para poder cumplir y poner en práctica su contenido.

En la mayoría de los casos, esa frialdad e indiferencia frente al enojo de la esposa, no provienen en absoluto de las buenas cualidades de tranquilidad y paciencia del marido. La prueba es que en otras circunstancias en las que tenía que conducirse con calma y frialdad, él es quien estalla con enojo e impaciencia. Pero cuando su mujer se enoja con él, se mantiene maravillosamente tranquilo y calmo destacándose como el gran justo frente a la "bruja malvada". En realidad, es ésa la obra exitosa de su Mala Inclinación que lo lleva al orgullo para destruir así la paz con su esposa.

El sufrimiento de su esposa tendría que haber tocado su corazón y hacerle despertar de su apatía, animándolo a buscar el mensaje Divino y la causa del pesar de su esposa que se manifiesta en sus ataques de cólera.

En general, el mensaje es de lo más simple: la mujer está angustiada y el marido debe buscar la causa y así poder calmar a su esposa. Si el hombre se examinó y descubrió ser un marido modelo que nunca critica a su esposa y le da todo lo que ella necesita, física y emocionalmente, y aún ella se enoja tremendamente, debe saber que le insinúan desde el Cielo que todavía existe en él la cólera y debe examinarse profundamente y trabajar para desarraigarla por completo.

Reflejo de lo interior

La esposa es un espejo del interior del hombre, no de su exterior. Es verdad que con un profundo análisis de su interior, el hombre podría ver sus abundantes fallas y defectos. Sin embargo, como ya mencionamos, la naturaleza del hombre le lleva a cubrir y hacer borrosa la verdad de su interior. Le es más agradable al hombre creer que todo está bien y no tiene que cambiar. Sin embargo, al saber que su esposa es el espejo de su interior, puede ver lo que tiene que rectificar, escudriñar en sí mismo, y descubrir la verdad. Entonces, descubrirá su verdadera dimensión interior con todos sus muchos defectos, y podrá empezar a trabajar para resolverlos y lograr su perfección.

Lamentablemente, muchos maridos vienen a mí con quejas sobre sus mujeres, y cuando les explico que sus esposas simplemente reflejan sus propios defectos, ellos lo rechazan y no lo pueden aceptar. Esto demuestra claramente que no trabajan sobre sí mismos, desmienten sus privaciones y no tienen ninguna voluntad de corregirse y mejorar.

Sólo cuando el hombre tiene una verdadera y fuerte voluntad de conocerse y saber qué es lo que debe rectificar, es decir que hace una hora diaria de *Hitbodedút* donde realiza un examen de conciencia, repasa de todo lo que hizo desde ayer hasta hoy y quiere corregir todo lo necesario, entonces el Creador Mismo le estimula a saber lo que debe rectificar. Este hombre ya no necesita recibir alusiones groseras por medio de su esposa. En consecuencia, su vida transcurre con tranquilidad y aquellas cosas que no ha logrado detectar en los momentos de reflexión, el Creador puede transmitírselas por medio de su esposa–espejo, en forma sutil.

Pero al que prefiere practicar la política del avestruz y esconder su cabeza en la arena ignorando sus fallas, es necesario despertarlo y conmoverlo mostrando sus defectos en su esposa con un lente de aumento. Y si ni eso lo hace reaccionar, es señal que está totalmente lejos de su auto-rectificación.

Un espejo para quien es digno

El gran Justo y cabalista de siglo dieciséis, el Rabí Abraham Azulai *zt"l*, autor del libro *'Jesed LeAvrahám'*, y abuelo del gran Justo Rabí Jaim Yosef David Azulai (el Jida) también explica el fundamento que la esposa es el espejo de su marido. El rabino explica que ya que el Creador dirige el mundo según la regla de 'Medida por Medida', entonces en la forma que el hombre se conduce con el Creador, así su esposa se conduce con él. Por ejemplo – si un hombre se rebela contra HaShem, su esposa también se rebelará contra él, y así sucede en todo tipo de situaciones.

Es muy común que el marido crea ser un buen esposo y no llegue a comprender por qué su mujer no le hace caso. Según la *Emuná,* él debe saber que es simplemente una manifestación del mencionado principio de 'Medida por Medida'. Tal como él mismo no le hace caso al Creador y se rebela, su esposa se rebela contra él. Esto no es una forma de castigo sino todo lo contrario – es una manifestación de la Compasión Divina designada a animarlo a corregir su conducta a fin de acercarle al Creador.

"En consecuencia", escribe Rabí Abraham Azulai, "todo hombre que se conduce rectamente según la Torá y cuya esposa se rebela contra él, debe saber que él es el causante...".

¿Cuál es la intención del Rabí Azulai? ¿Acaso el que no se conduce rectamente según la Torá carece de espejo? La respuesta es que el que no trata de adquirir las cualidades que establece la Torá, entonces cuando su esposa lo critique o lo humille, él obviamente responderá con agresividad e incluso con violencia, y entonces ella ya no podrá servirle de espejo ya que él podría estallarlo en mil pedazos... Porque si él es violento y agresivo, la esposa le tendrá miedo y no le dirá ni una sola palabra, se cuidará de cometer el menor error y se doblegará por el terror que le produce la forma en que él puede reaccionar, y aunque ella se conduzca como un ángel, ya no es su espejo pues él lo hizo estallar hace tiempo...

Solamente un hombre con una auténtica voluntad de superarse y que se conduce con delicadeza, con tolerancia y humildad, puede ser merecedor de que su esposa sea su espejo. Un hombre como éste, que honra y ama a su esposa, puede atribuir el comportamiento irracional de ella a sus propias deficiencias. Entonces, en vez de enfadarse con ella, él le estará agradecido, empezará a conocerse a sí mismo y sabrá lo que debe rectificar.

¿Por qué se rió Sara?

En la sección semanal de la Torá *Vaierá,* prometen los ángeles a Abraham, nuestro Patriarca, que era muy viejo y aún no había engendrado hijos, que en el término de un año Sara engendraría un hijo. Sara, estando en lo más profundo de la tienda, oye sus palabras y se ríe de esa noticia imaginaria, Por eso HaShem reprende a Abraham y le pregunta: "¿Por qué rió Sara...?". "¿Acaso ella no tiene fe en Mí que tengo el poder de darle un hijo a pesar de su edad?"...

Inmediatamente surge la siguiente pregunta: ¿Por qué HaShem se dirige a Abraham con ese reclamo? Sara también era profetiza, e incluso superior a Abraham. ¿Por qué entonces

HaShem no se dirigió directamente a ella por su falta de fe manifestada en su risa?

Aquí podemos entender el concepto que la mujer refleja el nivel espiritual de su esposo y lo que ella hace mal, tiene como raíz un defecto en su marido. Y aunque no podríamos entender esto en forma alguna por el inmenso nivel espiritual de nuestro Patriarca Abraham, sin embargo, en relación a su grandeza, tenía una cierta falla en su *Emuná*, lo que se expresó en forma de risa en Sara, su esposa. Es por eso que el Creador se dirigió a Abraham con el reclamo y no a ella, ya que en su risa indicaba cierta falla en su marido.

El sol y la luna

Según la Cabalá, la parte esotérica de la Torá, existe una regla general en la Creación, el hombre es el *'mashpia'*, el que influye, el dador, y la mujer es la *'mekabelét'*, la receptora, quien recibe. Así como ocurre con el sol y la luna --en un nivel espiritual--, el marido se asemeja al sol y la esposa a la luna. Así como la luna no brilla con luz propia sino solamente por la luz del sol, la mujer refleja la "luz" que recibe de su esposo. Por lo tanto, la "oscuridad" de la esposa tiene como origen una falta en su marido, o sea una "iluminación" deficiente de parte de él. A un esposo que falla en trabajar sobre sí mismo y mejorar sus rasgos de carácter le es imposible iluminar a su esposa.

Ya que el marido es el dador, debe siempre honrar a su esposa, proporcionarle calidez, amor, alegría, seguridad, y ser una fuente de fe para ella. Contrariamente, cuando el marido llega a su casa queriendo recibir ya sea honores, comprensión, atención, etc., de hecho lo que hace es asumir la característica espiritual de la mujer. Aunque hay momentos en los que la esposa es la que da, esto es sólo una manifestación de que HaShem quiere mostrarle que se complace de él y por lo tanto lo anima por medio de su esposa, insinuándole que está yendo por el camino correcto.

En efecto, el hombre recibe lo que merece, si merece ser animado y respetado, lo será, y si merece unos golpes y desprecio, es exactamente lo que recibirá.

Un altavoz

La mujer está "programada" íntegramente por el Creador. No sólo que ella es el espejo de su esposo, sino que también funciona como un altavoz del Creador, por el cual le habla al hombre. Esto se parece al caso de una persona que habla en un cuarto por un micrófono, y otra persona le escucha por medio de un altavoz en otro cuarto. Si escucha gritos e insultos en su contra por medio del altavoz, ¿¿le pasaría por la mente enojarse con el altavoz, contestarle, pelearse o discutir con él?? ¡Por supuesto que no! Un hombre normal buscaría a quien está hablando por el micrófono y con él ajustaría cuentas por los insultos.

Lo mismo ocurre con el hombre que oye las vociferaciones, quejas y los desprecios de su esposa. Ella es sólo el altavoz, o megáfono del Creador que se expresa a través de ella. Por consiguiente, no debe reaccionar ni responder, sino escuchar lo que HaShem le está diciendo a través de su mujer. Al responder a las humillaciones expresadas por su esposa, es comparable a alguien que se enfrenta al altavoz y lo maldice...

La grabadora o el audio casete

La mujer también se parece a una grabadora o un radiocasete del Creador, en la que Él introduce casetes según lo necesario. Cuando desea estimular al marido – Él introduce en la esposa–grabadora un casete de consuelo, fortalecimiento, etc. Y cuando le quiere llamar la atención y estimularlo, Él coloca en la "grabadora", un casete de injurias e imprecaciones. Entonces, ¿tiene sentido algún culpar a un casete e insultarlo de vuelta? Es ridículo. Así es exactamente entre marido y esposa. La mujer simplemente reproduce el mensaje de HaShem, y el esposo tiene que escuchar y prestar atención no importa cuán desagradable sea, realizar una introspección de sí mismo y ver cómo puede corregirse, pero ciertamente no pelear con la grabadora...

Es obvio que si el marido no se comporta adecuadamente con su esposa es esa una causa por sí misma de los insultos y las quejas que le llegan de ella, pero en muchos casos podemos ver que no hay relación alguna entre el comportamiento del hombre y las reacciones de su esposa. A menudo el marido es humillado y despreciado por su esposa aunque su conduzca sea ejemplar y la trate con respeto. ¿Por qué? Porque si HaShem quiere comunicarle algo, lo hará por intermedio de ella. Eso no depende en forma alguna del comportamiento directo del esposo hacia su mujer, sino de los actos ocultos que sólo él y HaShem conocen. Por lo tanto debe tratar de entender qué es lo que el Creador quiere comunicarle y qué tiene que corregir.

Vamos a tomar como ejemplo a Daniel. Daniel es un marido bueno y considerado. Siempre llega a tiempo a casa, ayuda a su mujer y está atento a todas sus necesidades, Cierto día Daniel llegó tarde de hacer las compras para el fin de semana, con bolsas llenas de los productos y dulces favoritos de su esposa, sin que ella tenga que pedírselo. Al poner su pié en la entrada de la casa, ve que su esposa parece un tigre listo para atacar. Inmediatamente comienza a gritarle, a humillarlo, y a pelearse con él. Daniel no puede entender qué le pasa a su esposa y por qué ella está tan enojada con él. ¿Cómo es qué después de haberle ayudado tanto en la casa y haber hecho todas las compras necesarias se encoleriza tanto?

Lo que sucedió fue, que durante el tiempo en que Daniel hizo compras, el cometió un 'adulterio espiritual'. Sus ojos vagabundearon libremente mirando y observando cada mujer extraña que pasaba a su lado, contaminando su mirada y sus pensamientos y manchando su alma. ¿Acaso su esposa sabía que él miró a otras mujeres? Por supuesto que no. Pero el Creador sí lo supo, y por lo tanto, introdujo en ella la cólera y los nervios alterados para provocar en su marido una urgente introspección para corregir la transgresión cometida.

Cuando un hombre va por la calle (hoy en día también "paseando" por los distintos medios de comunicación sin tener que salir de la puerta de casa) y observa a las mujeres, entonces aunque llegue a su casa con bolsas llenas de regalos, cajas de bombones, flores y palabras de amor y alabanzas a su esposa, recibirá un ataque de desprecio por su adulterio espiritual. Éste es el mensaje del Creador: ¿Miraste lo que no es tuyo? Debes pagar por ello.

El principio que la mujer es el espejo de su marido, el altavoz de HaShem y su **grabadora o audio casete,** son las causas principales por las cuales nunca debe criticarla. Enumeramos a continuación algunas razones más por las cuales está prohibido criticar a la esposa:

1) Las críticas debilitan

Rabí Najman de Breslev enseña en lo que es considerado su testamento (*Likutey Moharán* II, 8) lo siguiente:

"Aunque el reproche es algo muy importante y debería ser la obligación de cada uno reprender a su prójimo cuando no se comporta correctamente, tal como está escrito (Levítico 19:17): 'Reprender, habrás de reprender a tu prójimo' – pero a pesar de todo no toda persona puede hacerlo. Y como ha dicho Rabí Akiva: 'Dudo que exista en esta generación alguien que pueda reprochar a los demás', y si Rabí Akiva dijo esto en relación a su propia generación, entonces, tanto más es actual en la nuestra...

Porque si la persona no es digna de reprochar, no sólo su reprimenda no es efectiva, sino que también despierta un "hedor" espiritual causado por las malas acciones y los malos rasgos de la persona a quien reprocha. Tal como cuando no se mueve algo maloliente no se siente su hedor, en el momento que alguien lo mueve, enseguida comienza a despedir mal olor. Como resultado de esto el alma del reprochado se debilita, lo que causa el cese de la abundancia espiritual de los mundos superiores que dependen de su alma...

Por otro lado, si el que reprende es digno de hacerlo, entonces suministra y agrega aromas agradables a esa alma mediante su reprimenda, porque la verdadera reprimenda debe ser de la misma naturaleza que la dada por Moisés".

Aprendemos de esta enseñanza de qué gran categoría espiritual debe ser la persona digna de hacer reproches. Si aún no posees el nivel espiritual de Moisés no deberías reprender a nadie. De lo contrario el reprochar puede ser perjudicial y dañino, ya que si no proviene de la persona adecuada, puede en lugar de conducir a mejorar, debilitar el alma del reprochado y alejarlo del bien que hay en él. Después de todo Rabí Akiva mismo, el gran Justo y Sabio, dijo que su propia generación, la generación de los *Tanaim* –los grandes Sabios de la Mishná–, que se encontraba en un nivel espiritual tan elevado que hasta eran capaces de resucitar a los muertos, carecía de personas dignas de dar una reprimenda adecuada. Unos dos mil años más tarde, cuando vivían los grandes Justos –los verdaderos discípulos del gran Justo el Baal Shem Tov, ¡dijo Rabí Najman acerca de esa generación, que con más razón no existía persona digna de reprender a otra! ¿Qué podemos entonces decir nosotros del que reprocha en nuestra generación?...

Se ve muy claramente que la mayoría de las personas a las que se les reprocha son gravemente debilitadas y desanimadas, ni mencionar el efecto que el reproche tiene respecto a todas las almas y los mundos espirituales que dependen de ellas. Ésa es la razón por la que la Torá, después de mencionar la importancia de reprender al prójimo, advierte (Levítico 19:17): "... pero no cargues un pecado por su causa", lo que alerta a quien reprende que el único propósito y efecto de la reprimenda debe ser ayudar a la persona equivocada a mejorar, por supuesto no hundirle aún más en el mal.

El reproche por lo general debilita y causa dolor. Después de ser reprendidas, muchas personas pierden la confianza en sí mismas y caen en la desesperación, destruyendo toda esperanza de rectificación. Esa persona puede caer completamente del camino del bien, creyendo que "no es buena" y por lo tanto el Creador no se complace con sus plegarias y su cumplimiento de los Preceptos. Esa persona, con la ayuda de la Mala Inclinación, llega a la conclusión "obvia" de que es mala y que no tiene ninguna esperanza y por lo tanto se dice: "¿Para qué debo molestarme? De cualquier manera HaShem no quiere saber nada de mí...". Éste es el tremendo daño que se puede hacer reprendiendo a alguien incorrectamente.

Por eso, el Jazón Ish *zt"l*, uno de los grandes rabinos de los últimos cien años, confirmó que en nuestros tiempos debemos enseñar sólo a través del amor, ya que no hay nadie digno de reprochar.

Todo lo escrito es con respecto al hombre que quiere reprochar a su prójimo, pero con mucha más razón es aplicable al marido frente a su esposa. La mujer necesita sentir la atención y la sensibilidad de su marido, el respeto y el estímulo constante. Los comentarios y las críticas son devastadores para ella. La vitalidad entera de una esposa depende de las palabras amables de su marido.

2) Las críticas no son útiles

La mujer, por naturaleza, no reconoce sus errores, aunque se lo digan en la forma más suave. Con más razón, cuando la observación toma la forma de una reprimenda, ella negará las palabras de crítica de su marido. Si es así, resulta que él no ganó nada con sus reproches, Nuestros Sabios enseñaron que cuando advertimos algo que debe ser corregido, entonces "hay que decirlo sólo si será aceptado, en caso contrario – no se debe decir". Ya que la esposa no puede aceptar las críticas de su marido, sus observaciones sólo aumentan la tensión y la animosidad entre los dos; además hasta pueden trasformar su falta involuntaria en una transgresión intencional.

3) Las observaciones ofenden

Toda observación que le hace el marido a su mujer, aunque se exprese con la máxima delicadeza y tenga una intención realmente pura – es interpretada por ella como una ofensa intencional en su contra. El resultado: ella se sentirá profundamente afectada y lastimada y, por lo tanto, se encolerizará y guardará rencor. Para ella es una prueba fehaciente que su marido no le ama. Después de todo, si de veras le ama, ¿por qué siempre busca sus faltas, fracasos y errores? Tal como lo expresó el gran Justo y cabalista Rabí Abraham Azulai (en su cometario sobre la enseñanza de tratado *Avót* 4:18): "No mires a una persona en el momento de su fracaso o debilidad, pues ella trata que no le vean. Pero si se dará cuenta que tratas de verle en ese momento vergonzoso, él pensará que te regocijas de su caída".

Si el marido tuviera un corazón sensible y fuera capaz de sentir y medir hasta qué grado lastiman sus palabras de crítica y observación, aunque las haya dicho indirectamente y sin ninguna intención de lastimar a su esposa, entendería que sus palabras son como flechas envenenadas que perforan el corazón de su esposa y la destruye desde adentro, y sin duda evitaría inmediatamente toda crítica.

4) El que critica es un orgulloso

La realidad demuestra que en la mayoría de los casos, cuando el marido critica, no lo hace con delicadeza ni con una pura intención de corregir sino que tiene un cierto impulso que lo lleva a la crítica, a culpar, a quejarse y a encontrar defectos en las personas que lo rodean. ¿Cuál es la fuente de este impulso? El orgullo, la crueldad y la falta de autocontrol.

El marido debe pues reflexionar y preguntarse de dónde provienen las críticas formuladas a su mujer. Si es sincero consigo mismo, verá que provienen de su orgullo, malos rasgos y de su crueldad. Por consiguiente, entenderá que debe empezar a trabajar sobre sí mismo con el fin de desarraigar la crítica compulsiva de su existencia.

5) Los comentarios perjudican

Una de las dolencias más comunes de nuestra generación es la 'auto-persecución', es decir el sentimiento incorrecto de culpa, de sentir que no se actúa correctamente, de acusarse, etc., y las mujeres, en particular, están afectadas por ella. Siempre sienten que no han hecho las cosas como se debe, que no son lo suficiente buenas, que no satisfacen a sus esposos, etc. El marido que critica a su esposa sólo tira leña al fuego y refuerza, de hecho, su sensación de baja auto-estima y su complejo de 'auto-persecución', ya que le demuestra que tiene razón en sus sentimientos de culpabilidad. Sus criticas provocan que se incrementen aún más sus complejos, que más se debilite, y le hacen caer en un círculo vicioso de culpa al grado que, por tanta angustia, puede la esposa llegar a necesitar tratamiento psiquiátrico, Dios no lo permita.

6) El irascible no puede enseñar

Un marido exigente, estricto e impaciente nunca conseguirá la paz en su hogar, y como se menciona (El Libro de los Atributos, tema 'Ira'): "Con exigencia no hay paz". Esto sobre todo es verdad en aquellos asuntos en los que el marido quiere que su esposa cambie. Es imposible que alguien cambie de verdad por medio de las críticas, tal como expresaron nuestros Sabios (tratado *Avót* 2:5): "El irascible no puede enseñar".

7) Las críticas son peligrosas

El hombre que critica a su esposa puede caer muy fácilmente en el pecado de la ira, o en humillar a su esposa u ofenderla. Incluso si la esposa ha transgredido un Decreto Rabínico *("Mitzvá deRabanán")*, cuando él la critica transgrede un Precepto de la Torá que es mucho más serio, deniega la *Emuná* y destruye la paz matrimonial. Con sus propias manos expulsa entonces la Presencia Divina de su hogar. ¿Qué es peor entonces, lo qué ella hizo o la crítica de él?

8) Las críticas son como un bumerán

El viejo refrán dice que quien vive en casa de cristal no deber lanzar piedras. En todo lo relacionado con la crítica hay que recordar la siguiente regla básica: "Ante todo, rectifícate a ti mismo". El que desea enseñar moral a los demás debe comenzar por ser él mismo irreprochable ya que si dice: "Retira la paja de tu ojo", se le puede contestar: "Retira primero la viga del tuyo"…

Aclaración

La abstención de criticar el comportamiento de la esposa se aplica después de la acción, es decir después que ella ya ha cometido el error. Sin embargo, si el marido nota que su esposa está a punto de hacer algo prohibido, puede advertirle con delicadeza y sensibilidad, para salvarla de una transgresión.

¿Cómo cambiará ella?

Uno de los argumentos que utiliza la Mala Inclinación para provocar al marido a criticar a su esposa (y destruir así su hogar), es que es crucial para el bien de ella y del hogar.

La Mala Inclinación le introduce estos pensamientos: "¿Cuál es el problema en criticarla? ¡Toda persona común reconoce que tiene defectos! ¡¿Qué, se considera perfecta?! ¡¿Se cree ser Dios?! Toda persona normal debe alegrarse cuando le hacen ver sus errores y de ser corregida, para poder avanzar y triunfar en la vida. Por lo tanto, ¡es necesario e importante criticarla por sus errores! Ella debería alegrarse y agradecerme por corregirla. Y además, ¿cómo puedo quitarme de en medio viéndola equivocándose una y otra vez, mientras que con una sola observación se le abrirán los ojos y podría corregir su conducta? Sería una crueldad no criticarla. Después de todo le amo, ¿cómo puedo ignorar entonces los daños que se hace a sí misma? ¿Cómo va a cambiar si no la critico?...".

Antes de responder a esos argumentos, describiremos brevemente lo que le ocurre a una mujer criticada por su esposo –por cualquier causa que sea–, aunque fuera justificada y con más razón si no lo fuera:

De inmediato su alma se contrae y se ensombrece, se ve a sí misma en forma negativa, siente que no tiene valor alguno, que no tiene ninguna importancia y que no sirve para nada. Y no sólo que ella pierde toda fuerza y motivación para rectificarse y mejorar, sino que sucede algo totalmente opuesto; ya que para la mujer reconocer sus errores y defectos es aun peor que la muerte, ella hará *todo* para salvar su dignidad manteniéndose firme en su posición y tratando de justificarse con todas sus fuerzas, incluso fuera de toda lógica. Exactamente como una persona a quien se le priva de oxígeno hace todo lo posible para poder respirar, la esposa criticada hará lo mismo para proteger su honor.

El marido cree que sólo su mujer se comporta así y se dice: "¿Qué tipo de persona es ella? ¡Nunca reconoce la verdad! Nunca en su vida me haya dicho: 'Perdón, me equivoqué'". Por consiguiente, él le reprocha sin saber que no es distinta de otras mujeres y que ésa es su naturaleza, así fue creada y no tiene control alguno sobre el tema. Luego, cuando él ve que ella no acepta su crítica (que según su opinión es justificada e incluso constructiva), se vuelve colérico y la desdeña por no "reconocer" la verdad, por ser orgullosa, y por no tener la mínima dignidad de admitir sus errores.

Ahora, con la adición de nuevos reclamos, críticas, y molestias del esposo contra su mujer, el universo de ella se ensombrece, porque ve que no sólo él no la honra ni la entiende, sino que sigue humillándola y rebajándola. Se siente asfixiada, llena de sentimientos de opresión, enojo y odio hacia el que literalmente le "manda cuchilladas" –su esposo– y así toda la situación se convierte en un círculo vicioso que da vueltas sin control.

El marido no entiende la sensibilidad de su mujer frente a comentarios y críticas, y por lo tanto considera sus reacciones como una expresión de locura. "¿Qué ya dije? Una sola palabra. Ni siquiera tuve la intención de criticarla. ¿Por qué reacciona tan irracionalmente?".

Él no entiende que no es necesario insultar o golpear para ser abusivo y destruir emocionalmente a su mujer. Siempre que el marido critique a su mujer, aun en la forma más delicada – ¡ella sentirá que no vale la pena vivir!

La realidad demuestra que las mujeres que son criticadas por sus maridos sufren una angustia emocional tan profunda, al grado de odiar a su marido y todo lo que él representa. Si él la critica "en nombre de la Torá", ella lo odiará a él, a su Torá, e incluso al Creador Mismo. Hasta puede llegar a rechazar el camino de la Torá y buscar consuelo y vivencias por caminos prohibidos y destructivos, Dios no lo permita...

Ahora que hemos estudiado lo que le ocurre a una mujer que es criticada, preguntemos al marido: ¿Acaso piensas todavía que podrás rectificar a tu mujer? ¿Podrás lograr que se arrepienta y cambie su conducta? ¿Acaso por tu argumento de "¿cómo ella cambiará entonces?" vale la pena arriesgar la destrucción de su vida, la tuya, y la de tus niños?

El camino correcto

La conclusión que resulta de todo lo anterior es clara y definitiva: **¡La menor de las críticas formulada por el marido es ultra peligrosa y –por lo tanto– completamente prohibida!**

Y si te dices que en teoría está todo muy bien, pero – ¿cómo es posible en la práctica, no tomar en cuenta las fallas de la esposa? Después de todo, te dices, el hombre no es un ángel, existen situaciones que lo hacen sufrir, que lo oprimen, y si sólo va a callar y callar sin reaccionar, finalmente estallará. Entonces, ¿cómo se hace, a pesar de todo, para rectificar los errores cometidos por la mujer y que se repiten constantemente? ¿Acaso no existe algún modo para hace que rectifique sus acciones y logre hacer *Teshuvá*? ¿Acaso no es mi obligación como marido? ¿¿Acaso no afirmaron nuestros Sabios explícitamente que el marido que no guía a los miembros de su familia en el buen camino, es atrapado por sus pecados?? Además, por toda lógica y sentido común es obvio que el marido no puede quedarse de brazos cruzados dejándole a su mujer cometer errores y tanto más trasgresiones... ¿Cuál es el camino entonces?

La respuesta es la siguiente: aunque dimos ocho motivos adicionales por los que está prohibido criticar a la esposa, en realidad el motivo principal es el primero que mencionamos: ¡La esposa es el espejo de su marido! ¿Acaso se puede arreglar un reflejo torcido o desagradable en el espejo? ¡Claro que no! ¡Se debe arreglar la imagen original! Por lo tanto, ¡el marido debe recordar siempre que no es su mujer a la que debe rectificar sino a sí mismo inmediatamente! En consecuencia, él no debe criticarla en forma alguna, ¡sino remangarse y empezar a trabajar sobre sí mismo! Y debe saber con absoluta seguridad, que al rectificarse – ¡ella se corregirá automáticamente!

El punto básico y principal de la vida matrimonial es que el marido sepa muy bien que todos los defectos, privaciones y fracasos de su esposa – llegan para demostrarle en qué él mismo debe corregirse. E incluso si la conducta de su esposa le causa daños y sufrimientos, debe saber que se los merece conforme a la Justicia Divina, y su único refugio es la *Teshuvá*...

Y aún más, no sólo que debe abstenerse de criticar a su esposa, sino que debe buscar y ver, única y exclusivamente, todo lo bueno que hay en ella, en su mujer. Debe trabajar para reconocer que en verdad ella es una buena persona, y que todos los defectos que ve en ella – son sus propias fallas, y existen para que se despierte y se corrija.

Y esto nos trae a la famosa enseñanza de Rabí Najman conocida como *"Azamra"* (*Likutey Moharán* I, 282) que demuestra cómo al encontrar los 'buenos puntos' de una persona, ella puede retornar al buen camino:

"Debes saber que hay que juzgar a cada persona de manera favorable. E incluso en el caso de un malvado y completo pecador, se debe buscar y encontrar en él algo de bueno... Al encontrar ese mínimo de bien y juzgarlo en forma favorable, de hecho se lo eleva espiritualmente y hasta se le hace poder retornar al Creador...".

Revés al revés

Aquella enseñanza –que al juzgar favorablemente a una persona le ayudas a mejorar su camino– contradice el criterio generalizado. La gente tiende a suponer que el modo de corregir a los demás es buscar e identificar sus defectos y vicios, y luego reprocharles, criticarles y amenazarles para provocar un cambio beneficioso.

Pero la verdad es lo opuesto – el camino para ayudar a otra persona a rectificarse es encontrando en ella sus puntos buenos. Al juzgarle con indulgencia y encontrar en ella sus aspectos positivos induce a que sea también juzgada favorablemente en el Tribunal Divino, lo que le da la fuerza para arrepentirse y mejorar. Además, también el mero hecho que alguien ve en ella lo bueno, le trae alegría y vitalidad y la voluntad de ser mejor.

Esto es verdad aun si sólo *vemos* los puntos buenos del otro incluso sin pronunciar una sola palabra. Y tanto más cuando les decimos palabras amables y les indicamos sus puntos buenos, lo que lo fortalece y le permite creer en sí mismo, animándole a esforzarse para mejorar.

Esto es verdad particularmente en nuestro caso, ya que el marido tiene la obligación constante de alegrar a su esposa, tal como está escrito (Deuteronomio 24:5): "Y él alegrará a la mujer que ha tomado". ¿Y cuál es la principal alegría de ella? Cuando su marido la ve positivamente, ve su belleza espiritual, la aprecia, le dice cumplidos y la alaba... Cuando el marido le dice a su esposa palabras agradables, la anima, la fortalece y le muestra que sólo ve lo bueno en ella, le hace sentir feliz y crea en ella el impulso de superarse y hacer el bien. Ninguna mujer desea ser ingrata con un esposo que le hace sentir tan bien. Por lo tanto, ella misma buscará cómo complacerlo, cumplir con su voluntad y mejorar en todos los campos, especialmente en los que son importante a su marido.

Recuerda: Cuando la esposa está feliz, tiene la necesaria fuerza interior para mejorar sus acciones y cambiar sus malas costumbres. Pero cuando sufre observaciones y criticas, no tendrá ni fuerza para hervir agua en una pava eléctrica...

El marido debe saber que el mismo Justo que ordenó no criticar, es el que enseñó que la única forma para hacer retornar a una persona al buen camino, es encontrando en ella sus 'buenos puntos'. Un marido que interioriza ambos consejos –no criticar y buscar lo bueno– gana doblemente. En primer lugar, no ve ninguna falta en su esposa ya que sabe que todo lo malo es un reflejo de lo que él mismo debe corregir y, por lo tanto, nunca se siente insatisfecho con ella. En segundo lugar, él sólo ve el bien en ella y por lo tanto la aprecia más y le ama, lo que le da a su esposa la fuerza y el deseo de complacerle y mejorar.

El camino intermedio

Si, después de todo lo que aprendimos, el marido aún se empeña en querer actuar, hablar, o aconsejarle a su mujer sobre el mejor camino a seguir, debe saber que en el *mismo* momento en que comprueba su falla – ¡le está prohibido criticarla! Tal como enseño el Gaón de Vilna, que hay que aprender de HaShem Mismo que no se dirigió a Adán, el primer hombre, en el momento de cometer el pecado de comer la fruta prohibida, sino que esperó hasta que se cubriera con una hoja de higuera.

Asimismo debe conducirse el marido en su hogar. Cuando vea algo que requiere corrección debe esperar dos o tres días para hablar sobre ello. Además, antes de hacerlo, debe rogarle al Creador que su esposa no se ofenda por sus palabras, sino que acepte con compresión y entienda que su intención obedece exclusivamente a la necesidad de mejorar las cosas y no de lastimar o denigrar.

El marido debe expresarse positivamente y con argumentos constructivos, diciendo por ejemplo: "Qué bueno sería rectificar tal cosa" o "Qué bueno sería conducirse en esta forma". Ésa era la costumbre del Rey David, que siempre se expresó en forma positiva usando las palabras: *"Dichoso es"*. Por ejemplo, el Rey David *no* dice "Pobre del que toma consejo de los malvados" sino *"Dichoso es* el hombre que *no* ha tomado el consejo de los malvados" (Salmos 1:1), y así en más versículos como: "Dichosos aquellos cuyo camino es íntegro..." (Salmos 119:1), "Dichosos son aquellos que residen en Tu Casa" (Salmos 84:5), etc. Las críticas son sólo una receta bien probada para la discordia, discusiones y peleas entre la pareja.

El hombre debe hablarle a su esposa sólo en un momento oportuno de tranquilidad, cuando la paz y el amor prevalecen. Se sentará entonces a su lado y le hablará cariñosamente, "revistiendo" su mensaje en forma constructiva con palabras de amor, entendimiento, y preocupación sincera por su bienestar. Por ejemplo, si quiere llamar su atención por acostarse demasiado tarde por la noche, lo que causa problemas a la mañana siguiente, le dirá: "Mi amor, realmente estoy preocupado por tu salud. Te cansas demasiado. Necesitas un mínimo descanso para funcionar correctamente durante el día. Trabajas duramente – mereces un descanso apropiado, ¿Qué te parece si hacemos un esfuerzo y nos vamos a dormir más temprano?".

Y así sobre cualquier asunto del que quiera hablar, debe "revestirlo" de amor y preocupación por su bienestar. Cuando la esposa sienta, de verdad, que sus palabras provienen de su amor por ella, las podrá aceptar.

Pero hay que saber, este camino no corresponde a la verdad absoluta; pertenece sólo al que aún no ha logrado interiorizar y motivarse a cumplir con el verdadero motivo para el que llegó a este mundo, que es corregirse a sí mismo exclusivamente. La razón por la que mencionamos este camino es para que, de toda manera, tal hombre no critique a su mujer en el mismo momento en que ella comete un error, ni siquiera en forma de una observación, para que no destruya su hogar con sus comentarios.

Sin embargo, aquel que posee la fuerte voluntad de rectificarse y alcanzar su objetivo final en la vida, debe saber que el esfuerzo de lograr la auténtica paz hogareña se encuentra únicamente sobre sus propios hombros, y sólo así podrá lograrla.

Capítulo Tres:
El Primer Lugar

El eje principal

Existe una regla fundamental de la que depende toda la alegría de la mujer. Ese fundamento es el eje principal sobre el cual se apoya la paz doméstica; al entenderlo, el marido puede lograr la paz fácilmente. ¿Cuál es ese principio? El marido debe interiorizar que su mujer debe ser lo más importante para él y tiene que hacerle sentir que ocupa el primer lugar en su vida.

El marido debe transmitirle a su esposa por todos los medios– que ella es el 'número uno' en su vida. Ya sea expresándolo con palabras diciéndole en toda oportunidad: "Querida mía, ¡tú ocupas el primer lugar en mi vida! ¡Tú eres lo más importante que tengo y estás ante todo! ¡Eres la más hermosa! ¡Eres la más inteligente!", etc. O demostrándolo con hechos; por ejemplo, cuando ella le pide algo o necesita alguna cosa que contradice a sus propios programas o a su horario; o cuando la voluntad de ella se opone a la suya – él debe cumplir con la de ella y probarle así que es lo más importante para él y que desea satisfacerla ya que ocupa el primer lugar en su vida.

Cuando la mujer vea todas estas concesiones, y de verdad sienta que ocupa el primer lugar en la vida de su esposo, es indescriptible el grado de seguridad, alegría y vitalidad que sentirá. Ella se transformará en la mujer más dichosa del mundo – y el marido será el primero en disfrutar de su felicidad. Los beneficios que obtendrá por las concesiones que hizo serán decenas de veces mayores que lo que supuestamente perdió por ellas, como explicaremos a continuación.

Una lista innecesaria

Con el fin de ilustrar hasta qué punto la regla del 'primer lugar' es fundamental y engloba toda la vida de la mujer, he aquí una historia verídica:

Una pareja vino a verme para tratar de restablecer la paz en su hogar. La mujer trajo consigo una larga lista de quejas y comenzó a leerlas:

La primera queja era que cada vez que ella necesitaba que su marido llegue a casa a una hora determinada y ser puntual, ya sea para ir a una clase, hacer compras o por cualquier otro motivo, ¡él nunca llegaba a tiempo aunque lo hubiera prometido!

"¿Por qué no vuelves a casa a la hora prometida?", me volví hacia el marido y le pregunté.

El hombre me respondió: "Estimado rabino, créame que todos mis retrasos son sólo para el bien de mi mujer y de nuestro hogar, ya sea para traer el sustento o para otros trámites necesarios. ¿Acaso me retrasaría si no fuera por cosas importantes? ¿Acaso no soy consciente que ella me espera? ¿Pero qué puedo hacer?, cada vez hay algo urgente que me impide llegar a tiempo, ¿acaso es imposible de entender? ¡Créame que no estoy jugando – cada retraso se debe a una verdadera necesidad!...".

"Estas equivocado", le dije. "Tu verdadera y primaria necesidad son las necesidades de tu mujer. ¡Ella es más importante que cualquier otra cosa en el mundo! Y en todo caso, si el motivo de estar tan ocupado se debe al éxito de tus negocios, entonces ciertamente necesitas poner un límite de tiempo a esas actividades y darle a tu mujer su sitio en tu vida. Debes saber que tu éxito sólo continuará gracias a la felicidad de ella.

Y si la causa por las que estás ocupado se debe a los problemas que tienes o por deudas que complican tu vida, entonces también aquí necesitas un límite, ¿acaso puedes correr las veinticuatro horas del día para resolver tus problemas? El límite es que le des a tu esposa su lugar y sólo así tendrás la ayuda Divina para resolver tus problemas y pagar tus deudas.

¡La causa por la que sufres de falta de paz conyugal, lo que arrastra otras duras tribulaciones, es que no colocas a tu mujer en el primer lugar en tu vida! Tus ocupaciones son más importantes que ella y no aplicas la siguiente regla fundamental: ¡Si tu mujer te necesita – tienes que dejar todo de lado!".

Le expliqué al marido que es necesario que la mujer sea más importante que cualquier cosa en su vida, más que cualquier persona, más que cualquier ocupación. Es evidente que si así lo sintiera no rechazaría sus deseos ante cualquier asunto –por importante que sea– y no sólo acudiría a la hora establecida, sino que lo haría con buena voluntad y con alegría.

Además, le expliqué que si se fijara en toda la lista que preparó su mujer, vería que todos sus reclamos y sufrimientos son el producto de su sensación que no ocupa el primer lugar en la vida de su marido... Una vez él habla con ella y su mente se encuentra en otro lado, otra vez se olvida de ciertas cosas que ella le pidió hacer, etc. La razón profunda de estos actos fallidos es que su mujer no es más importante a sus ojos que el resto de sus ocupaciones, sino mucho menos.

La esposa, al escuchar esta conversación, quedó impresionada con tan simple definición que englobaba muchos aspectos de su vida. Ella misma no sabía qué era lo que le molestaba tanto cuando él llegaba tarde o se olvidaba de lo le había pedido... Hasta pensó que tal vez ella estaba exagerando con sus quejas. Sin embargo, cuando escuchó la profunda causa de su dolor, entendió con precisión lo que tanto le molestaba de su marido – el sentir que no era lo más importante en su vida, ¡lo que para ella era un sentimiento intolerable!

Cuando le pedí a la esposa que pasé a la siguiente queja que incluyó en su lista, respondió: "Ya no es necesario. Si él solamente entendiera este punto – ¡es suficiente para mí! Logró usted poner el dedo en la llaga y definir con precisión mi problema con él; si él lo corrige – sobra toda mi lista...".

El oxígeno de la mujer

Para comprender la profundidad de este punto, hay que saber que el Creador creó el alma de la mujer de tal modo que toda su vida se alimenta del honor que recibe, tal como está escrito (Salmos45:14): "Todo el honor de la hija del Rey – está en su interior". En otras palabras, la vitalidad interior de la mujer es su honor; para ella renunciar el honor es como rechazar el aire que respira.

Por consiguiente, es imposible vivir con una mujer como se vive con un amigo o con un socio. Entre los hombres, el acuerdo tácito de "si yo me comporto bien contigo, tú te comportarás bien conmigo" funciona bien, **mientras quien vive con una mujer necesita conocer su esencia interior**: su mentalidad, sus debilidades, su modo de pensar, su sistema de valores, etc. Y en particular ser consciente del fundamento principal en el alma de toda mujer: ¡Ella necesita honor y respeto! Así el Creador la ha creado. ¡Lo esencial del honor que necesita consiste en sentir que es lo más importante para su marido y que es amada por él por encima de todas las otras cosas. Si el marido no sabe esto y no le da a su mujer esa sensación, nunca podrá regocijarla.

En este capítulo traeremos algunos ejemplos para demostrar cómo debe el marido expresar la relación hacia su mujer como lo más importante de su vida. Sin embargo, no debemos olvidar que estos son sólo ejemplos – lo principal es que el mensaje que contienen debe ser bien interiorizado por el marido, para que su mujer se sienta realmente lo más importante. Mientras el hombre no interiorice lo aprendido, aunque exteriormente actúe conforme a los ejemplos, su mujer sentirá que no ocupa realmente el primer lugar en su vida.

Esto es verdad particularmente cuando la Mala Inclinación procura destruir y dañar la paz doméstica, y por más que el marido estudie, no siempre podrá llevar las enseñanzas de la teoría a la práctica para comportarse como es debido en toda situación. Él debe pues multiplicar sus plegarias y pedir al Creador que le otorgue el privilegio de cumplir con todo lo aprendido.

Dar de tu tiempo

En uno de los casos que atendí relacionados con problemas de paz hogareña, lo que le reprochaba la mujer a su marido era que nunca encontraba tiempo ni para ella ni para sus niños.

Le dije al marido: "¿Acaso no es cierto que cuando tu esposa se queja y te reclama que no tienes tiempo para ellos te justificas diciendo: 'Tienes razón, ¡¿pero qué puedo hacer yo?! ¡Simplemente no tengo tiempo!' Luego, le detallas el empleo de tu tiempo durante el día para probarle que no es tu culpa y que sencillamente ésa es la realidad – ¡estás completamente ocupado!..., ¿verdad?".

Todo esto sucede porque no entiendes que la paz hogareña es el auténtico éxito en la vida y, por lo tanto, no colocas a tu esposa en el primer lugar. Por eso, desde un principio, calculas que solamente si te quedara tiempo disponible podrías llegar a casa y estar con ella y con los niños. Por supuesto —ya que eres una persona con muchas aspiraciones y no te faltan cosas para hacer– no te queda tiempo disponible, pues hay tantas cosas urgentes y 'super–importantes' para hacer…".

"¿Qué es lo que debo hacer entonces?", me preguntó el marido. Le respondí: "Tu pregunta revela que aún no entendiste el mensaje. Si hubieses comprendido que el mayor éxito que puedes tener en la vida es vivir en paz con tu esposa, sabrías qué lugar tu mujer tiene que ocupar en tu vida, y comprenderías que cada vez que tu esposa te pide que le dediques tiempo a ella y a los niños o cualquier otra cosa, debes estar dispuesto a renunciar a todos tus planes con verdadera voluntad.

Si llegaste a tu casa desganado ya que renunciaste a tus planes por no tener alternativa, ella no estará contenta y es como si no hubieras vuelto en absoluto. Es muy importante que expreses tu buena voluntad con palabras de alegría, diciendo por ejemplo: '¡Sí querida mía, vendré con gusto a casa!, ¡dime a qué hora quieres que venga!, ¡cancelaré por ti cualquier compromiso!...', y otras expresiones similares que demuestren tu pleno consentimiento a ceder con alegría".

Existen muchos hombres que verdaderamente hacen todo lo que la esposa pide: llegan a tiempo, cancelan reuniones por ella, tratan de que no les falte nada, etc., pero no actúan desde el verdadero entendimiento que su esposa es lo más importante en su vida, sino que lo hacen por otros motivos, ya sea por temerle o por no tener fuerza para aguantar peleas o humillaciones, o porque quieren mostrar la imagen de buen esposo…

El resultado es que, aunque cumplen con detalle todas las reglas del 'primer lugar', lo hacen sin ganas. Por lo tanto, lo que hacen no sirve para nada y la mujer seguirá sintiéndose frustrada, quejosa y despreciativa, como si él nunca hubiera hecho nada por ella.

¡Atención! ¡No te duermas en la guardia!

Con más razón cuando el marido le dice claramente a su mujer que le molesta y discuten y se enojan, nunca será posible tener paz matrimonial.

Una sola palabra de enervamiento dicha inadvertidamente cuesta muy caro, e incluso alguien que generalmente es un buen marido, deberá luego anular numerosos proyectos e invertir mucha energía y recursos para restablecer la paz con su esposa. Y después de todo, es dudoso que logre convencerla nuevamente que ocupa el primer lugar en su vida. Vemos que por un solo momento de impaciencia, deberá el hombre armarse con una cantidad enorme de paciencia...

Por lo tanto, la regla del 'primer lugar' necesita mucho trabajo de interiorización, tanto por medio del estudio como por la multiplicación de oraciones, con el fin de que se arraigue bien el concepto en el corazón del marido y la esposa se coloque en la cumbre de su escala de prioridades y se transforme en lo más importante para él, de manera que aunque lo interrumpa cuando esté muy ocupado y preocupado, él estará dispuesto a responder de inmediato y con gusto, abandonando todo por ella. Esas son las situaciones en que se revela la verdad, y si el esposo no se preparó y no introdujo profundo en su corazón que su esposa está ante todo –de verdad–, entonces no habrá duda que por sus grandes preocupaciones transmitirá en alguna forma su impaciencia, y en consecuencia tendrá que trabajar muy duro para rectificar...

Cuando el marido se preocupa por su tiempo y trata de evitar los encargos de su esposa, finalmente perderá mucho más tiempo que el que ahorró. Pero si hubiera aceptado sus encargos con amor todo ocuparía su lugar en paz con una inversión mínima. Ésta es la base del 'primer lugar', porque cada vez que el marido se abstiene de contentar a su mujer porque le duele ceder, el resultado será que tendrá que darle después mucho más – pero con dolor. Y a veces podría llegar a perder a su familia, e incluso si después tratará de compensar ya no le ayudaría.

Cuidar las inversiones

Cada mujer tiene la profunda necesidad espiritual de sentir que ocupa el primer lugar en la vida de su marido. Si ella se siente un poco dejada de lado, aunque sea por muy poco tiempo y hasta por las cosas más importantes que también para ella son de gran importancia, simplemente no puede tolerar tal situación, y toda la paz en el hogar se desmorona.

Alguna veces, el marido es un buen hombre y de verdad ayuda y contribuye con su tiempo y fuerzas, pero aún, a pesar de todo, él siente que por algún motivo su esposa no está contenta, y no puede entender qué es lo que le falta. Es necesario que él comprenda que no importa cuánto da e invierte si en el momento de la prueba, cuando debe renunciar a su propia voluntad, no lo hace y por lo tanto le hace sentir a su mujer que ella no ocupa el primer lugar en su vida. El resultado es que toda su inversión no había servido de nada. El hombre debe saber que todo depende de aquellos momentos en que le falta algo a su esposa o que ella lo necesita y él debe renunciar a ciertas cosas por eso; es justamente en aquel entonces que su amor se pone a prueba.

Si el esposo enfrentará la prueba con éxito y actuará con un amor auténtico, de buena gana y de todo corazón, su mujer lo percibirá y estará entonces satisfecha de verdad.

Por otro lado, si él falla en esos momentos de prueba pues no anula su voluntad frente a la de ella, o si cumple con sus deseos por temor, por deshacerse de ella, por sentirse obligado y simplemente sin ganas – ella lo sentirá y deducirá que no es lo más importante para él. De inmediato, perderá su vitalidad y sus ganas de vivir y de aquí en adelante, aunque el marido haga todo por ella, le llevará mucho tiempo convencerse nuevamente que ella es la primera en su lista de prioridades. Además, a veces se producirían daños sentimentales que nunca podrían ser rectificados...

Una gran ganancia

¡Hay que recordar muy bien esta regla!: A veces, en un momento de debilidad en el que el marido debe ceder y no lo hace, puede perder todo lo que invirtió hasta aquel momento. Además, él puede encontrarse en una situación complicada y fatigante de convencimiento y conciliación que puede estar acompañada de desprecios, llantos, enojos, y tendrá entonces que esforzarse muy duro para rectificar lo que dañó.

Cuando la mujer tiene claro que ella ocupa el primer lugar en la vida de su marido – ¡no necesita más nada! Está feliz y alegre y ya no necesita que él esté mucho tiempo a su lado. Ella no necesita y no desea molestarlo en sus ocupaciones, ¡ya que siente la seguridad que es lo más importante para su esposo! En consecuencia, él puede ocuparse de sus asuntos todo el tiempo que quiera...

Si este conocimiento le está claro y bien entendido al marido, y asentado en forma fuerte y firme en su corazón, entonces él logrará muy fácilmente la paz hogareña y todo lo que queda es solamente explicarle cómo se refleja en la vida diaria, en toda situación que se presenta – al entrar a la casa, en prestarle atención a su esposa, en elogiarla, escucharla, etc., porque toda la paz hogareña gira alrededor de este concepto – colocar a la mujer en lo más alto de la escala de preferencias.

La raíz

Este tema es muy profundo. Si el marido ve que invierte tiempo y energía en charlas fatigosas y en esfuerzos para contentar a su esposa, darle satisfacción y alegrarla, y después de todo ella aún no está satisfecha, debe saber que esto ocurre porque no ha interiorizado el concepto del 'primer lugar'. Él todavía no colocó a su mujer en su lugar adecuado, respetándola y queriéndola de verdad. Él solamente trata de reparar sus quejas especificas, diciéndole: "¿Estás enfadada porque no llegué a la hora convenida? ¡Desde ahora en adelante llegaré a horario! ¿Te afliges porque no hice lo qué me pediste? ¡Desde ahora en adelante, haré lo que deseas!". Esto es inútil, y por consiguiente él no conseguirá hacerla verdaderamente feliz.

Si el marido se contenta con reparar los síntomas externos que parecen haber provocado la insatisfacción de su mujer –incluso si ella misma supone que son las razones de su pesar– mientras él no trate la raíz del problema, nada la contentará. Él quedará frustrado preguntándose: "¿Por qué se niega a hacer las paces? ¡Sin embargo hice más que lo qué me pidió!". Esta actitud se debe a que él no comprendió la verdadera razón que hace sufrir a su esposa.

La mujer misma no sabe cómo definir su problema y decirle claramente a su marido: "No soy importante a tus ojos". Sin embargo, ella dice a veces algo semejante: "No me quieres". Y el marido no entiende, ¿cómo puede ella decir algo así después que él ha corregido todo lo que ella le criticaba?

Por lo tanto, cuando el marido escucha quejas de su mujer, debe saber que ella no sabe definir lo que le produce dolor ya que éste se reviste de distintas formas – en ocasiones por motivos totalmente incomprensibles que lo dejan sorprendido y confundido. Por consiguiente, necesita observar y comprender *la raíz* de sus quejas: ¡Su mujer no siente que ocupa el primer lugar en su vida! Él debe buscar la forma de rectificar su comportamiento de verdad y no contentarse con una rectificación superficial.

Pero cuando él entienda que todas sus quejas indican una sola cosa: Que su actitud hacia ella está equivocada al no colocarla verdaderamente en el lugar que le corresponde, y empiece a trabajar para rectificar esto en su interior, entonces verá cómo con una pequeña inversión y unas cuantas palabras de atención y amor, ella se colmará de alegría.

El provecho que el esposo sacará de ese reconocimiento será incalculable: abundancia en lo espiritual y en lo material, ayuda Divina en todo lo que emprenda, mucho tiempo disponible y libertad de movimiento. Al ver tal cambio con sus propios ojos, ¡es evidente que desde ahora en adelante él aceptará con alegría y buena voluntad todo lo que ella le pida!

Un cortocircuito en la comunicación

En general, la mujer no necesita a su marido físicamente a su lado. Por el contrario, al estar él en casa le molesta y le causa tensión porque para ella le es mucho más cómodo ocuparse de sus asuntos cuando él no está presente. Pero cuando la actitud del marido no es la adecuada, la sensación de ella de no ocupar el primer lugar en su vida se manifiesta en quejas y exigencias, y le pide que vuelva a casa y que se quede mucho tiempo. En realidad, ella no le necesita verdaderamente en la casa, pero al no saber cómo definir lo que quiere de él, hasta cuando él hace lo que le pide y vuelve a casa a tiempo, ella queda insatisfecha.

Por supuesto, cuando el marido no entiende lo que su mujer desea recibir de él y piensa: "Vine, le ayudé, me quedé en casa varias horas – ¿¿por qué entonces no está contenta??". En la mayoría de los casos hasta se lo dice explícitamente

"¿Qué quieres? Hice todo lo que me pediste, ¿Qué te falta? ¿Qué puede alegrarte?". Sin embargo, ella misma no sabe lo que quiere y se esfuerza por encontrar una causa y se la dice. El marido la toma en cuenta y trata de resolver también este nuevo asunto, pero tampoco eso ayuda ya que no es la profunda y auténtica razón de su insatisfacción.

Tal situación puede ser definida como un "cortocircuito en la relación de la pareja" y las cosas siguen complicándose. Ella se pone nerviosa porque él no la comprende, él no entiende lo que ella quiere, y así esto se extiende sin que nadie sepa a donde llevará…

En realidad, todo empezó en el momento en el que el marido le hizo sentir a su esposa que existe algo más importante que ella, como cuando dijo que no tenía tiempo, o le hizo sentir que lo molesta en medio de sus ocupaciones, o que le priva de algo. Desde el momento en el que la mujer siente que existe algo más importante que ella, todo lo que haga su esposo no calmará su dolor y seguirá sintiéndose desdichada. Así sigue la pareja viviendo, totalmente desconectada, hasta que desde lo Alto le ayudan a conseguir un "alto del fuego" – hasta el siguiente incidente, y así continua ese círculo vicioso...

¡Sé sabio!

En consecuencia el marido debe 'sentar cabeza', reflexionar y comprender que cuando su mujer le pide alguna cosa, entonces en lugar de encapricharse y replicar que no es el momento adecuado, y que se encuentra en medio de algo importante, etc., es preferible renunciar a su tiempo por ella. Así, su esposa estará siempre contenta y le dará libertad.

También en otras ocasiones, cuando sus puntos de vista se oponen, ya sea en el campo de la economía doméstica o en la educación de los hijos por ejemplo, el marido no debe obstinarse sino dejarle a ella que decida primero, que dirija y que tenga razón. En caso contrario, le será muy difícil borrar la mala impresión recibida –que ella no es importante a sus ojos–, y él deberá entonces invertir mucho tiempo y energía.

Ya que este tema es tan profundo y fundamental y contiene detalles tan numerosos, el marido debe multiplicar sus plegarias con el fin de que el Creador se apiade de él. Debe pedir a HaShem que le ayude llegar a creer en el principio del 'primer lugar', y que quede fijo en su corazón que ésa es la Voluntad Divina. Debe rogar mucho al Creador que le permita recordar en toda situación, que lo más conveniente en este mundo es considerar a la esposa, incluso más que cualquier ocupación y servicio a HaShem. Que entienda que ésta es la corrección espiritual que debe atravesar para su alma.

Debe pedir la ayuda Divina para que su corazón no le tiente a discutir con su esposa, o darle la sensación que él hace algo sin ganas. Él debe entender que cuando estas situaciones se repiten en forma continua y se acumulan, el corazón de la mujer queda herido a causa de los rechazos y la vida de la pareja se hace difícil, amarga y muy complicada. Resulta que aunque la lógica y el sentido común indican que el marido tiene la razón, al final de cuentas y en última instancia, la "justicia" por la que lucha el marido destruye su vida.

Aquí bien podemos aplicar el refrán: **"¡Más vale ser sabio que tener razón!"**. Aunque el marido sepa que debe colocar a su mujer en el primer lugar, su corazón lo seduce a oponerse y le dice que esto no se justifica en alguna situación: en un caso será necesario "ponerla en su lugar", en otro – educarla para que sea responsable, etc. Todos estos argumentos en realidad son sólo astucias de la Mala Inclinación que provienen del egoísmo y del concepto hereje de "Con mi propia fuerza y el poder de mi mano" (Deuteronomio 8 17:). Ese hombre no se somete a la Divina Supervisión Individual con la que HaShem lo dirige, y se niega a comprender que cuando su mujer le exige algo, es HaShem Mismo quien lo hace. Él debe entonces anular su voluntad frente a la del Creador y superar el impedimento con humildad a través de la oración y el arrepentimiento.

Todo marido debe pedirle al Creador que le conceda la inteligencia de interiorizar íntegramente este concepto, que fortalezca su *Emuná* y que le ayude aceptar que es una necesidad emocional, espiritual y mental de su mujer sentir que ella ocupa el primer lugar en su vida.

Ejemplo de una plegaria:

"Dueño del Universo, por favor, ten piedad de mi esposa, de mis hijos y de mí, y de todos los que dependen de nosotros, y concédeme la capacidad de comprender, de todo corazón, que toda nuestra felicidad y éxito dependen de la felicidad de mi esposa, y que toda la felicidad de ella depende de que se sienta que es lo más importante para mí.

Creador del Universo, ten piedad de mí y graba en mi corazón un gran amor hacia mi esposa, y que mi amor hacia ella sea más grande que cualquier otra cosa en el mundo. Ten piedad de mí para que mi corazón no me seduzca, en ningún momento, por ninguna causa y en ninguna forma, a rechazar a mi esposa, a no darle el primer lugar en mi vida que ella merece. Ayúdame para superar las pruebas y los obstáculos que deba enfrentar; que frente a todo, yo siempre dé prioridad a mi mujer, rechazando y cediendo en cualquier asunto – por ella. Concédeme el mérito de saber que Tu voluntad es que me conduzca así con mi mujer; porque así lo estableció Tu Sabiduría – que toda la vitalidad de mi esposa depende de que ella sienta que está ante todo, en el primer lugar en mi vida, de prioridad absoluta...".

Según este modelo y lo aprendido en este libro, cada uno podrá construir sus propios rezos individuales, de acuerdo a las pruebas que enfrenta en su vida.

"Hacia tu esposo será tu deseo"

Está prohibido que la mujer sienta que tiene un competidor en la vida. Ella no puede tolerar que haya alguien que le quite a su marido y que por su causa pierda la plena atención de su esposo. Incluso asuntos de mayor importancia como los hijos, el estudio de la Torá, su rabino, y con más razón su trabajo, sus actividades recreativas, sus amigos, etc. En consecuencia, en todo asunto de importancia, es necesario que el marido multiplique las plegarias para saber cómo debe actuar para que su mujer no tenga la impresión de ser confinada a una posición secundaria en su vida.

La necesidad de la mujer de ser lo más importante en la vida de su marido y de continuar atrayendo permanentemente su atención es un decreto del Creador, como está escrito en la Torá (Génesis 3:16): "Hacia tu esposo será tu deseo – y él te dominará". El significado del versículo es que el marido 'gobierna' el estado de ánimo de su esposa, es decir que toda la vitalidad y alegría de ella llegan única y exclusivamente de él – de la atención que le presta y el honor que le reserva. Por consiguiente, el marido no debe –de ninguna manera– oponerse a la naturaleza que HaShem implantó en el alma de la mujer, sino tratar de satisfacer y llenar su alma, ya que ella depende de él.

Enumeremos las razones de este decreto Divino:

1) Ya que la mujer provocó el pecado de Adán, el primer hombre, que le hizo comer del Árbol del Conocimiento y con eso trajo la muerte al mundo (ya que antes no era necesario morir) – es su castigo que deba recibir toda su vitalidad precisamente de él, y si no recibe su atención, amor y respeto – se siente muerta...

Y esto es algo que percibimos claramente, que aunque la mujer tenga todos los bienes del mundo, oro, plata, piedras preciosas, una profesión exitosa, una elevada posición social y la consideración de todos – si no recibe de su marido respeto y honor, ¡no tendrá ninguna alegría y satisfacción y su vida no tendrá sentido!

2) Adán pecó por su orgullo por querer lograr lo que dijo la Serpiente (Génesis 3:5): "tan pronto como comáis de él... y seréis como Dios". Por lo tanto, como rectificación de aquel pecado, todo hombre está obligado a anular su ego y su orgullo, y anteponer los deseos de su esposa a los de él mismo. Esto incluye dar su empatía, compasión, entendimiento y un oído que escucha, respetarla y protegerla. Sacrificar sus propios deseos por los de ella, le provee al marido la rectificación necesaria de su alma, desarraigando la arrogancia y su tendencia inherente al egoísmo y al orgullo. A un nivel esotérico, esto también es una corrección del pecado de Adán, el pecado del orgullo.

Sojuzgando su ego, el marido repara la herejía del principio de "Con mi propia fuerza y el poder de mi mano". Esto le abre el camino a la *Emuná*, que es la adquisición espiritual más alta que puede soñar en este mundo. Un marido que con mucho gusto anula su propia voluntad frente a la voluntad de su esposa, evita luchas, argumentos, dolores de cabeza y muchos malos sentimientos. Con la dicha matrimonial, él es libre de dedicar su tiempo y su energía a cualquier tarea vital que debe hacer. El rezo, el arrepentimiento y la humildad le ayudarán a alcanzar ese objetivo.

3) Ya que el pecado de Adán consistió en que él, por su propia libre voluntad, eligió obedecer a su mujer cuando le estaba prohibido hacerlo, por lo tanto de acuerdo al principio espiritual de 'Medida por Medida', ahora él está obligado a escuchar a su esposa, aun cuando sea en contra de su propia voluntad...

Como mono frente al ser humano

Además de la voluntad de dar prioridad a las necesidades y los deseos de su mujer, el esposo necesita expresar el primer lugar que ella ocupa en su vida por medio de, no sólo simples cumplidos, sino alabanzas que la coloquen en el más alto sitio en todos los ámbitos: en el campo de la belleza – ella es la más bella, en el campo de la cocina – ella es la mejor cocinera, y así en otros aspectos: ella es la más sabia, la más buena, la más delicada, etc.

En el sagrado libro del Zohar se menciona que Adán alabó a nuestra madre Eva como la más bella de las mujeres y que todas las demás en comparación, eran como un mono frente al hombre. Por lo tanto, el marido también debe utilizar expresiones como esa, para mostrarle claramente a su mujer que es incomparable.

Y en particular en aquellos aspectos en los que ella se siente amenazada, él debe salir de su reserva y expresarse de tal forma que disipe todo temor. Por ejemplo, si ella sostiene que su suegra cocina mejor que ella, él debe negarlo y decir que la forma de cocinar de su madre no alcanza ni un millonésimo de su nivel. Y así, en todos los aspectos, si hay una mujer que es considerada exitosa en algún campo, debe anular esos éxitos frente a las habilidades de su esposa.

Educación de los hijos

Este tema del 'primer lugar' es el fundamento de la vida conyugal. Si el marido se acuerda de esto en momentos de conflictos y fricciones, sabrá exactamente cómo conducirse para preservar la paz doméstica y tratar los problemas de manera adecuada.

La educación de los niños es muchas veces tema de fricciones. A veces la madre pierde la paciencia con sus niños y reacciona airadamente, con voz alta e incluso con una palmada. Ése es el momento en que el marido se encuentra a prueba: Si su respuesta será defender a los niños y regañar a la esposa, llamarle la atención por comportarse duramente con ellos, ¡entonces demostrará que los niños son más importantes que ella! Al hacer esto, él transgrede el fundamento del 'primer lugar' y de inmediato se desmorona la paz hogareña.

El marido tiene que reconocer que su gran "clemencia" hacia los niños es simplemente la astucia de la Mala Inclinación. Esa misericordia hacia sus hijos es, en realidad, una crueldad hacia su mujer. ¿Qué le hizo determinar que es necesario apiadarse más de ellos que de ella? ¡Esto comprueba que sus hijos le son más importantes que su esposa!

Además, el marido debe reflexionar: ¿Por qué su esposa está gritando? – ¿debido a que es una mujer satisfecha y contenta? ¡Por supuesto que no! Una esposa feliz es una madre paciente y alegre. Por lo tanto, si ella les grita y se comporta de tal forma significa que no está contenta; y si ella no está contenta, es porque no le da la sensación de que ocupa el primer lugar que le corresponde.

Y ahora, en lugar de darse cuenta que su mujer no está satisfecha y encontrar la manera de tranquilizarla y hacerle sentir que ella es lo más importante, él actúa en forma totalmente opuesta: la regaña, defiende a los niños, y le demuestra que es real su sensación y que de verdad no ocupa el primer lugar en su vida. Así él echa sal en la herida, y su mujer se siente lastimada hasta el fondo de su alma. Desde luego, ahora estará todavía más nerviosa y los niños serán los primeros que sufrirán las consecuencias.

Resulta que aquella falsa compasión, además de crueldad hacia su esposa, es también crueldad hacia los mismos hijos que tanto quiso "proteger". ¿Por qué? Porque además de las reprimendas que recibirán, el daño que les hará la falta de paz en el hogar será mucho más grave, ya que los acompañará a lo largo de sus vidas.

Por otro lado, si el marido tiene la inteligencia de apiadarse de su esposa, defenderla y justificar su actitud, él obtendrá entonces grandes ganancias:

La primera: Cuando su mujer sienta que él está de su lado, se calmará y así él habrá protegido a los niños de verdad...

La segunda: Ésta es una 'oportunidad de oro' para demostrarle a su mujer que ella es lo más importante para él. Porque en relación con los niños, existe una ventaja adicional al darle una mayor importancia a la esposa. Para la mujer ésa es una verdadera demostración que ella ocupa el lugar primordial en la vida de su esposo, puesto que sabe muy bien cuánto él ama a los niños. Por lo tanto, al estar de su parte, es la mayor alabanza para la mujer; y con más razón en los momentos en que ella se enoja con ellos.

La tercera ganancia: Después de que se tranquilice la situación, el marido podrá dedicarse a la verdadera educación de los niños, es decir, acercarse a ellos y hablarles en forma tranquila y amorosa, decirles que los ama y que deben ocuparse de no contrariar a su madre y hacer todo lo posible para que ella no se aflija. Debe hablar mucho con ellos y decirles: "Observen cuánto mamá trabaja por nosotros, cuanto se esfuerza y se dedica de la mañana a la noche para atendernos. Se preocupa que tengamos ropa limpia y comida sabrosa, limpia la casa, compra lo necesario, etc. Debemos ser agradecidos con mamá, y con más razón no ser ingratos y no pensar que ella sólo tiene deberes hacia nosotros. ¿Qué podemos decir de mamá? ¿Podemos acaso quejarnos de ella? Todo el tiempo debemos agradecerle y alabarla, y por supuesto hacerle caso y ayudarla...". También es bueno contarles una historia edificante sobre el respeto que se le debe a la madre.

En todo lo relacionado con la educación de los niños, la importancia de la noción del 'primer lugar' es aun más evidente. Si el marido hace sólo un "*show*", de boca para fuera, que su esposa es lo más importante en su vida, y no introduce este fundamento muy profundo en su corazón, entonces, en un caso u otro, se revelará la verdad... Como en el caso en que él defienda a sus hijos se le descubrirá la verdad a la esposa, que para él ellos son más importantes que ella.

Pero si el hombre logra captar con profundidad este concepto, no será entonces una prueba para él porque le estará bien claro que debe apiadarse *de ella,* entenderla *a ella*, y estar al lado *de ella.* Y ésta es, de hecho, la auténtica compasión que puede tener hacia sus hijos. Si la mamá estará feliz por el comportamiento de su marido, mejorará su trato hacia sus hijos. Pero si él la hace sufrir, este sufrimiento se manifestará en los niños y los lastimará...

El padre compasivo

Debemos saber que la base principal de la educación de los niños depende del padre. Cuando el padre es un ejemplo de virtudes, alguien que trabaja sobre sí mismo, sabe contener su enojo, ser paciente, ser conciliatorio, pacifista, humilde, sabe callar cuando le gritan, etc., entonces, al ver qué persona especial es su padre, los niños lo toman como ejemplo, un modelo de imitación, y ésta es la base de la educación.

Por lo tanto, en aquellas casas en las que el padre es el que grita e incluso golpea, Dios no lo permita, el alma de los niños se daña mucho más. Por otra parte, cuando la madre es la que tiende al enojo – el daño es menor, porque después de todo, los niños conocen su corazón tierno y su naturaleza sensible, y también saben que la mamá está supeditada a su esposo.

En resumen, cuando un marido coloca a su mujer en el primer lugar y nunca la critica, ella levantará raramente la voz a sus hijos porque se siente feliz, y en aquellos casos en los que estalla en enojo no les ocasionará ningún daño. Sin embargo, si él le llama la atención por gritar y defiende a los niños, provocará su amargura y su enojo ya que ella siente que ellos son más importantes, lo que causará que ella les grite aún más por su dolor...

Un gran ahorro

Comprobamos de nuevo esta regla fundamental: Con una pequeña renuncia llega un gran beneficio. Tal como al renunciar el esposo a su tiempo, se ahorra el que debería perder para apaciguar a su mujer, regocijarla e inspirarle de nuevo la confianza, así en el acto de ceder al no "apiadarse" de los niños, él gana muchísimo.

No sólo en asuntos de tiempo u ocupaciones es necesario ceder, sino que en toda prueba donde entra en juego la importancia de la relación con la mujer, hay que ser juicioso y saber renunciar para no caer en manos de la Mala Inclinación reaccionando según el instinto. El marido debe saber transmitirle a su esposa el sentimiento que ella ocupa el primer lugar. Así, se ahorrarán muchos sufrimientos y problemas.

El hombre debe rezar mucho sobre este tema, sin dejar pasar un solo día sin haber rezado por ello. Debe pedirle al Creador que le ayude a conceder a su mujer el primer lugar en su vida, *siempre*.

Hijastros

Existen parejas en las que el marido tiene hijos de un matrimonio anterior viviendo con ellos. Muchas veces a este hombre le parece que cualquier observación de su segunda mujer hacia a sus hijos, cualquier reproche o reacción, provienen de que no son sus propios niños y que no les quiere.

¡Es necesario que sepa que está totalmente equivocado! La verdad es que cualquier trato negativo por parte de ella proviene única y exclusivamente, del hecho que él no le da la sensación de ser ella lo más importante para él y que la ama más que a sus hijos. El resultado es que ella reacciona como todas las demás mujeres, tanto más teniendo una razón suplementaria para sentirse amenazada, pues sospecha que ellos son más importantes para él, ya que son sus hijos y no los de ella.

Sustento

Otro ejemplo y prueba para comprobar si de verdad el marido considera que su mujer se encuentra en el primer lugar en su vida, es el tema del sustento.

Nuestros Sabios enseñaron que el marido debe desembolsar más dinero del que puede permitirse con el fin de honrar a su mujer. El hombre que tiene discusiones con su esposa relacionadas con el dinero debe preguntarse si su mujer ocupa el primer lugar en su vida, antes que el dinero y todo lo demás. Si él aplicara esta regla fundamental se ahorraría entonces muchas disputas y contrariedades.

En toda ocasión que su mujer le pida dinero, él debe darle todo lo que tiene – y de buena voluntad, porque aparte de la simple obligación que tiene de darle sustento, tiene también la obligación de demostrarle que ella es más importante que su dinero.

Carrera

Un artista famoso, ocupado en el desarrollo de un proyecto importante, tropezó con problemas hogareños. Su esposa sintió que el proyecto era más importante para él que ella y de inmediato se opuso a todo ese asunto. Ella empezó a gritarle: "¡Me fastidia este proyecto! Es para ti más importante que yo, que los niños y que el hogar". Además, agregó que no estaba dispuesta –de ninguna manera– a que continuase. Por supuesto, toda la casa estalló en discusiones y tensiones...

Cuando él vino a consultarme, le enseñé el concepto del 'primer lugar' y le aconsejé decirle explícitamente a su mujer que ese proyecto ya no le interesaba más, que lo abandonaría, y que para él todo el trabajo, los esfuerzos y el dinero invertidos en ese proyecto eran insignificantes comparados con ella.

El artista hizo un maravilloso trabajo al poner en práctica mi consejo. Al poco tiempo, su esposa misma empezó a impulsarle a completar el proyecto y hasta hizo todo esfuerzo posible para ayudarle a llevarlo a cabo.

¡Sin comparaciones!

Existe una regla que cada marido debe tomar en cuenta: La más grande competidora de toda mujer – es otra mujer... Por lo tanto, debe el marido cumplir con el siguiente versículo (Salmos 164:): "Ni pronunciaré sus nombres sobre mis labios"... – es decir, ¡no mencionar ni siquiera el nombre de otra mujer en su casa!

Si el esposo compara a su esposa con otra mujer, en cualquier aspecto que fuese, por ejemplo – si dice que tal mujer tiene un gusto especial para arreglar su casa, o que se distingue por su belleza, su sabiduría, etc., aunque lo haga en forma inocente, éste es el peor error que puede cometer, y con eso empuja a su mujer, no sólo a un lugar secundario, a la última posición. Asimismo, dedicar tiempo o atención a cualquier otra mujer en el mundo (ni mencionar observar a otra mujer), es simplemente algo que ella no puede tolerar.

Está prohibido que la mujer tenga la sensación de estar en competencia con cualquier cosa o persona en el mundo, y con más razón con otras mujeres. Ella tiene que sentir ser la primera entre todas las mujeres – ¿quién puede comparársele y quién puede parecérsele?... Aun si el marido la compara con su propia madre, ¡ella sentirá celos! Con más razón si la comparación es con la madre de él, Dios se apiade... Aunque la madre de él fuese una anciana y poco agraciada mujer, ella la celaría y la odiaría...

La protección de la mirada

El cuidar el marido sus ojos, que significa no observar a otras mujeres, es esencial de la ubicación de la esposa en el 'primer lugar'. Porque, si el esposo realmente coloca a su esposa en el lugar primordial, ¿cómo es que observa a otra mujer? Al ver a otra mujer, es inevitable que el hombre despierte sus instintos masculinos y desee su belleza, y por lo tanto ocasiona una separación entre él y su esposa, ya que al apartarse de su esposa, ella se aparta de él.

Y hablamos de una situación en que él se fija en otras mujeres en ausencia de su esposa. Con más razón, si lo hace frente a su mujer, no existe una ofensa mayor a sus sentimientos. Una mujer que ve que su marido observa a otras mujeres, se siente lastimada en varios aspectos.

Me comentó una mujer que vio a su marido fijándose en otras mujeres, y desde ese momento, entró en ella tal espíritu de competencia, que si en el pasado se aislaba una hora para leer Salmos y estudiar, ahora se pasaba horas frente al espejo, ocupada sólo con el pensamiento de cómo embellecerse, hasta el punto que se sentía desesperada de vivir así y quería divorciarse.

Resulta, que un marido que observa y mira a otras mujeres, destruye su propio hogar. En lugar de que su casa sea un hogar de plegarias, de estudio de la Torá, un hogar en el que existe espiritualidad, se convierte en un lugar de materialismo y apetitos. Además de los daños emocionales sufridos, la mujer que podría hacer tanto para elevar la espiritualidad del hogar, ahora se interesa sólo por las vanidades, se transforma en una persona interesada en vanidades y tonterías.

Los esposos que se quejan ante mí que no sienten amor hacia sus esposas, yo sé –con toda claridad–, que se fijan en otras mujeres. Por lo tanto, sus corazones se desvían de la propia esposa. Ésta es una maldad inigualable. Porque es preciso que, para el marido, su mujer ocupe de verdad el lugar primordial en su vida, lo que significa que no existe en el mundo nada más importante que ella. Él debe decirle –con toda honestidad– que comparadas con ella, todas las demás mujeres del mundo se parecen a monos, como ya comentamos en nombre del sagrado libro del Zohar.

El marido debe ser auténtico y persistente y, aunque su mujer no le crea y le diga: "¿cómo crees? ¡Yo sé que no soy tan hermosa y que hay muchas mujeres más bellas que yo", él debe insistir y responderle: "¡Sobre gustos no hay nada escrito! ¡Para mi gusto – tu belleza es la mayor, y todas las demás mujeres se ven feas frente a ti!"

Vemos entonces cómo cualquier aspecto de la vida en común se puede explicar conforme al principio del 'primer lugar', y por lo tanto, si el marido lo interioriza, verá cómo se manifiesta en cada momento.

Cuando el marido sabe que: "Yo tengo que colocar a mi mujer en el primer lugar en mi vida", y entiende que debe reflexionar sobre cómo transmitirle esa sensación y rezar por ello todos los días, logrará entonces vivir con su esposa en un ambiente de paz y amor.

La entrada a casa

Es conocida la regla que "todo va tras el comienzo". Por eso, la entrada del marido al hogar después de un día saturado de trabajo o de estudio es de lo más importante, y es el momento adecuado para demostrarle a su esposa que ella ocupa el primer lugar en su vida. Por lo tanto, antes de dedicarse a sus hijos, el hombre de inmediato debe buscar a su esposa diciendo: "¡Hola! ¿Querida? ¿Dónde estás? Ah, hola niños, hola queridos…, pero ante todo necesito ver a mamá. ¿Dónde está mamá? ¡Ante todo, mamá!".

Y cuando la vea le dirá alegremente y con amor: "¡Hola querida! ¿Cómo estás? Necesito hablar contigo unos minutos, pasé todo el día pensando en ti, ¿cómo la has pasado? ¿Qué tal todo?". Entonces, se sentará junto a ella, la estimulará a hablar, le hará preguntas y se interesará por las novedades del día: "¿Qué hay de nuevo?, ¿cómo te sientes?, ¿comiste algo?". Y así debe interesarse por ella *de verdad*, cómo fue su día, etc. Lo principal es prestarle atención inmediatamente al entrar a casa, lo que le dará la sensación que él no tiene nada más valioso que ella en el hogar y que es lo primero que le interesa.

El hombre debe saber que a la mujer le da una gran vitalidad hablar y contar todas sus vivencias, incluyendo detalles que podrían parecerle irrelevantes a él. Por lo tanto, ¡debe permitirle hablar de todo y contarle todo! E incluso contarle chismes, ya que ella tiene que sacarse de encima todo lo que tiene en su corazón. Ella tiene que sentir que puede relatarle todo a su marido. Por ese motivo, el hombre nunca le llamará la atención sobre lo que le cuenta pues sería una horrible traición a la confianza que ella tiene en él. La escuchará con completa atención, mientras en su corazón sabrá lo que tiene que "filtrar" – como por ejemplo los chismes que está prohibido aceptar. Y por supuesto no la criticará, sólo le prestará completa atención sin dar entrada en su corazón a las habladurías, y así le dará a ella la oportunidad de desahogarse y, además, la salvará así de contar todo tipo de calumnias a sus amigas ya que se lo contó todo a él.

¿Hasta dónde el honor?

Uno de mis alumnos estaba por empezar *Minjá*, la oración de la tarde, con su grupo de estudios cuando su esposa le telefoneó y le pidió volver a casa inmediatamente. Él le respondió: "Querida si tú quieres voy de inmediato, pero precisamente en este momento estoy por empezar la *Minjá*, ¿tal vez rezo y luego voy directamente a casa? Ella le contestó: "No, ¡ven ahora mismo!". El alumno abandonó todo de inmediato, y regresó a su casa. Así es como hay que conducirse, incluso con riesgo de tener que rezar solo en casa (ya que según la *Halajá* hay que rezar en un *minián,* es decir con por lo menos un grupo de diez hombres).

Por supuesto hablamos de personas normales que de verdad desean servir a HaShem y no buscan pretextos para descuidar la oración colectiva u otros Preceptos. Un marido como éste, que de verdad debe esforzarse para encontrar tiempo para dedicar a su mujer, tiene que estar dispuesto a abandonarlo todo por ella, aunque en ocasiones tenga que sacrificar la oración colectiva o sus horas de estudio. Sobre esto se ha dicho: "La cancelación momentánea de la Torá, es su realización", pues el hecho de que la mujer tiene la seguridad que es lo más importante para su marido, le hará 'liberarlo' para que sirva al Creador veinticuatro horas al día.

Mi estimado maestro, Rabí Eliezer Berland *shlit"a,* contaba que cada vez que venía a consultarlo un alumno por un problema de paz hogareña, él le solía decir: "Escucha a lo que tu esposa te pide. Si te pide que te quedes en casa, quédate con ella en casa, luego ella te dará un mes de vacaciones".

Si esto es legítimo para temas concernientes a la Ley Judía, es decir que la Torá permite de vez en cuando anular los rezos colectivos o el estudio para darle a la esposa su lugar y su honor, con más razón así debería ser con todos los asuntos mundanos, el marido debe estar totalmente dispuesto a dejar de lado *todo* por su mujer, ya sean citas de negocios, sus hobbies, amigos, etc.

Cuando viene un marido a quejarse que su esposa lo oprime, limita sus pasos, no lo libera durante varias horas, no quiere que vaya a sus clases de Torá, etc., está bien claro que es ése el resultado de haberle dado la impresión de que hay cosas más importantes que ella. Sólo si el hombre rectifica su comportamiento y le demuestra que ella es su mayor prioridad, de pronto se encontrará liberado de aquella opresión...

Querido marido, ¡Debes entenderlo bien! La mujer no tiene libre albedrío en este asunto. Así HaShem la ha creado. Ella necesita la atención de su marido tanto como el aire que respira. Para ella permitirle a su marido salir para ocuparse de algo que le interesa más que ella – equivale a la muerte. En consecuencia, no importa qué asunto es tan importante para su esposo, para ella – ¡es su enemigo! Es lo que le arrebata a su marido, lo que le desvía su atención, lo que le hace perder frente a él su importancia y su honor, y de inmediato odiará aquella cosa, asunto o persona y se opondrá.

Ésta es la Torá

Es muy importante no malinterpretar lo que hemos aprendido hasta ahora. Nadie debe recibir la falsa impresión que le está permitido violar la Torá con el fin de colocar a su esposa en el primer lugar y cumplir con todo lo que le pide. ¡Los Preceptos de la Torá con todas las leyes y restricciones de los Sabios deben ser observados al pie de la letra! Es que el marido debe ser lo bastante inteligente para hacerle sentir a su esposa que ella ocupa el primer lugar en su vida, sin violar la Torá, y buscar qué es lo que se puede hacer dentro de la gama de la *Halajá*, la Ley Judía.

En realidad, lo principal es la actitud del marido, las palabras que dice y el mensaje que le transmite a su esposa. Cada vez que ella le pide algo, de inmediato debe responderle: "¡Sí querida! ¡Lo que tú quieras! ¡Tú eres la primera! ¿Deseas que regrese a casa? ¡Voy de inmediato! ¡Tú estás ante todo!". Y de este modo otras expresiones semejantes y auténticas de atención y de comprensión.

En la mayoría de los casos, la buena sensación que causan estas palabras será suficiente para que ella reduzca sus reclamos y peticiones. Incluso si a veces él renuncia a ciertas cosas importantes por su mujer, como el alumno que renunció a la oración colectiva o a la clase de Torá, podrá completar lo perdido más tarde pero con su esposa satisfecha.

En muchas ocasiones la mujer sólo está probando al marido —ya sea en forma consciente o no— para comprobar si de verdad ella ocupa el primer lugar en su vida. Por supuesto, toda mujer normal sabe que si su marido no va a trabajar o a estudiar, eso afectará el sustento y otros aspectos de su vida. Por lo tanto le está prohibido al marido decirle por ejemplo: "¿Qué puedo hacer? Tengo que estudiar, tengo que trabajar...", pues ella ya lo sabe muy bien – pero necesita escuchar que está en el primer lugar. Para ella esas palabras representan el más importante regalo que puede recibir de su marido y desea escucharle decirlo claramente.

En consecuencia, si el esposo le da a su mujer ese trato en toda ocasión en que lo prueba, ella lo liberará con facilidad para que se ocupe de sus asuntos.

Sin nervios

Algunos hombres empiezan a dar con gran devoción sus primeros pasos en el camino de la Torá y su corazón arde hacia su Padre Celestial. Sin embargo, ellos sufren situaciones de gran tensión en su casa y se preguntan cómo van a colocar a su mujer delante de HaShem, el Creador del Universo, el Rey de reyes...

Para empezar, hay que saber con toda seguridad que está bien claro para cualquier persona con criterio y también para la mujer misma, que el Creador y la Torá están por encima de todo. La cuestión sólo consiste en darle a la esposa la sensación que recibe la exclusiva atención de su marido, que no existe quien pueda competir con ella – ni siquiera HaShem. Y ésta es también la voluntad del Creador Mismo.

Por ejemplo: Cuando el marido tiene que irse a una clase de Torá, y su esposa le pide que se quede en casa. Si él le responde: "¿¿Qué significa esto?? ¡HaShem ordenó estudiar Torá y Él está ante todo!". A ella sólo le hará sufrir y le hará sentir una gran oposición hacia la Torá. Por lo tanto, ése no es el camino, él debe decirle: "Querida mía, tú ocupas el primer lugar en mi vida, ¿Qué es lo que deseas? ¡Con gusto haré lo que me pides!". De inmediato, al escuchar esas palabras, la actitud de ella cambiará y le dejará inmediatamente dedicarse a lo que desea, ya que él le dio la buena sensación que ella no tiene competencia alguna.

El 'primer lugar' no significa que en la realidad la esposa es más importante que la Torá. Ella misma sabe que HaShem está por encima de todo y no es su voluntad ser más importante que Él. Ella simplemente tiene la necesidad interior de sentir en la actitud de su esposo hacia ella, que está por encima y ante todo. Con seguridad, si el marido le da a la esposa esa sensación, ella nunca le exigirá renunciar la voluntad del Creador.

Pero, si él le amarga la vida diciéndole todo el tiempo que HaShem y la Torá son más importantes que ella, entonces se alejará del camino de la Torá por completo, e incluso podrá llegar a exigirle que renuncie al Creador. Hemos visto esto en numerosos casos, en los que el marido sobrecargó tanto la Torá sobre su mujer, que ella llegó a demandarle que abandone la Torá, o en los que ella sola la había abandonado.

El hombre debe ser inteligente y ver cómo conciliar las situaciones, y multiplicar sus plegarias rogándole al Creador que le ayude saber conducirse de manera que su esposa sienta que ella está ante todo, sin transgredir la *Halajá*. He aquí algunas pautas claves:

a) Hay muchos casos en que se puede ser flexible en la aplicación de la *Halajá,* y sólo los nervios del marido despiertan en él un imaginario "celo a HaShem" que le hace negarse a ceder frente a su mujer, bajo el pretexto que es contrario a la Torá.

b) El Creador no le da al hombre una prueba que no pueda afrontar. En general, basta con reflexionar para encontrar los medios de satisfacer la voluntad de la mujer sin transgredir la Torá.

c) Si el marido le transmite a su esposa, en las cosas que se encuentran dentro de los límites de la Ley Judía, que ella está ante todo, él no llegará a la situación en que su esposa pida algo en contra de la *Halajá,* ya que cuando una mujer se opone a la Torá es sólo porque su marido provocó su rechazo al transmitirle la sensación de competencia, como ya explicamos.

d) Si un marido cede ante los pedidos de su esposa, ella a cambio le devolverá el doble. Cuando un marido cierra su libro de estudio de la Torá para hacer un favor o ayudarle a su esposa, él de hecho observa las mismas enseñanzas de la Torá.

e) En casos extraordinarios conviene aconsejarse con un rabino experto en problemas de "paz hogareña", quién sabrá encontrar el camino para conciliar entre lo deseable y lo práctico, sin que se afecten tanto la paz doméstica como la observancia de la Torá.

Una justa oculta

Un marido que desea lograr elevarse espiritualmente tiene que saber que siempre que su esposa esté en el tope de sus preferencias, ella estará llena de alegría y vitalidad. Entonces, él podrá enfrentar cualquier problema y dificultad y, lo más importante, ¡ella se convertirá en una ayudante perfecta!; toda oposición desaparecerá, y en las situaciones que ella solía decir "no" – ahora dirá "sí". Ella, con buena voluntad, le dará su apoyo, colaboración y estímulo.

Y no sólo ella cumplirá sus funciones de la mejor forma posible, sino que canalizará hacia su marido abundancia de bendiciones espirituales y materiales, tanto en forma abierta como oculta, tal como revelaron los Sabios (*Yalkut Shimoni, Lej Lejá*): "El hombre debe siempre honrar a su mujer, ya que la bendición reside en el hogar sólo por el mérito de ella". Esto no se aplica solamente a la subsistencia, sino también a todos los campos: El estudio de Torá, la elevación espiritual, criar niños justos, etc.

En la mujer todo es secreto y oculto. Los méritos de una mujer, sus actos y su influencia, no siempre son visibles. Ella actúa entre bastidores. Un marido es visible al público y es elogiado por sus buenas acciones. La gente no nota las acciones de una esposa ya que "Todo el honor de la hija del Rey – está en su interior" (Salmos 45:14).

Exteriormente, parece que el éxito y los ingresos dependen del esfuerzo del marido pero, en realidad en forma oculta y secreta, toda la abundancia fluye desde lo Alto en virtud del alma de la mujer, donde se ocultan propiedades maravillosas y fuerzas sublimes.

Por medio del honor que el hombre concede a su esposa le llegan a él bondades y bendiciones incomparables, como un tesoro que se debe aprender inteligentemente a utilizar para enriquecerse, espiritual y materialmente.

"¡Todo lo mío y lo de ustedes – de ella es!"

Se dice "Detrás de cada gran hombre hay una gran mujer". El Talmud cuenta el regreso de Rabí Akiva a su hogar después de una ausencia de aproximadamente veinticuatro años –con el permiso de su esposa– para estudiar Torá. Estaba escoltado por decenas de miles de alumnos. Cuando Raquel, su esposa, se acercó para recibirlo, él se dirigió a sus discípulos y les dijo: "Todo lo mío y lo de ustedes –es realmente todo de ella". Rabí Akiva, uno de los mayores líderes espirituales de todos los tiempos, atribuyó todos sus logros y todo su enorme éxito en el estudio de la Torá y en la formación de decenas de miles de discípulos a su esposa.

Hay sin embargo que entender las palabras de Rabí Akiva; ¿acaso verdaderamente *todo* le pertenece a ella? Es verdad que su esposa lo mandó a estudiar Torá y estuvo de acuerdo que se ausentara de casa durante tantos años, pero el esfuerzo principal y el sacrificio para estudiar la Torá fueron efectuados por Rabí Akiva mismo, sin la activa ayuda de su mujer. ¿¿Por qué entonces declaró que *toda* su Torá y la de sus veinticuatro mil discípulos le pertenecen a ella??

Rabí Akiva habló seriamente. Él reconoció con claridad completa que era el alma de su esposa que le permitió tener éxito. Él sabía que el alma de la mujer contiene fuerzas y cualidades ocultas. Siendo él realmente un gran Sabio y gigante de la Torá, reconoció que su éxito le pertenecía completamente a ella y no lo atribuyó ni a sí mismo ni a sus esfuerzos.

Ahora podamos comprender la declaración del Baal Shem Tov respecto a su fallecida esposa. Él dijo que si ella aún estuviera viva, él habría alcanzado tales niveles espirituales que hubiera podido ascender al Cielo en una tempestad de fuego, no como Elías (Eliáhu) el Profeta que se elevó al Cielo en el desierto lejos de los ojos humanos, ¡sino que lo hubiera hecho en el mismo centro del mercado frente a todo el mundo!

Aparentemente esto no es comprensible. ¿De qué carecía el Baal Shem Tov? ¿En qué obstaculizó la muerte de su primera esposa a su elevación espiritual?

La respuesta es la siguiente: Cuando un hombre vive en paz con su mujer y está unido a ella, todas las fuerzas espirituales ocultas dentro del alma de su esposa se asocian con él – y entonces puede elevarse más y más. Es la misma diferencia que existe entre una persona que posee sólo un brazo o una sola pierna y aquella que tiene un cuerpo completo. De la misma manera en lo espiritual, un hombre que no está unificado con su esposa, es decir que no tiene conexión con su alma –ya sea porque no está casado o está casado pero no tiene paz conyugal, no está completo, es sólo la mitad de un hombre.

Las fuerzas escondidas de la mujer son tan poderosas y especiales, y en particular cuando se trata de la primera mujer que es el cónyuge perfecto del hombre y puede llevarlo a la cumbre de su nivel espiritual. Es por eso que el Baal Shem Tov lamentaba tanto la pérdida de su primera esposa.

Por lo tanto cuando el marido quiere ganar espiritualmente pero priva a su mujer de lo que ella necesita, es decir el honor y el sentimiento que ella ocupa el primer lugar en su vida, al final perderá toda su capacidad espiritual.

Reiteramos la regla básica: Cuando el marido no invierte tiempo y esfuerzo para que su mujer tenga el sentimiento que ella ocupa el primer lugar en su vida – no sólo no gana lo que quiere, sino que pierde más y más.

Una reunión urgente

¿Cómo debe conducirse un hombre cuando tiene una reunión urgente y su mujer le impide concurrir?

La respuesta es: *Emuná*. El hombre debe saber que HaShem es Quien decide si irá o no a la cita. Por lo tanto, debe anular su voluntad a la Voluntad del Creador y decirle a su esposa que ella es quien decide y si ella desea que se quede en casa, se quedará. Él debe prepararse realmente para eso, quitándose el abrigo y sentándose cerca de ella. Al hacer esto rogará dentro de su corazón: *"Señor del Universo, si Tu voluntad es que me vaya, inspira el corazón de mi mujer para que me deje ir con alegría y buena voluntad. Sin embargo, si Tu voluntad es que me quede, ayúdame a ver este impedimento con fe y entender que es ésa Tu voluntad, y que me quedaré alegremente en la casa".*

Si él le hablara sinceramente a su mujer dándole a entender que ella verdaderamente está por encima de todo, incluso de lo más importante, él ganará doblemente:

La primera ganancia: Si ella le impidió ir porque se sintió descuidada, ahora que él la ha tratado con respeto sincero y conveniente atención dándole el sentimiento que realmente ocupa el primer lugar en su vida, entonces es muy probable que le deje ir.

La segunda ganancia: Por el hecho de que el marido anula su propia voluntad frente a la de su esposa – él de hecho se anula ante la Voluntad Divina, y casi siempre eso es precisamente lo que HaShem quiso con el impedimento – que él someta su ego – y por lo tanto, es muy probable que todo se arregle.

Si, a pesar de todo, ella no le permite ir, eso demuestra que existe algún otro motivo para impedirlo. Entonces, él necesita observar y reflexionar sobre sus acciones, porque si él sabe darle a su mujer la sensación de que ella ocupa el primer lugar y no existe competencia alguna entre ella y lo que él necesita hacer, y aún ella sigue impidiéndoselo – aparentemente el impedimento tiene que ver con otra cosa que debe corregir. Por lo tanto, él habrá de concentrarse principalmente en la plegaria y hacer *Teshuvá.*

Si después de todo y a pesar de todo permanece el impedimento, él debe anularse frente a la Supervisión Divina y permanecer en casa con alegría y buena voluntad, y quién sabe qué beneficios y salvaciones verá más tarde procedentes de su sumisión.

Escuchar al rabino

He aquí una historia sobre el gran Justo, el Rabí de Rostov *zt"l,* de la cual podamos aprender un gran lección:

El Rabí les reveló a sus discípulos una poderosa rectificación espiritual que consistía en celebrar cada año la festividad de *Sucot* en un poblado lejano al oriente de Polonia. El Rabí les advirtió a sus discípulos que deberían llevarla a cabo sin tomar en cuenta impedimento alguno.

Uno de sus jóvenes alumnos que vivía muy lejos de ese pueblo, le informó a su esposa –sin pedir su opinión- que por la ordenanza del rabino no pasaría con ella la festividad de *Sucot*. Él creía que la orden del rabino no dejaba sitio a ninguna discusión. No obstante, su mujer que no estaba de acuerdo en quedarse sola durante la festividad, se sintió muy herida.

El alumno no se inmutó ya que el rabí dijo claramente no tomar en cuenta impedimento alguno, y él tenía la intención de cumplir la orden pasase lo que pasase. ¿Acaso debía pedir la autorización de su esposa? Después de todo – ¿el criterio de quién es más importante? ¿El amplio criterio del rabino y sus santas palabras, o el ligero criterio de su esposa que sólo veía ante sus ojos el mundo material, sus comodidades, y siempre se preocupaba por el "qué dirán"?

Y así viajó el alumno a aquel lejano lugar sin que su esposa estuviera de acuerdo.

Cuando regresó a su casa, notó que su viaje había provocado en su mujer una gran animosidad hacia él y hacia su rabino. Ya no era aquella querida mujer con la que se había casado... El honor de ella se había lastimado de tal manera que todo ese año le hizo la vida imposible, mostrándole un rostro furioso, hablando mal de él y de su rabino y hasta negándose a tener relaciones íntimas con él. Su forma de actuar le causó al joven una gran angustia.

Desde luego, el discípulo sabía que se iría de nuevo el siguiente *Sucot* y se inquietaba por eso: ¿Qué pasaría? ¿Quién sabe hasta qué grado llegarían las cosas? Pero HaShem se apiadó de él, y le envió a Rabí Shlomo Hirsh, quien había sido su maestro cuando era un niño pequeño en la escuela judía.

Rabí Shlomo era un hombre de *Emuná*, solía vivir con fe simple y tenía maravillosas cualidades humanas y una gran experiencia con ese tipo de jóvenes, estudiosos de la Torá y consagrados al servicio de HaShem, pero carentes de paz hogareña...

Al escuchar lo que le ocurría le dijo: "No es ése el camino correcto hijo mío. Cuando tu piadoso rabí te ordenó viajar, ¡su intención no era que destruyeras la paz de tu hogar! Su intención era que actuaras con sabiduría e inteligencia tanto para cumplir con su ordenanza como para preservar la paz en tu hogar".

"¿Pero cómo puedo lograr eso?", preguntó el joven. "El año pasado cuando convivíamos en paz – mi esposa no estuvo dispuesta a escuchar nada acerca de ese asunto... Ahora que está tan enojada conmigo seguramente no me dará su autorización para ir nuevamente... Tendré entonces que sobreponerme a su rechazo y con valentía – ¡viajar!".

Le respondió el rabino: "¡Eso no es valentía sino torpeza! ¡Escucha la voz de tu maestro que te conoce desde tu infancia! Ve y dile a tu esposa que te equivocaste, que este año no viajarás sin su consentimiento y, además, le entregarás tu pasaporte. Luego le dirás: 'Aquí está mi pasaporte, ¡si no quieres – no viajo! Cometí un error y lo lamento, mis amigos me aconsejaron mal, me dijeron que viajara aunque no estuvieras de acuerdo. Pero ahora que reflexioné, comprendí que tú estás ante todo, ¡tú eres más importante que toda otra cosa y tanto más que este viaje!'. Y en general, mejora toda tu conducta y tu actitud hacia ella para darle la sensación de que, ante tus ojos, ella es lo más importante de tu vida.

También, encuentra un día libre y vete a un lugar tranquilo en el que no haya gente y dedícalo a la plegaria. Suplica a HaShem el día entero y verás milagros. Ésta es una práctica con resultados probados, tal como ha dicho el Rey David (Salmos 86:3): 'Apiádate de mí, oh HaShem, pues a Ti invoco **todo el día'**.

Debes pedirle al Creador que te perdone por haber lastimado tan gravemente a tu esposa, y que la inspire para que también ella te perdone con toda su alma. Además, pídele al Creador que te perdone por no haber actuado conforme al camino de la *Emuná*, y haber cumplido la orden de tu rabí según el principio herético de 'con mi propia fuerza y el poder de mi mano'. Pídele perdón por no haber comprendido que la oposición de tu mujer expresaba la del Creador, porque Él también quiere que obedezcas a tu rabino pero por medio de la multiplicación de tus oraciones y anhelos. Pídele tener también el mérito de aumentar tus plegarias y súplicas con el fin de poder viajar el próximo año a aquel poblado y obedecer la orden del rabí.

Después de pronunciar esa larga plegaria, entonces, en un momento de amor, alegría y reconciliación, te dirigirás a tu esposa con mucha delicadeza y le hablarás acerca del viaje. Ya por anticipado le informarás que viajarás sólo si ella estará de acuerdo; le explicarás la sublime virtud y los grandes beneficios que obtendría la familia entera de tal viaje espiritual y pedirás su permiso para viajar.

Si sientes la más leve oposición – no insistas y entiende que HaShem te muestra que aún necesitas un día más de plegarias, y entonces deberías volver a hacerlo. Debes saber que en el momento en que hayas rezado lo suficiente, tu esposa te permitirá con gusto y buena voluntad que viajes ya que 'Cuando HaShem se complace con los caminos del hombre – hasta sus enemigos se reconcilian con él' (Proverbios 16:7).

El alumno sabía que el rabino y maestro de su infancia deseaba sólo su bien eterno y reconoció su profunda sabiduría y gran fe. Por lo tanto, le escuchó e hizo exactamente lo que le aconsejó. Y así fue que la siguiente festividad, no sólo que su esposa le permitió cumplir con el compromiso sino que ella misma lo envió con gran alegría.

De verdad, aunque el joven tenía que ser tenaz y decisivo para cumplir la ordenanza de su rabí y decidir viajar pasase lo que pasase, debía saber *cómo* presentar las cosas, *cómo* tratar todos los asuntos con su esposa para que ella no sienta competencia alguna con ese viaje o con su rabino. Cuando su mujer le había dicho "no" respecto a su viaje, él tenía que saber que significaba que desde el Cielo le decían "no", y era un indicio que necesitaba más plegarias para lograrlo.

En consecuencia, cuando el hombre desea algo intensamente y su mujer se opone, de inmediato necesita decirle: "Esposa mía, ¡tú estás ante todo!". Así, ella no se sentirá celosa y en competencia con algo, lo que ciertamente endurecerá aún más su corazón. Luego, es necesario realizar las acciones correctas para que desde lo Alto le digan "Sí". Si él ve que la negativa persiste, es que debe multiplicar sus plegarias en aislamiento – por lo menos seis horas consecutivas que es un consejo seguro para vencer cualquier obstáculo. Cuando el hombre haya rezado lo suficiente, entonces también su esposa dirá que sí. ¡Hay que recordar muy bien!: Lo principal es nunca presentar a la esposa las cosas como una competencia pues de tal modo todo se complica aún más.

Para concluir, el hombre debe distinguir cómo actuar:

a) Hacia a la esposa: Ella es lo más importante y ocupa el 'primer lugar', y nada se puede enfrentar o competir con ella.

b) Hacia al Cielo: El hombre debe ser fuerte y firme en su decisión y entender los mensajes Divinos, que hay un Juicio severo que se manifiesta en su mujer. Es necesario pues endulzar ese Juicio Divino por medio de la plegaria que es llamada también "misericordia" ya que la provoca.

De este modo se consigue convertir los Juicos Divinos en Divina Compasión, ¡y triunfar!

Capítulo Cuatro:
Ser Varón

Quien estudió los dos capítulos anteriores: 'Sin Críticas' y 'El Primer Lugar', y siente que llegaron a su corazón y que su verdad está clara y entendida, ciertamente seguirá disfrutando de los consejos de este libro y por lo tanto gozará de todas las bendiciones que provienen de la paz hogareña. Sin embargo, si por razón alguna siente que los conceptos de esos capítulos le son extraños, confusos, poco realistas o imposibles de aplicar y simplemente no puede aceptarlos, entonces tiene que leer muy cuidadosamente este capítulo.

¿Una causa perdida?

Durante los muchos años que he aconsejado a parejas en lo relacionado con la paz hogareña, HaShem me ha bendecido, con Su inmensa Misericordia, para encontrar en nuestra Torá instrucciones y consejos que han hecho maravillas y han sido eficaces incluso en casos de parejas que estuvieron al borde del divorcio, sin esperanza alguna de salvar su matrimonio.

Por otra parte, hubo algunos casos en los que ninguno de mis consejos sirvió de ayuda...

Durante la escritura de este libro y después de terminar cada capítulo, solía presentar algunas copias de lo escrito a hombres casados para ver su reacción. La gran mayoría quedó profundamente influenciada por su lectura y estos hombres me dijeron que lo que aprendieron había cambiado sus vidas dramáticamente.

Otros, sin embargo, no fueron influenciados en absoluto por mis palabras, y siguieron con lo suyo como si no hubieran leído nada. Ellos incluso se quejaron: "¿Y las instrucciones a las mujeres? ¿Cómo *ellas* cambiarán? ¿Cuál es la contribución de la esposa a la paz hogareña? ¿Cuándo enseñarás a las mujeres como actuar?". Por alguna razón, esos hombres no habían captado la idea...

He aquí un ejemplo: Un hombre vino a verme por los problemas que tenía con su esposa. Me contó que él se comportaba muy bien con ella y era un buen marido. Afirmaba que su esposa no hacia lo suficiente para lograr la armonía conyugal y, en su opinión, todos los problemas eran por su culpa.

Le dejé desahogarse y, mientras le escuchaba, pensé en aconsejarle que leyera algunos de los capítulos de este libro que ya había terminado de escribir. Estaba seguro que una vez que los leyera comprobaría que su camino era equivocado. Mientras yo esperaba que terminara de contarme su historia, de repente el hombre señaló esos mismos capítulos que estaban sobre mi escritorio y me dijo: "¡Tengo un amigo al que le dio esos capítulos, y también yo los leí. ¡Créame Rabino, yo cumplo con todo lo escrito, pero no me ayudan por el terrible carácter y el comportamiento de mi esposa!...".

Quedé perplejo. Si había leído los capítulos y aún tenía quejas contra su esposa y creía que la responsabilidad de la paz hogareña dependía de ella y esperaba que ella cambiase, entonces ya no tenía nada más que decirle. Le bendije y lo mandé a seguir su camino mientras yo rezaba que HaShem le concediera un poco de conocimiento.

¿Qué pasó entonces? Resulta que ese mismo marido volvió a su casa y le dijo a su esposa, en mi nombre, que "pobre de ella y que debía cambiar su comportamiento inmediatamente porque si no...". Enfurecida, la mujer llamó a mi oficina y le contó a uno de mis asistentes lo que su marido le había dicho y que el Rabino estaba muy enojado con ella. El secretario le contestó que él estaba dispuesto a jurar sobre la santa Torá que yo no podía haber hablado de ese modo y que toda persona que me conocía sabía que nunca culparía a la esposa. "Si quieres" le dijo a la mujer, le llamaré al Rabino para que se ponga en contacto contigo".

Y así fue. Hablé con ella directamente y le dije: "Conoces bastante bien a tu marido, ¿cómo pudiste creerle?". Entonces, la pobre mujer me empezó a contar cómo su marido constantemente la criticaba y la atormentaba, haciendo todo lo contrario de las reglas sobre la paz hogareña que yo había escrito en aquellos capítulos, y que él afirmó haber leído.

Esto me hizo pensar que había una significativa minoría de hombres que de alguna manera no conseguía captar el mensaje del libro, pero ¿por qué? Me senté y traté de entender cuál era la causa, ¿qué es lo que fallaba? ¿Cómo después de leer los capítulos podía un marido culpar a su esposa de sus problemas conyugales?

HaShem entonces me ayudó a comprender que todos aquellos maridos no entienden el papel de ser un hombre, un varón, que significa dar e influenciar. Y de hecho, ésta es la columna vertebral de todo este libro. ¡Todas las lecciones y las instrucciones que se encuentran aquí se dirigen al hombre que realmente desea empezar a cumplir su papel como un verdadero varón!

"Varón y hembra Él los creó..."

Hay que saber que el hombre y la mujer son dos criaturas completamente distintas. Los varones deben observar muchos mandamientos que las mujeres no están obligadas a cumplir. También, los papeles del hombre y de la mujer en la vida y más específicamente en el hogar son totalmente diferentes. De hecho, los hombres y las mujeres se contraponen completamente. El ejemplo más clásico y fundamental es el hecho que el Creador creó al varón como dador y a la hembra como receptora.

La mayoría de las lecciones y de las instrucciones para conseguir la paz hogareña se basan en esta diferencia, y enseñan al hombre cuál es su tarea en la vida en general y como esposo en particular. La paz conyugal depende de que tanto el marido como la esposa cumplan sus verdaderos roles.

Otra diferencia entre hombres y mujeres que se expresa en nuestro libro para las mujeres 'La Sabiduría Femenina', es que no hay que enseñarle a una mujer a comportarse como tal. Los hombres, por su parte, sí necesitan saber comportarse como varones, y especialmente en esta generación en que muchos hombres han perdido sus características masculinas. Ésta es la causa principal de los problemas domésticos. Cuando el varón no se comporta como tal es imposible que haya paz en el hogar.

Cada uno que lee este libro lo nota de inmediato: *toda* la paz hogareña depende del esposo – completamente. El Creador estableció que la característica del varón se manifieste en dar, beneficiar, animar, alegrar, apoyar, etc. y, por lo tanto, todo depende de él. La conducta de la mujer es el mero resultado de lo que recibe, tal como la luna simplemente refleja la luz que le llega del sol.

Y esto explica la razón por la cual este libro fue escrito sólo para hombres. Ya que la función de cada uno de los géneros es completamente distinta, es imposible dirigirse a ambos conjuntamente.

Aprendiendo las lecciones de este libro el marido puede saber dónde falla y no cumple con su papel de varón, y luego corregir su comportamiento. Un marido serio que quiera cumplir con su rol, encontrará en las páginas de este libro una guía completa para lograrlo y alcanzar la paz en su hogar. E incluso si verá que no cumple cien por ciento con todo lo escrito, por lo menos sabrá a que debe aspirar y rezar por eso.

Él aprenderá a llevar sobre sus hombros la responsabilidad de ser un varón y a no tener quejas contra su esposa, y finalmente logrará la paz y la armonía conyugal.

Esto servirá como señal: El que ve que no puede aceptar o estar de acuerdo con alguna enseñanza o consejo de este libro es muy probable que aún posee un aspecto de la naturaleza femenina. Por lo tanto debe repasar este capítulo una y otra vez y rezar por el tema hasta lograr el cambio requerido.

¡Comienza a madurar!

De hecho, éste es el único consejo que doy a aquellos maridos que no captaron el mensaje del libro: olvidarse de todos los conceptos que escucharon en mis clases o leyeron en el libro y sólo enfocar todos sus esfuerzos y plegarias en una cosa: convertirse en un varón. Este consejo ayuda y hasta logra maravillas.

Recuérdalo bien: Ser un hombre significa dar. Un varón mima, escucha, presta atención, concede y es indulgente con los demás; no busca el honor, no quiere beneficiarse de los demás; apoya, ayuda y siente empatía por su prójimo. Un varón puede aceptar la humillación con amor, y enfrentar quejas y acusaciones sin ofenderse o estar a la defensiva.

Mientras el hombre carezca del deseo de dar, beneficiar e influir, todas las instrucciones de este libro le serán difíciles y hasta imposibles de cumplir, ya que van en contra de su característica 'femenina' y sólo seguirá quejándose.

Aquellos maridos con naturaleza femenina que tomaron mi consejo de trabajar y rezar por ser masculinos, comenzaron a cambiar. Sus esposas –que estaban ya más allá de la desesperación y seguras que el divorcio era la única solución– declararon que se había producido un cambio asombroso en sus maridos.

Repetimos: El hombre da, la mujer recibe – ésta es una ley. El marido debe rendir honor a su esposa y atención. Él es el compasivo, el indulgente y el capacitado para enfrentarse con las dificultades de la vida, siempre feliz y sonriente. Un hombre no dice: "Ella me ofendió" – porque un varón no se ofende. El que se ofende es porque quiere recibir honores y respeto, que es un rasgo femenino. Un hombre verdadero puede aceptar la humillación y seguir dando y beneficiando a quien le humilló.

Un verdadero varón no espera nada de su esposa, ni material ni espiritual. Él no necesita su honor ni su atención. Cuando un marido pregunta: "¿Por qué ella no me honra, no me entiende, no me elogia, no me anima, no me apoya?" – en realidad espera de su mujer todo lo que ella espera de él. Un hombre que quiere recibir tiene la característica de una mujer. Los Sabios enseñaron el orden de las cosas: "Los ojos de ellas están elevados hacia ti, y tus ojos debes estar elevados hacia HaShem" – la esposa recibe de su marido mientras él recibe del Creador.

Algunos maridos dicen: "No pido mucho, sólo una sonrisa o una palabra agradable; no quiero grandes elogios ni grandes expresiones de amor. Todo lo que pido es que me demuestre un poco de atención, lo que ciertamente me daría la motivación necesaria para dar. Cuando ella se muestra cáustica y apática, sin sonreír o mostrarme alguna atención positiva, pierdo todo mi deseo de hacer algo por ella". ¿Suena razonable, no? Pero no lo es. No importa lo poco que él quiere recibir de parte de su esposa, ese deseo es *femenino*, ¡y en ese caso no hay ninguna esperanza de paz en el hogar! Y tanto más cuando el hombre tiene grandes quejas contra su esposa…

Esos hombres deberían rezar de esta manera: *"Señor del Universo. Ten misericordia de mí y ayúdame a ser un hombre verdadero, un varón, que no desee honores. Me ofendo porque quiero el honor. Ayúdame a librarme de este rasgo femenino".*

No puedes esperar que la mujer cambie. Lo único que se puede hacer en el caso de un esposo 'femenino' que no quiere trabajar sobre sí mismo y cambiar, es modificar la Creación y transformar a su esposa en un varón – lo que es imposible. Por consiguiente, el hombre debe empezar a ser un varón. Mientras procure ser el receptor en lugar de un dador, él nunca podrá tener una relación positiva con su esposa.

Todas las instrucciones para lograr la paz en la casa son métodos para dar. La enseñanza de 'El primer lugar' por ejemplo, es claramente sobre dar. Cuando un marido antepone los deseos de su esposa y da prioridad a cada uno de ellos, concediendo todos sus deseos, su tiempo, su dinero y su honor sólo para hacerla feliz, en realidad le hace saber a su esposa que ella es lo más importante de su vida y él está dispuesto a darle todo. La mujer, por otro lado, es obstinada y simplemente no puede renunciar a lo que necesita ya que es ésa la naturaleza que el Creador implantó en ella.

La enseñanza de "Sin criticas" también es sobre dar. Cuando el marido hace comentarios o critica a su esposa, de hecho le quita su honor que es para ella la fuente de vitalidad y alegría. Siendo un verdadero hombre, el marido le da todo los honores y respeto a su esposa y, aunque le sea difícil, sabe renunciar, perdonar y seguir adelante.

Un verdadero varón da porque ésa es su naturaleza. Él no lo hace con segundas intenciones. Él no espera conseguir honor o concesiones de parte de su esposa como recompensa. Él simplemente quiere dar. Un hombre que considera injusto dar a su esposa sin recibir algo a cambio, todavía está influenciado por sus características femeninas.

El concepto de "La esposa es un espejo" nos brinda una lección aún más profunda. Un varón sabe que su esposa es verdaderamente su espejo y, por lo tanto, entiende que las reacciones y el comportamiento de ella provienen de su influencia, tal como la luna es iluminada por el sol. El que sabe esto, entiende que todo depende de su propio trabajo y que eso es lo único que podrá hacerle cambiar a ella. Él sabe que no tiene sentido criticar y tratar de cambiar a su esposa con sus palabras o gritos sino ver en su 'espejo personal' –su esposa–, que es lo que él mismo tiene que cambiar. El esposo debe decirse: "¡Yo soy el hombre! Yo voy a rectificarme y ella cambiará".

Los comentarios negativos demuestran la carencia de sensibilidad del marido, dañan la seguridad en sí misma de su esposa, y demuestran su gran carencia de fe. Cada crítica es una tentativa de cambiar cosas por un camino que no está dirigido por el Creador. Un hombre de *Emuná* sabe que si quiere que algo cambie tiene que rezar y trabajar por ello y luego – esperar. El cambio ocurrirá justamente cuando HaShem decida que es el momento adecuado.

Como ejemplo de cómo el cambio de la mujer depende completamente del cambio de su esposo, contaremos la historia siguiente:

> Había una vez un hombre rico y avaro cuya mujer era particularmente mala, una verdadera "bruja" según la opinión de su esposo. Ella gritaba y se quejaba constantemente, maldecía, nunca hacía las tareas de la casa, jamás preparaba la comida, etc.

> El hombre rico acudió al rabino de la comunidad con un solo pedido: "¡La quiero MUERTA!". El rabino se conmovió: "¿¡Quieres que tu mujer se muera?!, ¡Dios no lo permita!, ¿¿por qué??". El hombre empezó a contarle al Rabino los años de sufrimiento que le

había tocado vivir con su esposa, cómo ella abusaba de él de todo tipo de formas, cómo lo apenaba, lo despreciaba y humillaba. "¡¡El señor rabino debe estar de acuerdo conmigo que ella es un verdadero monstruo, no una mujer!! Por favor rabino, ¿¿acaso no hay alguna fórmula espiritual –algún hechizo o un tipo de amuleto místico que pueda causarle la muerte?? El rabino perplejo le preguntó: ¿¿Hacer morir a tu esposa, hablas seriamente?? ¿Cómo es que ni siquiera me preguntas sobre el divorcio u otra solución??". "No rabí", lo contesto el rico, "eso no es suficiente para mí... ¡ella me ha destrozado la vida de tal modo que yo nunca podré vivir tranquilo hasta que sepa que ella se encuentra bien profundo en una pesada sepultura!".

El rabino, que ya conocía bien a este hombre rico y avaro que no le importaba ni consideraba que era necesario ser caritativo –nunca estaba dispuesto a compartir– a pesar de su gran fortuna, le entendió perfectamente y le dijo: "Déjame pensarlo, vuelve a verme en unos días". El Rabino empezó a rezarle al Creador que le ayude a saber cómo tratar al rico avaro. Y HaShem le dio una idea. El Rabino mandó a su fiel discípulo a la casa del hombre rico cuando no estaba en la casa para que tratara de ver qué pasaba con su esposa. Cuando se acercó el discípulo a la casa escuchó a la esposa del rico llorando y gritando con amargura: "¡Éste tacaño malvado! ¡Como siempre me deja en casa sin una sola moneda y se va a sus negocios! Si por lo menos me dijera alguna buena palabra para confortarme un poco, ¡¡pero este malvado es aun avaro con sus palabras!! ¡Él ya verá! – ¡¡¡Yo ya le amargaré la vida tal como él me lo hace a mí!!!

El discípulo le contó al rabino todo lo que escuchó. El Rabino afirmo con su cabeza y dijo:

"Justamente lo que yo pensaba... Por favor llama al rico que venga a verme – ya sé exactamente qué hacer con él". El hombre rico llegó corriendo lleno de expectativas y le pregunto al rabino: "Rabí, ¿has encontrado la solución a mi problema?". "Sí claro", le dijo el rabino, "encontré exactamente lo que necesitas. Está escrito en el Talmud que quien se compromete a hacer algo y no lo cumple, como castigo – muere su esposa. En tu caso no sería esto ningún castigo, ¿no? Haz entonces un voto, anuncia que nunca lo podrás anular no importa lo que pase y luego no lo cumplas – entonces tu esposa morirá". "¡¡Guau, genial Rabino!! ¡¡Yo sabía que ustedes los rabinos tienen una solución para cada problema!! Pero... "¿Qué compromiso puedo tomar?...". "Oh, no te preocupes, esto también ya lo pensé. Como sabes, ya que nos hemos dirigido a ti varias veces sin resultado alguno, nuestra comunidad necesita construir una *Mikve* (baño ritual). Ya hace años que no encontramos a nadie para financiar ese proyecto tan caro, lo que causa que cada vez que se necesita usarlo hay que caminar un largo trecho y llegar a un barrio lejano. Comprométete a construirlo y ya que por tu tacañería nunca cumplirás con tu promesa, tu esposa morirá y por fin te liberarás de ella".

El consejo del rabino le gustó mucho al rico y enseguida juró construir el más lujoso baño ritual y que por ninguna razón podría quitarse de encima su compromiso. "Dime, por favor rabino, ¿cuánto tiempo tomará hasta que se muera? El rabino le dijo que si dentro del próximo mes no cumplía con su juramento su mujer ciertamente moriría. El rico se levantó radiante de alegría para irse pero el rabino lo detuvo. "Quiero pedirte algo", dijo el rabino". "Sí querido rabí, ¡cualquier cosa!". "Ya que a tu esposa no le queda mucho tiempo de vida, te pido que en estas próximas semanas la trates bien para que tenga un poco de satisfacción antes de morir, por lo tanto hónrala, cómprale todo lo que te pida, dale dinero para gastar, hazle cumplidos y mímala, de todos modos muy pronto ella morirá y todo quedará para ti; los cumplidos no te cuestan nada, ¿y qué importancia tiene si durante ese poco tiempo ella disfrutará de un buen rato, regalos y lujos antes de morir?...". "No hay ningún problema rabino", dijo el rico, "lo haré con mucho gusto. ¡El mero pensamiento que pronto me sacaré a ella de encima me llena de tanta alegría que no me importa hacer tal esfuerzo!".

Pasaron tres semanas y media. Una mañana el rico irrumpió a la casa del rabino con lágrimas en los ojos. "¡¡Por favor rabí, necesito que anules mi juramento, por favor!! El rabino le contestó: "¡Es imposible ya que cuando lo formulaste has declarado que por ningún motivo lo podrás anular! Pero, no lo entiendo, ¿no querías tanto que muera tu mujer?". "¡¡No!!", dijo el rico llorando, "honorable rabí, ¡no quiero que ella muera!". "Pero, ¿por qué? ¿Qué ha pasado?", pregunto el rabino. "Querido rabí, desde que hice el juramento cumplí con tu pedido. Empecé a honrar a mi esposa, a mimarla, a comprarle todo lo que me pide – ¡hasta joyas!, le habló de buena manera… De pronto, todo ha cambiado en nuestro hogar dramáticamente. Ella empezó a ser tan buena conmigo, me habla dulcemente, me respeta, siento que me ama, ¡¡hasta reza por mi éxito cada día en vez de maldecirme!! Se transformó en un ángel del Cielo…. De pronto entendí que regalo divino he recibido y no quiero perderla. ¡¡Ayúdame!! Honorable rabí, ¡no quiero que ella muera! ¿¿Acaso no hay algún medio de anular el juramento o de cambiar el decreto??".

El rabino respondió: "Lamentablemente no. No hay ningún medio de anular el decreto... ¡Lo único que puedes hacer para que no muera tu mujer es cumplir tu juramento y construir la lujosa *Mikve* como te comprometiste!".

No teniendo otra elección el rico aceptó construir el baño ritual y desde entonces logró una dichosa vida matrimonial de amor y paz mientras el sabio rabino mereció a la vez construir una *Mikve* para la comunidad y salvar un matrimonio de la destrucción...

Aprendemos de esta historia que la sola razón que empujaba a la mujer a comportarse mal era la avaricia y la mala relación que su marido tenía con ella. Tan pronto como él comenzó a actuar como un varón, es decir a honrarla, cumplimentarla, respetarla y hacerle regalos, ella cambió dramáticamente para bien.

Querido lector, quiero que entiendas bien: Si cumples con tu papel correctamente que significa ser un varón, ¡entonces no existe razón alguna para no tener una relación pacífica y amorosa con tu esposa! ¡Sólo recuerda que debes trabajar para ser un verdadero hombre!

Muchas veces vienen a verme en busca de consejo marido y esposa pero de hecho se encuentran frente a mí dos hembras. El marido dice: "Ella debería dar el primer paso. Ella debería corregir su comportamiento...". Y ella, comprensiblemente, dice: "¡No! ¡Él es quién tiene que cambiar!". No se puede lograr la paz entre dos hembras ya que el matrimonio debe ser entre hombre y mujer, varón y hembra. No hay ninguna solución en tales situaciones sino que el marido aprenda a ser un varón.

Esto explica lo que dice el Talmud (tratado *Kidushin* 82b): "Dichoso es aquel cuyos hijos son masculinos; y pobre de aquel cuyos hijos son hembras". ¿Cómo pueden ser los hijos hembras? La respuesta se encuentra en lo que hemos explicado y por lo tanto afirma el Talmud que es un mérito tener hijos que cumplen con su rol y se comportan como varones.

Y si te preguntas cómo es que tantos hombres, en nuestra generación, perdieron sus características masculinas, la respuesta reside en la lujuria. Cuando los hombres desean el placer sexual y la satisfacción carnal, entonces, en otras palabras, ellos quieren tomar y recibir lo que causa que pierdan su verdadera potencia y característica masculina que es la capacidad de dar. Esto entonces los lleva a obtener otros rasgos femeninos como la busca de honor, atención y empatía. Cuando un marido viola su santidad personal y sólo desea satisfacción de su esposa – él invierte papeles con ella. Él la pone en la posición del dador, y él pasa a ser el receptor, lo cual arrastra consecuencias destructivas. Para una discusión adicional sobre este punto dirígete al sexto capítulo: "Frente a Frente".

Para concluir, podemos definir tres tipos principales de maridos:

1) El marido varón: Ya con la primera lectura de este libro aprenderá todos los consejos necesarios para la paz conyugal y será capaz de ponerlos en práctica fácilmente. Él gozará de las enseñanzas ya que siendo un varón – que significa ser dador– todo le será completamente natural.

2) El marido que tiene la característica femenina pero quiere ser un varón: A él este libro le servirá de perfecta guía. Si lo aprende y lo repasa una vez al mes y trata de cumplir lo escrito, merecerá definitivamente transformarse en un verdadero hombre, en un varón, y logrará una permanente paz hogareña.

3) El marido que llegó a tener una característica femenina tan fuerte que ya no puede dar nada y le es imposible abandonar su deseo de recibir y ser un receptor: A él este libro no le ayudará salvo que tome conciencia de su defecto y comience a rezar a diario al Creador para que le ayude a ser un varón como es debido. Y lo esencial es que empiece a trabajar sobre su santidad personal, que es el Precepto fundamental que deben cumplir los varones. Debe comenzar a rezar, a aprender y a trabajar para poder alejarse de toda forma de lujuria, tanto fuera como dentro de su casa, como veremos más adelante en el sexto capítulo.

Recordatorio

Cada uno, sin importar su nivel espiritual, debe leer este libro al menos una vez al mes. Yo mismo he examinado estas ideas innumerables veces y he rezado detalladamente por cada punto escrito en este libro. Incluso hoy, cuando los pelos blancos en mi barba superan en número a los negros y ya tengo nietos, me esfuerzo a que no pase ni un solo día sin rezar por el mantenimiento de la paz con mi esposa, que yo pueda considerar todas sus necesidades, y que nunca la critique. Por lo tanto, por supuesto que cada uno debe esforzarse a repetir el estudio de este libro y rezar por cada detalle.

Cada marido que asume la tarea de aprender los consejos de este libro diligentemente y examinarlo al menos una vez al mes, será acompañado por mi bendición que reine la verdadera paz en su hogar, y que logre justos descendientes, felicidad, riqueza material y espiritual y todo lo bueno en este mundo y en el venidero, Amén.

Capítulo Cinco:
Honra a Tu Esposa

La Mala Inclinación del varón se manifiesta en la lujuria, que significa que cuando él sólo ve algo que le hace recordar a una mujer, de inmediato florecen sus sentidos y empieza a crear imágenes. A diferencia, la Mala Inclinación de la mujer es su deseo de recibir honores. La mujer ansía el honor más que cualquier otra cosa en el mundo, especialmente de parte de su marido, y ella es capaz de hacer cualquier cosa para conseguirlo. Ésa es la razón por la cual nuestros Sabios enseñan que la mujer es ligera, ya que un poco de honor y unas palabras amables bastan para inclinarla hacia la dirección deseada ya que ése es su punto débil.

Prácticamente hablando el honor es su vida. Por consiguiente, la mujer cuyo marido no la honra no tiene vitalidad alguna. No importa que ella sea honrada por sus padres o sus amigas o tenga un honorable puesto de trabajo y goce de una situación y carrera exitosas o que sea rica, etc. – si su esposo no le alaba, esta mujer se siente completamente desdichada.

En cambio, basta que su marido la halague un poco para que sienta un placer maravilloso, tal como un estudioso de la Torá que encuentra una nueva interpretación talmúdica, siente una satisfacción elevada y espiritual.

Cada mujer necesita honor y atención como aire para respirar. El marido se dice: "Soy bueno, traigo sustento, ayudo en la casa", y piensa que su esposa es feliz. Él no entiende que con todo lo que haga, si no sabe darle a su mujer atención y respeto, es como si no hubiese hecho nada – su desdichada esposa se sentirá desesperada y deprimida.

Muchos maridos dicen que no pueden alabar a sus esposas porque no quieren mentir. Ellos dicen que al no estar convencidos de dichas alabanzas simplemente no las pueden pronunciar. Por ejemplo, ¿cómo pueden decirle a su esposa que es bella u ordenada si no lo es?

Aquellos maridos que supuestamente tanto "persiguen la verdad", necesitan estudiar algunos artículos de nuestros Sabios de bendita memoria, en los que podrán ver que aún pueden expresar, por medio de ellos, muchas alabanzas auténticas a sus esposas:

La belleza de ella

Es conocido el relato de un sabio que cierta vez se comportó orgullosamente cuando se encontró con una persona fea y dijo: "Qué feo es este hombre". Le respondió el hombre: "Ve y dile al Artesano que me creó: 'Qué fea es esta obra que Has creado'...". Escuchó el sabio esa llamada de atención y se avergonzó muchísimo pues entendió que había pecado; entendió que, en efecto, su comentario era blasfemia al Creador. Entonces avanzó lentamente de rodillas pidiendo el perdón del hombre. Porque de verdad, esta persona tenía razón – si el Creador la hizo de esa forma – esa misma es su belleza perfecta.

De aquí aprendemos que el hombre tiene fe en que el Creador creó a su mujer de tal forma, entonces ella es la más linda del mundo. Porque si HaShem le dio esa belleza, y ciertamente el Creador hace lo más bello del mundo, entonces ella es la mujer más hermosa que existe. HaShem vio que ésa es la belleza más completa para la rectificación del alma tanto de la esposa como de su esposo...

Por consiguiente, el marido puede y *debe* decirle claramente a su esposa, con sinceridad: "Eres hermosa", "eres encantadora", "tu belleza me atrae", y si ella responde: "Lo dices por decir", el debe decirle: "Perdón, ¡pero sobre gustos no hay nada escrito!", conforme a mi gusto, tú eres la más guapa del mundo". Y debe decirlo con firmeza, no importa lo que ella le diga y aunque no crea que lo expresa con intención, debe permanecer fuerte y continuar diciéndole esas palabras. Y por supuesto le dirá todo con sinceridad, ya que su aspecto le fue dado por el Creador Mismo, y en consecuencia, es la belleza perfecta.

Enseña el Talmud (tratado *Yebamót)* que: "Todo hombre que no tiene esposa, se encuentra sin alegría". El hombre que cree en la Torá puede decirle a su esposa: "Tú eres mi alegría" ya que sabe que las palabras del Talmud son verídicas y su intención es que si la persona goza de paz en su hogar – tendrá entonces alegría. Si el hombre vive junto a su esposa en unidad, convivirá entonces con alegría y felicidad, pero si cada uno vive por separado – seguramente no podrá existir alegría alguna.

Además está escrito que el que no tiene esposa *"se encuentra sin bendiciones, sin un muro protector y sin bienestar...".* En consecuencia el marido puede decirle: "Tú eres mi bendición", "Tú eres mi muro protector", "Tú generas mi bienestar". Y por sobre todo, nos dicen los Sabios que: *"Todo aquel que permanece sin esposa no es considerado un ser humano".* Por lo tanto, le dirá: *"¡Sin ti, no soy un ser humano!", "¡Yo no valgo nada sin ti!".* Al tratarse de una expresión específica del Talmud, puedes expresarla sin falsedad alguna ¡pues ésta es la verdad!

Está escrito en la Torá (Éxodo 20:23) que está prohibido usar las piedras del altar en forma deshonrada. Rashi comenta: "Y aunque estas piedras no tienen conocimiento para ofenderse si las desprecian, la Torá dice que ya que nos benefician está prohibido despreciarlas; con más razón al referirnos a un ser humano que se ofende cuando es despreciado". Esto es verdad con más razón respecto a la esposa que es digna de todo honor y es necesario respetarla y alabarla mucho.

En el Precepto de "Y te alegrarás en tu festividad" (Deuteronomio 16:14), se menciona que la mujer no está obligada a hacer sacrificios de alegría *(Korbán Simjá)*, pues a ella – su esposo es quien la alegra... Esto significa que la alegría de la mujer es la responsabilidad de su esposo y proviene única y exclusivamente de él, y en verdad, es ésta una realidad que se percibe y que es imposible desmentir.

Por lo tanto, el marido siempre debe buscar cómo dirigirle palabras de honor y alabanza a su mujer. Por ejemplo, cuando ella ha preparado algo para comer, le dirá:"Qué buenas manos tienes", "qué comidas tan sabrosas sabes preparar", "qué buen gusto tienes", etc. Y aunque alabe todos los días la misma cosa, eso también le causa alegría, y con más razón si encuentra nuevas razones para alabarla.

¿Por qué se queja tanto?

La naturaleza de la mujer es expresar lo que carga sobre su corazón. Es pues natural que ella cuente lo que siente que le falta en la vida. Sin embargo, cuando la mujer se queja mucho y la negatividad es la base de la conversación con su marido, eso significa que no se siente bien por algún motivo.

Muchos maridos consideran que sus esposas se quejan injustamente. Sienten que se esfuerzan para ser buenos maridos, compran, ayudan, sonríen, apoyan, etc. Les está claro que si después de todo lo que hacen se quejan, entonces ciertamente algo está mal con ellas. Ciertos maridos hasta les preguntan a sus esposas: "¿Por qué te quejas constantemente?".

Éste es un gran error. Porque no sólo que ese marido no toma en cuenta que algo le falta a su esposa y aparentemente no le presta bastante atención, sino que le demuestra que él actúa a la perfección y sólo en ella algo no anda bien... Si sólo le hubiese dirigido algunas palabras dulces, hubiera visto de pronto que ella resplandece de felicidad. Todo marido debe saber: "Si tu mujer no está a gusto – es *tu* problema".

El Rabino Berland *shlit"a* solía decirme: "Es necesario prodigar a la mujer cumplidos y alabanzas sin límites y rezar que ella confíe en que le amas. Porque mientras el hombre no se ha rectificado en todo lo que tiene que ver con su pureza y santidad personal *('Tikún HaBrit')*, su amor por ella es de hecho un amor egoísta ya que se ama a sí mismo, no a ella. Mientras tanto, hasta que logré rectificarse, el hombre debe rezar y pedirle al Creador que haga que su mujer crea que él le ama".

En efecto, cuando el marido critica a su mujer –ya sea la crítica más pequeña y cuando no le prodiga cariño, ella cae en la auto-persecución sintiéndose culpable y cree que su marido no la quiere. Para una mujer significa la muerte misma. Una mujer que cree que su esposo no le ama puede perder la cabeza. Tan pronto como llega a la conclusión que no gusta a su marido se entrega a la cólera, a la tristeza y a la desesperación.

El marido debe pues alabar mucho a su esposa y no mostrarle ni el menor signo de enojo ya que eso la lleva a la conclusión de que él no la ama. Además tiene que rezar mucho para que ella confíe que él la quiere y para que interprete cualquier palabra o acto de su parte como una muestra de amor.

"Pero tú sobrepasas a todas" (Proverbios 31:29)

El sagrado libro del Zohar (Génesis 49) describe cómo el marido está obligado a honrar a su esposa, concederle en forma exclusiva el gobierno del hogar, y abundar en palabras de amor y de honor hacia ella:

"...La esencia del gobierno del hogar le pertenece a la esposa. Cuando el marido desea unirse con su esposa debe primero pedirle su permiso para hacerlo y regocijarla con palabras para que la voluntad de ambos sea una – sin imposición alguna, en caso contrario – no se acostará con ella...".

Aprendemos de las palabras del Zohar, que cuando el marido quiere tener relaciones conyugales con su mujer está obligado a alabarla, alegrarla y pedirle permiso, en caso contrario le está prohibido acostarse con ella. De aquí aprendemos que el hombre debe saber que no puede casarse si no está seguro que puede alabar y cumplimentar a su esposa ya que en caso contrario – no podrá unirse a ella legítimamente.

Está claro en este texto del Zohar que la mujer es el pilar de la casa, y que todo el hogar está bajo su mando. El Zohar sigue diciendo sobre este aspecto:

"...Aprendemos que aunque un rey posea una cama de oro y hermosos edredones para dormir, si la Reina le prepara una cama de piedras, él debe abandonar su cama de oro y acostarse en la cama de piedras que ella le preparó...".

Vemos aún más la vigencia del gobierno de la mujer en su casa y cómo el marido debe aceptar su voluntad. Incluso si ella le dice que no puede dormir en su habitación para la limpieza de Pesaj, él debe aceptar su decisión. Tal como solía decir Rabí Hirsh Leib *zt"l* en nombre de su Maestro Rabí Abraham Shternhartz, que cuando el marido regresa a su casa debe tener bien claro que su mujer es el general del hogar y que él es sólo un soldado raso. De la misma manera él debe obedecer a su esposa y ejecutar sus órdenes sin discusión alguna. Y justo como en un verdadero ejército el soldado tiene que dejar su ego en la entrada de la base, así también el marido debe dejar el suyo en la puerta de casa. Puede que en la vida civil el simple soldado sea un hombre cultivado y su comandante apenas sepa leer y escribir, pero a pesar de todo él debe obedecer sus órdenes con diligencia. Así también el marido; él puede ser muy intelectual y un hombre exitoso; él puede ser responsable de una gran empresa o el líder de una comunidad, pero una vez que él entra a su casa, debe olvidarse de sus cualidades y su categoría aunque sea el presidente de la república, y volver a ser un soldado raso obedeciendo al general del hogar –su esposa sin protesta alguna.

El sagrado Zohar continúa describiendo las alabanzas y los cumplidos que el marido debe expresar a su mujer (Zohar, Génesis 49, traducción basada en el comentario de 'Matok MiDvash'): *"Ven y mira lo que está escrito aquí (Génesis 2:23): 'Y dijo Adán [a Eva]: ... ¡Hueso de mis huesos y carne de mi carne!'... Esas son las dulces palabras que Adán le dijo a su esposa para transmitirle cariño, atraer la voluntad de ella a la de él y despertar con ella el amor. Mira cuán dulces son las palabras que le dijo, mira qué mensajes de amor contienen las palabras que le dijo: Tú eres 'hueso de mis huesos y carne de mi carne' – por lo tanto, ¿cómo podría yo alguna vez despreciarte ya que la luz que brilla en ti proviene de la esencia de mi esencia?'. Él dijo esto a fin de demostrarle que tienen una obligación común que los une y que nada los separa.*

Después de haberle dicho esas palabras afectuosas, él comenzó a elogiarla (íd.): *"...a ésta se la llamará 'ishá' (mujer) pues del 'ish' (hombre) fue tomada ésta'. Su intención fue decir que esta mujer es excepcional, su igual no puede ser encontrado. 'Ésta es el honor de mi hogar', todas las otras mujeres comparadas con ella son como un mono delante de un ser humano. Sólo ésta (Eva) puede ser llamada 'ishá' –mujer porque con sus virtudes ella es la esencia de la perfección, más que cualquier otra...*

Son estas las palabras de amor y afecto pronunciadas por Adán, el primer hombre, a su mujer. Tal como está escrito

*en Proverbios (31:29) que entre todas las alabanzas que deben
ser expresadas por el hombre a su esposa para aumentar su
amor, hay que decirle: "Muchas mujeres alcanzaron logros,
pero tú sobrepasas a todas". Al decirle a la esposa que posee
cualidades superiores a todas las otras mujeres, el marido
aumenta los sentimientos de amor y afecto entre ellos".*

El Zohar nos enseña la conducta correcta del marido hacia
su esposa. Un marido debe considerar que si Adán, cuya
mujer no rivalizaba con ninguna otra mujer por su amor,
sentía que era necesario elogiarla, cumplimentarla y decirle
explícitamente que nadie la igualaba, cuánto más debe hoy
en día cada marido esforzarse por halagar a su mujer, hacerle
sentir que es la mujer más bella, el esplendor de su vida y
la esencia de la perfección para él. Debe incluso utilizar
aquellas mismas expresiones que usó Adán, diciéndole que
en relación a ella todas las otras mujeres son como monos
delante un hombre.

Honor

Una de las cláusulas de la *Ketubá*, el contrato de matrimonio
judío que cada marido firma antes de casarse, determina
que el hombre está obligado a honrar a su esposa. Ésta es
una obligación solemne del esposo y no está relacionada de
ningún modo con el comportamiento de su esposa hacia él.
La obligación es absoluta y se mantiene en vigor sin cambio
alguno, pase lo que pase. Tal como cuenta el Talmud sobre
Rabí Jiya cuya mujer lo amargaba y le hacía sufrir mucho y,
a pesar de todo, cada vez que él encontraba en el mercado
una mantilla bonita o algún otro regalo se lo compraba. Rabí
Yehuda HaNasí le preguntó: "¿Pero si te hace sufrir con
frecuencia?". Le contestó Rabí Jiya: "Suficiente hace (ella) al
criar a los hijos y al salvarme del pecado"...

Aprendemos de esta historia que el honor de la mujer es incondicional, y como lo menciona Maimónides en las Leyes de Matrimonio (Cap. 15, Ley 19): "Los Sabios ordenaron al hombre que honre a su esposa más que a su propio cuerpo y que la ame como ama a su propio cuerpo; y si tiene recursos debe beneficiarla conforme a ellos; debe no imponer sobre ella un temor excesivo y debe hablarle calmadamente y no estar ni triste ni enojado...".

Y aunque Maimónides escribe en la regla siguiente (id., Ley 20) que "los Sabios ordenaron también que la mujer honre mucho a su marido", la obligación de la esposa no es equivalente a la del marido ya que la Ley Judía no requiere que ella firme un contrato que le obliga a hacerlo.

De hecho, el honor de la mujer hacia su esposo es sólo la consecuencia y el resultado del honor que él le da a ella. Sólo cuando el marido cumple con lo que se le ha impuesto hacia el Creador y hacia su mujer, entonces "automáticamente" su esposa lo honrará a él. Con respecto a la esposa, Maimónides habla de la conducta adecuada que debería existir, lo que llega naturalmente cuando el marido honra a su esposa y ella le corresponde, pero no es su intención que el marido exija honores de su esposa o que tenga necesidad de ello.

El hombre da y la mujer recibe, el marido tiene que honrar a su mujer y no lo contrario. Todo marido que procura ser honrado debe conocer esta regla y comprender que su deseo de honor es simplemente una cualidad femenina que debe quitarse de encima.

¿Quién manda aquí?

El Profeta Elías enseña cómo el marido debe conducirse en su hogar (Tana deBé Eliyáhu cap. 15): "El hombre debe siempre ser humilde en el aprendizaje de la Torá, en las buenas acciones, en su temor a Dios, con sus padres, con su rabino, con su esposa, con sus niños, su familia, sus vecinos, con los cercanos y con los extranjeros y con los no judíos que encuentra en el mercado, para ser amado en lo Alto y querido abajo y aceptado por todas las criaturas, y así llenará sus días y años con un buen nombre. Porque cuando el hombre es humilde en la Torá y realiza buenas acciones, entonces su esposa tiene temor de él, y así también los miembros de su familia, sus vecinos y sus allegados e incluso los no–judíos lo temerán, tal como está escrito (Deuteronomio 28:10): 'Y verán todos los pueblos de la Tierra que el Nombre de HaShem es invocado sobre ti, y te temerán'".

La explicación de esto se encuentra en el libro 'Shai laMorá'. La Presencia Divina reside en aquel que es humilde y tiene temor a Dios. Por lo tanto, la mujer de tal hombre lo teme y lo respeta. En cambio, aquel que se enorgullece es despreciado, como nuestros Sabios enseñan (tratado Bava Batra 98): "Quien se enorgullece – hasta los miembros de su hogar no lo aceptan", es decir que no lo pueden tolerar y le llegan desprecios de su parte.

Sigue el Profeta Elías y dice (id. cap. 4): "Enseñaron los Sabios: '¡Sé modesto y humilde con toda persona, y con los miembros de tu hogar aún más!'. Y está explicado en "Shai laMorá" que humilde significa que acepta y tolera todo desprecio y se calla.

Ésta es una gran lección para los hombres que sostienen que su mujer es la que debe honrarles e incluso se quejan diciendo: "¿Quién es el hombre aquí? ¿Quién manda aquí? Mi esposa está obligada a honrarme, a someterse y a escucharme". Lo citado anteriormente prueba su gran error: son ellos los que deben honrar a su mujer y ser humildes con la gente de su casa. Quien cree lo contrario, no actúa como un hombre sino como una mujer.

Comprobamos entonces que todo depende del hombre y de sus acciones. Si el marido ve que su mujer no le teme, es señal que él no es temeroso de HaShem. Si lo fuera, su mujer le temería a él también porque uno depende del otro ya que las palabras de nuestros Sabios expresan "leyes naturales".

Esto explica porque la mujer no tiene la obligación formal de honrar a su marido mientras que sí le es ordenado al hombre honrarla. El deber y la obligación de honrar a la esposa no dependen de las acciones de ella. El honor y respeto al marido es simplemente la consecuencia de las acciones de él. Si el marido honra a HaShem, cuida su pureza y santidad personal y su carácter es masculino – su mujer lo honra.

Si el hombre merece humillación y aflicción, entonces es muy probable que lo reciba por medio de su esposa. Esto es para su propio bien ya que los pecados y la impureza espiritual contaminan la sangre del hombre, tanto física como espiritualmente. Esa sangre 'contaminada' debe ser purgada. El mejor modo de hacerlo es por medio de humillaciones y desprecios. Si un marido no quiere ser humillado por su esposa, él tendrá que ser herido a fin de deshacerse de la sangre contaminada físicamente. Por lo tanto, un marido con *Emuná* acepta todo abuso verbal de parte de su esposa con amor, tal como dijo el Rey David cuando fue blasfemado por Shimí ben Guerá: "HaShem le dijo que maldiga…".

Cuando un marido tiene *Emuná* él entiende que no es su esposa quien lo desprecia sino el Creador que lo está purificando de su sangre contaminada. En consecuencia, él sabe que tiene que hacer doble examen de consciencia y arrepentimiento: primero por la transgresión que le causó la humillación y en segundo lugar por el pesar que le causó a su mujer al tener que humillarle. La mujer no lo hace de su propio acuerdo; Ella es obligada desde el Cielo a hacerlo por los pecados de su marido.

La mayor causa de la sangre contaminada que se debe purificar proviene de la lujuria. Por consiguiente, cuando la mujer insulta a su marido él debe hacer *Teshuvá* por la transgresión que causó esa situación, por el dolor que le produjo a su mujer y por la aflicción al Creador, como está escrito (Isaías 63:9): "En toda aflicción de ellos, Él se aflige".

Cumplir con las obligaciones

En algunas ocasiones la mujer le impide a su marido hacer las cosas que le gustan. Ésta es una señal que él no cumple con sus propios deberes hacia ella, privándola de sus derechos como recibir su atención, amor, consideración, etc. Ella simplemente le paga con la misma moneda ignorando su interés hacia ciertas cosas, incluso el estudio de la Torá. Ella le hace sufrir, pero en realidad esto demuestra su desamparo porque él la priva de su atención. Es como si le dijera: "El sufrimiento que ahora sientes es el mismo que me causas a mí". Su conducta es de hecho un grito de dolor: "Me ignoras, me siento frustrada, me duele. Tal como tú sufres ahora, me estás haciendo sufrir de muchas formas".

Por lo tanto, cuando un hombre percibe que su mujer le contraría, se opone a él y le hace sufrir, esto puede explicarse de dos modos: O que HaShem le pone obstáculos a través de su mujer para indicarle que tiene que corregir un defecto espiritual; o que HaShem le insinúa que él le priva a su mujer de algo y por eso ella le impide hacer su voluntad.

La razón más común por la que la esposa detiene a su marido o lo humilla es por sus violaciones de la santidad personal. La esposa se opone al marido que perjudica su santidad, como está escrito (Génesis 2:18): "Le haré una ayuda frente a él", y nuestros Sabios explican: "Si él tiene el mérito – ella le ayudará; si no tiene el mérito – lo enfrentará y estará en su contra". "Si él lo merece" – significa que sus acciones son puras, que no atenta contra el Pacto Sagrado. Si no lo merece entonces su esposa se le enfrentará, le impedirá hacer lo que desea y le pondrá obstáculos.

La palabra hebrea para mérito es *'zejút'*, que proviene en la palabra hebrea *'zaj'*, que significa 'claro' o 'puro'. Por lo tanto, el que tiene el mérito se refiere a quién sus acciones son puras y no perjudica su santidad personal, y entonces – su esposa le ayudará, le animará, le apoyará.

En conclusión: Cuando la mujer le impide a su marido hacer lo que quiere, si él posee un mínimo de fe debe examinarse y buscar qué es lo que tiene que corregir. Debe decirse: "No es mi esposa quien me lo impide – es HaShem y tengo que entender qué es lo que me está diciendo. Quizás he violado mi santidad personal, tal vez privé a mi mujer de sus necesidades, o tal vez tengo que rezar más para conseguir lo que quiero hacer".

Lo primordial es que el hombre que mira su vida a través de los lentes de la *Emuná*, no sólo se abstiene de ofender a su esposa, sino todo lo opuesto: la honra, la apacigua, la consuela y la fortalece. Y si un marido "baja la cabeza" frente a HaShem en esa prueba de fe y busca qué es lo que Él le está insinuando, entonces su esposa misma se transformará y, en vez de enfrentarse a él se volverá su ayuda y le dejará hacer lo que desea. ¿Por qué? Porque él volvió al estado de tener 'mérito'.

Y como está escrito en Proverbios (16:7): "Cuando HaShem se complace con los caminos del hombre, hasta sus enemigos se reconcilian con él". "Sus enemigos" se refiere también a su esposa, ya que los obstáculos más grandes que un hombre a menudo afronta provienen de ella. Pero todo esto depende de él – tan pronto como se arrepiente y cumple con la voluntad del Creador, todo se transforma a su favor.

Todo hombre casado ve con claridad que tan pronto como HaShem quiere que su mujer le ayude, ella se transforma en la más maravillosa de las mujeres; le sonríe, lo comprende, lo alienta y lo anima. Y entonces el marido se asombra y se pregunta: "¿Es ésta la misma mujer que sólo ayer envenenaba mi vida hasta el punto de desear la muerte? ¿Es posible que esta mujer agradable y dulce sea aquella que ayer me aparecía un monstruo listo para destruirme?'.

En cambio, cuando HaShem quiere lo contrario, ella se convierte en su peor enemiga, dura como la piedra, despreciativa y lanzando amenazas temerosas. Y entonces el marido se extraña: "¿Es ésta la misma mujer que amé, con la que viví un tierno idilio, donde faltaban sólo los violines y las flautas para completar el cuadro ideal de nuestra vida conyugal?".

Todo esto nos demuestra que la paz doméstica es sólo la expresión de la maravillosa y exacta Supervisión Individual que depende de la espiritualidad del marido.

¡Iluminar, no criticar!

Una de las situaciones más delicadas y sensibles en la vida conyugal se presenta cuando el marido se vuelve más observador de la Torá y su esposa no. La mayoría de estos hombres caen directamente en la trampa de la Mala Inclinación y aducen que tienen todas las razones para criticar a sus esposas "en nombre de la Torá": "¿¿Qué estás haciendo?? ¿¿No sabes que está prohibido?? ¡Transgredes la *Halajá!*, ¡No se hace así!, etc., y la pobre mujer está expuesta a presiones y desprecios día y noche.

Nadie alguna vez, incluso este marido, se volvió observador de la Torá porque alguien le golpeó con un palo en la cabeza, así que sus insultos nunca conseguirán algún efecto. Pero si sus críticas no son suficientes, además le deja claro a su esposa que ella ya no le interesa como antes, después de todo él tiene un nuevo "interés" en la vida que le ocupa todo su tiempo libre. Comprensiblemente, cuando ella ve todo esto, sobre todo cuánto él disfruta de sus lecciones de Torá y de su nueva "vida espiritual", entonces el hermoso camino de la Torá se transforma en su peor enemigo ya que para ella es el responsable de todos los insultos que sufre, y de su falta de importancia a los ojos de su esposo.

El resultado es, que si hasta ahora había alguna posibilidad de que esa mujer se acercase al camino de la *Emuná* y de la Torá, ahora que su marido le desprecia ella se aleja más y más, a tal grado que rechaza toda relación con la Torá y hasta el poco respeto que ella podría haber tenido a las tradición desaparece. Desde luego, ella se opone a su marido con todas sus fuerzas.

En este aspecto, Nuestros Sabios han dicho que antes del descenso del alma a este mundo le hacen jurar lo siguiente: "Sé justo y no malvado". Y explican los Maestros Jasídicos: 'No seas malvado por ser justo". Por consiguiente, lo primero que el marido "justo" debe saber es que no debe criticar a su esposa en absoluto y especialmente en todo lo relacionado con la Torá y el cumplimiento de los Preceptos; no debe hacerle ninguna observación sobre su forma de conducirse y sobre lo que ella debe o no debe hacer. Lo segundo es que no sólo no debe despreciarla, sino que debe honrarla aun más que antes. Debe hacerle regalos, halagarla y regocijarla de todas las maneras posibles.

Estos dos pasos garantizan que él no la rechace y no la apene por su acercamiento al camino espiritual, sino lo contrario – ella verá que su arrepentimiento y observancia religiosa le han mejorado y también su comportamiento hacia ella, que la respeta y la comprende más que nunca, y así le mostrará la Torá y su estilo de vida bajo su luz auténtica. Luego, si realmente quiere acercarla al camino de la Torá, debe rezar por ella. Es posible lograr todo gracias a la plegaria, como está escrito (Proverbios 21:1): "El corazón de los reyes está en la mano de HaShem" – eso mismo es aplicable al corazón de la esposa.

El Talmud nos cuenta acerca de Rabí Meir que tenía vecinos malvados que le causaban mucho pesar. Rabí Meir rezó entonces para que ellos murieran. Cuando Beruria, su esposa, lo escuchó, le dijo: "¿Por qué ruegas para que ellos mueran? Está escrito (Salmos 104:35) que 'Sean consumidos de la Tierra los *pecados*' – no los pecadores. Reza en cambio para que ellos se arrepientan y mejoren su conducta". Y así fue que Rabí Mair rezó por aquellos malvados y ellos hicieron *Teshuvá* y cambiaron completamente.

Nuestros Sabios enseñan que de la historia anterior podemos aprender que, aunque aparentemente el arrepentimiento del hombre depende de su propia elección, la plegaria que se reza por él lo estimula a hacer *Teshuvá* y cambiar. Si esto se cumple a propósito de verdaderos malvados y pecadores, con más motivo en nuestra generación en la que los impíos no existen más, sino solamente gente debilitada por lo largo del exilio físico y espiritual. Con más razón en el caso del hombre que se despertó a regresar al camino de la Torá y su esposa todavía no lo ha hecho. Ya que él mereció ser iluminado por la luz de la Torá, debe ser compasivo con su mujer que es como su propio cuerpo, y debe por lo tanto rezar mucho para que también ella tenga el mérito de saborear esa dulce vida.

El amor auténtico hacia su mujer debe manifestarse en plegaria a HaShem diciéndole: *"Dueño del Universo, por Tu compasión me despertaste a arrepentirme y tomar el buen camino. Toda esta iluminación que siento Te pertenece, y la prueba es que yo mismo anduve en la oscuridad antes que*

me abriste los ojos. Por lo tanto, Te agradezco infinitamente
y Te ruego que despiertes también a mi esposa, que abras su
corazón y que la ilumines tal como hiciste conmigo".

Y así debe el esposo multiplicar sus plegarias por su esposa
ya que ésa es la expresión de su amor hacia ella , y no hacerle
ni la menor crítica, porque la regla es: ¡Iluminar, no criticar!

Honra y serás honrado

Una mujer verdaderamente honrada por su marido no
podrá oponerse a él permanentemente. Ella se sentirá en
algún momento incómoda poniéndose en su contra, al
suscitarle dificultades o impedirle realizar lo que él considera
importante -- mientras él tanto la considera y le honra. Por
consiguiente, sin que él tenga que decirle ni una sola palabra
al respecto, en un momento dado ella se avergonzará por su
oposición hacia él gracias a la buena disposición que él tiene
con ella.

El esposo debe pues demostrarle que la quiere tal como
es, decirle que todo lo bueno en su vida proviene del mérito
de ella y que es gracias a ella que él estudia la Torá. Debe
decirle que preferiría quedarse en casa pero que para el bien
de la familia debe ir a estudiar y crecer espiritualmente, etc.
Y así debe usar expresiones similares que tienen por objeto
iluminarla, dándole la sensación que ella es lo primordial en
su vida y que tiene una gran parte en su desarrollo espiritual y
en el estudio de la Torá y el cumplimiento de los Preceptos.

Él debe hablarle con sinceridad y no esperar que con una
pequeña sonrisa ella se someta a él... Es muy probable que él
tenga que seguir dando, ser comprensivo y ser complaciente
durante un largo tiempo mientras ella continúa con sus
objeciones y desprecios. En consecuencia no utilizará esto
como una prueba, sino que actuará así en forma persistente
y continua, iluminando y rezando. Cuando ella vea que él es

auténtico – ella misma cambiará, como está escrito (Proverbios, 16:7): "Cuando HaShem se complace con los caminos del hombre, hasta sus enemigos se reconcilian con él".

Capítulo Seis:
"Frente a Frente"

El Talmud (*Bava Batra* 99a) señala una aparente contradicción entre dos versículos que describen a los Querubines que estaban en la parte superior del 'Arca del Pacto' que contenía los Diez Mandamientos. En Éxodo (25:20) está escrito: "Y los Querubines estarán con sus alas extendidas hacia arriba…, y sus rostros *frente a frente*", mientras que en Crónicas II (3:13) el versículo afirma que los Querubines estaban con "sus rostros hacia el Santuario", lo cual implica que sus rostros no estaban uno frente al otro.

El mismo Talmud explica que de hecho no existe ninguna contradicción: El versículo del Éxodo se refiere al momento en que el Pueblo de Israel cumple con la Voluntad Divina, mientras que el versículo de Crónicas se refiere al momento en que transgrede. Cuando los Israelitas cumplían con la Voluntad Divina, los Querubines se daban la cara como dos personas que se aman, lo que era una señal de que el Creador Mismo miraba con amor a Su pueblo. Pero cuando ellos transgredían y no cumplían con los Preceptos metafóricamente dándole a HaShem la espalda entonces los Querubines milagrosamente se daban la espalda el uno al otro, lo cual simbolizaba que también el Creador le había dado la espalda a Su pueblo. Vemos entonces que los Querubines –los cuales tenían el aspecto de un niño y una niña servían como indicador del estado espiritual del Pueblo Elegido.

A partir de esta enseñanza podemos aprender un principio fundamental respecto a la vida matrimonial. Cuando la pareja cumple con la Voluntad Divina, entonces HaShem une al marido y a la esposa con amor, pero cuando transgreden – Él hace que se den la espalda. La paz en el hogar es un indicador exacto y fiel del nivel espiritual del hombre.

El buen camino

Rabí Najman enseña (*Likutey Moharán* II, 87) que la paz en el hogar depende por completo del marido. El Rebe explica que cuando el marido se comporta con recato y mantiene su santidad personal, entonces hace brillar 224 luces espirituales en su esposa (224 es el equivalente numérico de la palabra hebrea *'dérej'* que significa 'camino'), que ella a su vez le refleja a él en forma recíproca. Entonces, la mujer es feliz y apoya a su marido en su camino, es decir, en todo lo que él haga. Éste es otro significado más del versículo de Éxodo referente a los Querubines: "... y sus rostros frente a frente" – que el marido ilumina a su mujer y ella le devuelve la luz.

Pero si el marido corrompe su camino transgrediendo su santidad personal, tal como está escrito (Génesis 6:12): "Pues todo ser de carne había corrompido su camino sobre la Tierra", entonces él ya no ilumina a su mujer con las 224 luces y entonces ella se volverá en su contra y se opondrá al camino de él, tal como enseñaron los Sabios: "...y si él no tiene mérito – ella se vuelve contra él".

La paz en el hogar es de hecho un certificado que lleva la firma del Creador Mismo y una demostración que el marido está cumpliendo con la Voluntad Divina –o más específicamente, si está manteniendo su santidad personal– o no.

Un cuerpo problemático

El sagrado libro del Zohar nos cuenta que Adán no se benefició en absoluto del mundo físico, ya que su mismo cuerpo era completamente espiritual. Su cuerpo brillaba aun más que los ángeles de los mundos más altos. Pero esto fue solamente hasta el momento en que pecó...

"Cuando el cuerpo de Adán llegó al mundo, el sol y la luna de este mundo lo vieron y sus luces se oscurecieron ante la de él, tal como ocurre con la luz de una vela frente a la luz del día... Cuando pecó al comer del Árbol del Conocimiento ocasionó un gran daño en todos los mundos espirituales causándoles bajar de su nivel espiritual... La luz Divina que había brillado sobre él se oscureció... Ahora él necesitaba un nuevo cuerpo hecho de piel y carne física de este mundo, tal como está escrito (Génesis 3:21): 'E hizo HaShem, Dios, para Adán y para su mujer túnicas de piel, y los vistió'. Ése era un cuerpo físico que podía disfrutar de los apetitos mundanos del mundo físico" (Zohar, *Kedoshím*, p.83 con el comentario '*Matok MiDvash*').

El Zohar nos enseña que el deseo sexual surgió como un castigo –una oscuridad física que les fue forzada a Adán y a su esposa como resultado de su pecado. Antes de pecar, el cuerpo de Adán era absolutamente puro y brillaba con un fulgor más resplandeciente que el sol y la luna. Hasta ese momento, su unión con Eva había tenido lugar en un nivel absolutamente espiritual, apartado completamente de cualquier apetito físico y lujuria.

Por lo tanto, la alegría de la mujer y la paz en el hogar dependen completamente de la santidad personal del marido. Y lo principal en el cuidado del '*Brit*' se encuentra en la relación diaria con su esposa y en el momento de su unión física.

La santidad personal del marido, o '*Tikún HaBrit*', ejerce una poderosa y positiva influencia en la alegría de la mujer. El '*Tikún HaBrit*' cuenta con varios niveles espirituales, pero el nivel básico es el cumplimiento por parte del marido de la Ley Judía –la *Halajá*– en todos los aspectos de las relaciones conyugales. Rabí Natan de Breslev escribe (*Hiljót Najalót* 3): "La unión matrimonial judía, de acuerdo con nuestra sagrada Torá, constituye un aspecto de la santidad personal". El estricto cumplimiento a los estatutos de la Ley Judía en esta área, como la inmersión de la mujer en una *Mikve* autorizada

y el comportamiento del marido en el momento de la unión
física, posibilita mantener relaciones conyugales exitosas y
gratificantes (ver *Shulján Aruj, Oraj Jaim,* cap. 240).

Por lo general, cuando la mujer no desea la cercanía del
marido y hasta lo rechaza, o si existe cualquier otro problema
en las relaciones conyugales, eso significa que el marido debe
fortalecerse en lo relacionado con el *'Tikún HaBrit'* y trabajar
sobre el tema.

Atención o pasión

Después del pecado de comer del Árbol del Conocimiento,
el castigo de la mujer fue que su marido tendrá dominio sobre
ella, tal como está escrito (Génesis 3:16): "Y hacia tu esposo será
tu deseo – y él te dominará". El significado de este castigo es
que toda la vitalidad y la alegría de la mujer dependen de su
esposo, completamente. Por lo tanto él debe verter sobre ella
mucho amor y atención para que ella pueda lograr la felicidad
y alegría en su vida.

La causa principal que impide que el marido le prodigue a
su esposa todo el amor y toda la atención que ella necesita es
la pasión y el apetito lujurioso que él tiene. Cuando el marido
siente el apetito de unirse a su mujer, deja de dar y quiere
recibir. En ese momento acaba de ser su fuente de vitalidad y
en consecuencia deja de tener el "dominio". De hecho, ahora
ella lo controla ya que posee aquello que él desea. El Rebe de
Kotzk comentó acerca del versículo citado anteriormente que
"el marido domina a la mujer únicamente cuando ella desea
su cercanía y no al revés". Si ella se convierte en un mero
objeto de deseo y apetito, ella lo domina a él y entonces el
hogar está destinado a desmoronarse.

Tal hogar no puede perdurar debido a la siguiente regla
espiritual: cuando el marido siente el apetito de unirse a su
mujer, está creando en ella la fuerza exactamente contraria

– la sensación de que ella no puede soportarlo. La mujer reacciona con repulsión a las muestras de deseo de su marido – cuanto mayor es el deseo, mayor es la repulsión, hasta el punto de que no existe un sufrimiento más grande para ella que mantener relaciones íntimas con él. En ese caso ella ni siquiera quiere que él la toque. Le parece que la noche de su baño ritual es una condena a muerte, y las aguas de la *Mikve* – una horca. El marido siente que está por prodigarle amor a su esposa y ella siente que está entrando en los abismos del infierno. Para ella, él ahora tiene el aspecto de un monstruo y siente una repulsión total hacia él.

Muchas veces los maridos confunden la lujuria que sienten por sus esposas con amor. En realidad, cuando el marido siente apetitos por su esposa – no puede amarla verdaderamente. El amor es dar, mientras que la lujuria significa tomar con egoísmo. La prueba más grande de esto es lo que ocurre una vez que el deseo físico ha sido satisfecho. De pronto el gran entusiasmo y amor del marido se esfuman como si nunca hubieran existido y hasta siente repulsión, y por supuesto que ya no tiene ni una gota de paciencia para hablar con ella; además, por lo común, él se va derecho a dormir... Esto demuestra que el contacto con su esposa es simplemente para satisfacer sus *propios* deseos – en otras palabras, el gran "amor" que siente hacia su esposa es en realidad sólo pura lujuria. La esposa que siente que su marido la trata como a un objeto inerte que no tiene ni alma ni sentimientos, se siente más muerta que viva.

Amor u odio

La Torá relata la historia de Amnón y Tamar. Amnón sentía un tremendo deseo enfermizo de unirse a su hermosa hermana Tamar. Tras muchos intentos fallidos para seducirla, la tomó por la fuerza. Inmediatamente después de ese horrible crimen, la Torá declara (Samuel II, 13:15): "Luego la aborreció Amnón con tan gran aborrecimiento, que el odio con que la aborreció fue aun mayor que el amor con que la había amado...".

Nuestros Sabios aprendieron de esa historia que el amor que se construye en base de un apetito o interés al final acaba convirtiéndose en odio, como han dicho (tratado *Avót* 5:16): "Todo amor que depende de alguna cosa, al cesar esa cosa – cesa también el amor; pero todo amor que no depende de algo, jamás cesará. ¿Cómo es un 'amor' que depende de algo? Como el amor de Amnón por Tamar. ¿Y cómo es un amor que no depende de algo? Como el amor de David y Yonatán". El Meíri, el gran comentarista, explica que Amnón amaba a Tamar meramente para recibir gratificación de sus apetitos. Una vez que la obtuvo – ya no pudo soportarla.

Cuando el marido tiene lo que se llama *'taavá'* –apetito de lujuria hacia su mujer–, acabará odiándola. Su "amor" por ella depende de una causa específica que, cuando será satisfecha, su "amor" dejará de existir. Una vez que su mujer no desea tener relaciones íntimas con él, sea por distintas razones o por su *'taavá'*, él la odia y se queja de ella.

Además, un marido lujurioso sin lugar a dudas llega al adulterio. Incluso si no le es infiel en el sentido literal de la palabra, ciertamente le será infiel con los ojos y con el pensamiento. Mirará a otras mujeres y sentirá deseo de su belleza. La Mala Inclinación le mostrará todo el tiempo que las otras mujeres son mucho más atractivas y excitantes que su esposa, tal como escribió el Rey Salomón (Proverbios 9:17): "Las aguas robadas son más dulces".

¡Un hombre que observa a otras mujeres nunca podrá amar a su propia esposa – punto! Ella siempre estará enfadada con él, tal como está escrito (Proverbios 18:1): "El apetito lleva a la separación". El Rabino Yosef Jaim *zt"l*, el Ben Ish Jai, relata una historia relacionada de un hombre que fue a ver a un rabino. El rabino le pregunto cuántas mujeres tenía. El hombre, completamente confundido, le respondió: "Estimado Rabino, no entiendo la pregunta... Tengo una sola mujer, por supuesto". Entonces le respondió el rabino: "Mentira. Tienes muchas mujeres y las escondes en recámaras ocultas". "Pero rabino...", trato de decir el hombre choqueado... "Yo veo", siguió el rabino cerrando sus ojos, "que a menudo piensas y fantaseas con otras mujeres y sus imágenes están grabadas en tu mente y en tu corazón". De repente abrió sus ojos y dijo: "¡Ésas son las 'recámaras ocultas' en las que escondes a tus otras mujeres!"... Y el hombre rompió a llorar y admitió que era verdad.

Cuando un hombre piensa en otras mujeres, observándolas y fantaseando con ellas, además de serle infiel a su esposa, también está transgrediendo muchas prohibiciones severas de la Torá, ya que está prohibido observar a otras mujeres y pensar en ellas, como está escrito (Números 15:39): "... y ustedes no se extraviarán tras [los apetitos de] vuestros corazones y vuestros ojos, detrás de los cuales ustedes se pervierten". Ese marido está transgrediendo también dos de los Diez Mandamientos: "No cometerás adulterio" y "No codiciarás la mujer de tu prójimo".

Oná – El Precepto de las relaciones íntimas

Para la mujer es de suma importancia que el marido le prodigue un trato cariñoso, cálido y afectuoso antes de la unión física. El Rabino Shlomo Wolbe *zt"l* escribe: "La intimidad física es un soborno muy poderoso, pero la mujer no se deja engañar por él. Al contrario, durante el contacto físico ella puede sentir un gran dolor por la falta de cercanía sentimental". Porque hay que saber: la unión física es la cumbre de la intimidad, pero a cada cumbre se llega atravesando distintas etapas. La intimidad física que carece de cercanía sentimental y emocional es algo que le resulta muy ofensivo a la mujer. A la mujer le interesa principalmente la consideración y la intimidad espiritual, es lo que ella valora y necesita. Cuando recibe esa clase de trato de su esposo, entonces también desea la unión física con él. Pero si él no le demuestra una genuina consideración y amor, así como también una cercanía constante de mente y alma, entonces ella siente repulsión de sólo pensar en mantener relaciones íntimas. La cercanía física que no surge de una cercanía de mente y alma es algo degradante y doloroso para la mujer.

La enseñanza anterior constituye el fundamento de una relación conyugal exitosa. Además, todo el éxito del hombre en el campo financiero, es decir, si tendrá poco o mucho sustento, si le llegará fácilmente o no, con satisfacción o con dolor, depende del auténtico amor y respeto que siente y da a su esposa. Tal amor es el resultado de un trabajo personal del marido para sucumbir a su apetito y deseos lujuriosos, así como también el aumentar su reconocimiento de las necesidades emocionales de su esposa.

El deseo de la mujer hacia su marido, no se refiere a lo físico, sino a recibir una atención calurosa y amorosa. Si esto falta – lo esencial falta; cuando el marido no le da a su mujer una relación y una atención sincera, entonces todo falta. Peor todavía, en un nivel espiritual, el marido podría ser culpable de violación ya que toda esa "unión" es simplemente para saciar sus apetitos provechándose de su esposa como si fuera un aparato...

El término bíblico usado para el Precepto de la unión física es *Oná* – que se traduce literalmente como *"el tiempo de la esposa"*. Es un tiempo especial dedicado *a la mujer* con todo lo que esto pueda implicar. Por lo tanto, quien de verdad desea cumplir con este elevado Precepto y alegrar a su esposa a través de su cumplimiento, debe dirigirse a ella con una genuina voluntad de unirse en un nivel emocional, y tener mucha paciencia y delicadeza. Hay que alabarla, darle mucho amor y cariño, escucharla, expresar gratitud por todo lo que hace por él, decirle cuán importante es ella en su vida. Éstos son los pasos para escalar la montaña de la intimidad. En la cima se encuentra la unión física que debe estar imbuida de amor, cariño y el deseo de unirse a ella como un alma, no sólo un cuerpo.

Resulta que cuando un marido es lujurioso no puede cumplir con el Precepto de *Oná* ya que no puede satisfacer a su esposa pues busca sólo satisfacer su propias "necesidades físicas" para descargarse de la suciedad que ha acumulado por no cuidar sus ojos y sus pensamientos. De hecho, él viene para realizar su propio *Oná* –'el tiempo de él'– no el de ella. Si se acerca a su esposa sin intención de expresar su amor por ella o querer alegrarla de verdad, él no puede cumplir con el Precepto, y su esposa ciertamente lo sentirá. Esto puede generar un ciclo vicioso de acontecimientos, como hablaremos en la siguiente sección.

El acto de la unión física sirve a la esposa como un medio para experimentar el amor de su marido por ella. Si el amor falta, ella no tiene ninguna necesidad o deseo del acto en sí. Ella no desea ese tipo de unión y prefiere más bien dormir. Está cansada y todo ese acto motivado por un apetito animal no le interesa y le da lástima por el tiempo perdido que podría aprovechar para descansar del trabajo del día.

Ésta es la regla: toda mujer normal no tiene aquellos apetitos lujuriosos que tienen los hombres. Un hombre puede codiciar cualquier mujer que mire, sea una mujer extraña, vieja o joven, y no importa si se encuentra frente a él o en una foto, y hasta un vestido colgado para secar de una mujer puede excitarlo y hacerlo fantasear. Las mujeres sanas no tienen aquella locura y su único deseo es hacia su esposo. Si una mujer en un millón nace con tal apetito y lujuria es por ser un varón reencarnado en mujer, o una mujer que a la que abusaron y le lavaron el cerebro hasta introducir y desarrollar en ella tal lujuria. ¿Has visto a una mujer mirar fotos de hombres, como los hombres depravados tienen la costumbre de hacer con fotografías de mujeres, y perder la cabeza por esas imágenes que despiertan sus deseos y visiones?

En resumen, la proximidad física no significa el tipo de unión que la esposa anhela. Ella tiene que sentirse amada en su totalidad – alma, mente y cuerpo. Cuanto más el marido esté lejos de la santidad personal, menos éxito tendrá en unirse con el alma de su esposa, y por lo tanto, ella se alejará de él cada vez más. Pero, la esposa del marido que trabaja en su santidad y logra purificarse de la lujuria, estará más enamorada de él, se sentirá más atraída y lo anhelará.

Círculo vicioso

En 'El Libro de los Atributos' (tema 'Dinero' 2:27) Rabí Najman escribe: "El que separa a un hombre de su esposa por medio de embellecerla ante su marido, y luego degrada a su marido a los ojos de ella hasta que ellos se separan – tendrá graves problemas de subsistencia".

No vamos a tratar la causa por la cual el que provoca la separación pone en peligro su sustento, sino que nos concentraremos en su modo de acción – "embelleciendo a la esposa frente a su esposo". Esto no parece lógico. Parecería que si busca separarlos debería degradar a la mujer a los ojos de su marido diciéndole qué fea y simple es, que no es bastante buena para él, etc., y luego debería despreciar al marido a los ojos de ella. Pero, ¿¿cómo el hecho de embellecer a la esposa lleva a la separación de la pareja??

Esto puede ser entendido según la regla espiritual ya mencionada. Embelleciendo la esposa a su marido, el provocador despierta y aumenta el apetito del marido hacia ella. Sintiendo su lujuria, la esposa sentirá repulsión hacia su esposo. Luego, el provocador refuerza esta impresión criticando y degradando al marido frente a su mujer y así un círculo vicioso es creado: el marido quiere tener relaciones intimas con su esposa mientras ella lo rechaza, lo que ciertamente lo enfada y se provoca entonces una terrible separación entre marido y mujer que puede terminar muy mal.

Liberarse del infierno

Durante los años en los que me ocupo en ayudar a la gente, en escuchar sus problemas, sufrimientos y dificultades que padece, y en la búsqueda de remedios para todas las numerosas enfermedades espirituales que existen en nuestra generación, me topo regularmente con el fenómeno del derrumbe espiritual y la destrucción de la paz hogareña, provocados por un esposo que cayó en el infierno de su propia lujuria.

Voy a relatar un caso que ocurrió al principio de mi camino. Mi Maestro, el Rabino Eliezer Berland *shlit"a*, me envió para tratar de lograr la paz hogareña entre una pareja. Fui a su casa y hablé con la esposa. Ella me relató que sentía una repugnancia total hacia su marido debido a que él estaba dominado por un terrible apetito sexual, y ella había llegado a tal grado de repugnancia que ya no estaba dispuesta a continuar la vida conyugal.

Volví al Rabino y le dije: "No hay nada para hacer, el marido es tan concupiscente que su mujer no puede vivir más con él". El Rabino me contestó: "Si es así, de verdad no hay nada que hacer...".

Muchos maridos se dirigen a mí sufriendo de una situación emocional difícil, con confusiones, temores, ansiedades. Existen quienes, de hecho, que hasta quieren suicidarse. De acuerdo a lo que describen ya cayeron en el infierno de la lujuria... Ellos desean todo el tiempo a sus esposas hasta volverse locos – hasta que el cerebro se les consume...

Yo les digo que lo primero que tienen que hacer es alejarse de todo lo que puede provocarles esa sensación de lujuria: Dejar de dormir en la misma habitación con su esposa, cuidar su vista incluso en la casa y por supuesto fuera de casa, y ni hay que mencionar no ver cosas inmodestas por internet, televisión, etc. Además deben decir los diez Salmos del *'Tikún HaKlalí'* (16, 32, 41, 42, 59, 77, 90, 105, 137, 150) cada día e ir a la *Mikve* de los hombres al menos una vez por semana. Más que todo, deben buscar la ayuda del Creador en la lucha contra su impulso hacia la lujuria, dedicando un tiempo extenso a la plegaria personal rogándole a HaShem que los salvarle de aquella suciedad, del infierno de la lujuria en que se encuentran.

Ciertos maridos hasta critican a sus mujeres por negarse a sus apetitos y esperan que yo les dé la razón y hable con sus esposas para demostrarles su gran error y decirles que no cumplen con su deber. Para su gran asombro, no sólo no los justifico, sino que les informo que si *ellos mismos* no abandonan sus deseos lujuriosos – no dejarán de sufrir.

La situación sana y el único buen camino entre un marido y su mujer está descrita a principios del libro del Génesis (3:16): "Y hacia tu esposo será tu deseo, y él te dominará" – y no al revés. Por lo tanto, quien quiere gozar de la paz doméstica debe liberarse de ese apetito dañino.

La aniquilación de la lujuria es esencial para la paz hogareña. Nuestros Sabios han llamado el cuidado de la santidad personal la 'guardia del fundamento'. La santidad personal es el fundamento de la *Emuná* y de cada buen rasgo de carácter. Todo el tiempo que no corrija, se le apegan al hombre defectos y malas cualidades como la ira, la tristeza, la mentira, y otras inclinaciones negativas que son la causa directa de la destrucción del hogar. No obstante, al dominar ese deseo destructivo y lograr la santidad personal, el hombre tendrá el mérito de crear un espacio y una tierra fértil en la cual pueda desarrollar todos los buenos rasgos de carácter, corregir sus defectos y adquirir buenas cualidades – como una fe fuerte, humildad, tranquilidad de espíritu, ánimo, paz interior, alegría y paciencia y lograr así la paz conyugal.

Santidad

En el segundo libro de Reyes (cap. 4) se cuenta la historia de la Sunamita, una mujer que cedió una alcoba de su casa al Profeta Elishá (Eliseo), con el fin de que él pueda dormir por la noche en cada una de sus visitas. La mujer describe al profeta a su marido como un piadoso justo (ver. 9): "He aquí yo sé ahora, que el que pasa por nosotros siempre, es un sagrado Varón de Dios".

El Talmud (tratado *Berajót* 10b) pregunta: "¿Cómo supo ella que él era un hombre santo?". Dos grandes Sabios, Rav y Shmuel, aportan cada uno otra explicación. Uno dice que ella nunca vio una mosca en su mesa, y el otro que ella nunca vio rastros de emisión nocturna sobre la sábana de su cama. Comprendemos que esta última opinión demuestre su santidad, pero – ¿por qué la ausencia de mosca en la mesa es un signo de santidad? ¿Por qué donde reina la santidad, las moscas están ausentes?

Por ese mismo motivo no había moscas en el Templo Sagrado de Jerusalén, aunque todos los días se sacrificaban allí muchos animales y había profusión de sangre, grasas y excrementos. Al ser el Templo el lugar más santo, las moscas estaban ausentes.

El Maharshá explica que la mosca es un insecto impuro y que la mesa simboliza al santo altar. Por lo tanto, tal como en el Templo ninguna mosca aparecía por la santidad que reinaba allí, así la mesa del Profeta Elishá reflejaba su santidad.

Resulta que ambas opiniones del Talmud son idénticas y complementarias. Rav y Shmuel divergen respecto a lo que la mujer vio y lo que le lleva a la conclusión que Elishá era un hombre santo. Uno afirma que ella vio la mesa y el otro su cama, pero ambos se refieren a la santidad personal de Elishá respecto a su cuidado del *'Brit'*.

Rabí Najman (El Libro de los Atributos, tema 'Amor' 2:2) desarrolla esta idea: "El amor de la mujer por su marido es reconocido según las moscas y los mosquitos que hay en la casa. Además, según el amor que hay entre la pareja puede saberse si la Mala Inclinación ya fue debilitada o no". Es decir que según aquellos insectos podemos saber si el marido logró la santidad personal y, como resultado, si su esposa le ama, ya que hemos aprendido que la mujer puede amar de verdad sólo a un marido que cuida su *'Brit'*, pero si él está dominado por sus deseos físicos – ella no puede tolerarlo.

Además, aprendimos que según la intensidad del amor es posible saber si la Mala Inclinación ya está debilitada, pues el amor es posible sólo cuando la lujuria del marido está debilitada. Sólo en ese caso puede reinar un amor desinteresado, un amor que descansa en el diálogo – un amor entre dos seres humanos y no un mero lazo carnal.

Paz al alejado

Ahora podemos entender lo que dice el *Midrash* (Bereshit Raba 54) sobre el versículo (Proverbios 16:7): "Cuando HaShem se complace con los caminos del hombre, hasta sus enemigos se reconcilian con él". "Rabí Yojanan dice: 'En este versículo *'sus enemigos'* se refiere a su mujer'; Rabí Yosef ben Levi dice que se refiere a la Mala Inclinación. Rabí Jiya dice: 'Sus enemigos se reconcilian con él' – incluye a los seres maléficos, es decir las moscas y los mosquitos".

De hecho, este *Midrash* resume todo lo que aprendimos hasta aquí: Cuando el Creador asiste al hombre y le ayuda a vencer su Mala Inclinación relacionada con la lujuria, entonces puede gozar de una paz auténtica con su esposa. Por consiguiente, ningún ser maléfico, no moscas ni mosquitos, habita en su hogar.

La única forma de "hacer las paces" con la Mala Inclinación es por medio de someterla, es decir anular el apetito de la lujuria en absoluto. Por lo tanto, que el hombre no cometa el error de creer que si obedece a su Mala Inclinación, ella le dejará en paz. Todo lo contrario – sólo al someterla totalmente lo dejará tranquilo. Pero si la obedece, el deseo le exigirá siempre más, como enseñaron los Sabios: "El hombre muere sin satisfacer la mitad de su deseo".

Y en esto se equivocó incluso el Rey David cuando HaShem le informó que le iba a probar tentándole con una relación prohibida. El Rey David decidió entonces tener relaciones íntimas con su esposa durante el día, creyendo que así se sentiría satisfecho y le impediría desear a otra mujer. Pero nuestros Sabios ya advirtieron: "Hay un pequeño miembro en el hombre, si se lo satisface – hay hambre de más, si se lo priva – hay satisfacción". Y así fue que fracasó en su prueba.

Nuestros Sabios dicen sobre el versículo (Deuteronomio 6:5): "Y amarás a HaShem, tu Dios, con todo tu corazón", que hay que amarlo con las dos inclinaciones, la buena y la mala, porque es necesario imponerse a la Mala Inclinación y forzarla para servir al Creador también con ella. Pero, todo el tiempo que la Mala Inclinación convenza al hombre que se puede servir a HaShem y mantener todos los apetitos y malos deseos, la paz es imposible. La paz es alcanzable sólo cuando la Mala Inclinación está sometida a la Voluntad Divina y se la usa para el servicio al Creador.

Un gran castigo

La esclavitud a la lujuria sexual es un castigo terrible y todo hombre que es poseído por ella sufre terriblemente – él arde constantemente por placeres imaginarios a los que nunca logrará dar satisfacción. En cambio, aquel que es liberado de ese apetito siente un auténtico placer, tiene el mérito de saborear una plegaria, de deleitarse con cada Precepto y de gozar de una profunda sensación de paz. Su mujer lo respeta, sus hijos le honran y se asegura que serán buenos y justos, como está escrito (El Libro de los Atributos): "Los hijos de aquel que domina a su Mala Inclinación nunca irán por mal camino". Éste hombre encuentra fácilmente los medios de subsistencia, posee buena memoria y vive en la alegría. Él saca provecho del placer más grande dado al hombre, anhelar la cercanía del Creador sin tener ningún otro deseo que lo perturbe.

Comprendemos pues que un contante deseo carnal por la mujer es, de hecho, un gran castigo. Sin embargo, el Talmud nos enseña la regla espiritual que "No hay tribulaciones sin transgresiones", así que el castigo de la lujuria debe haber sido precedido por alguna clase de pecado. Y ya que la arrogancia es la causa de casi todos los decretos y Juicios severos, cuando un hombre se encuentra esclavizado a la lujuria, es un signo que debe humillarse y anular su ego.

Nuestros Sabios han enseñado (tratado Sotá 4b) que la arrogancia es la fuente de la lujuria: "Todo aquel que se enorgullece – al final terminará por pecar con una mujer, tal como está escrito (Proverbios 6:26): 'Una mujer casada, el alma arrogante cazará...'". Si la arrogancia es la causa, entonces la humildad es la cura. Rabí Najman (Likutey Moharán I, 130) usa este principio para explicar el incidente de la difamación de Moisés por Miriam y Aarón: En el libro de Números (12:1–3) está escrito que Miriam y Aarón hablaron sobre Tzipora, la excepcionalmente hermosa mujer con la que Moisés, el hermano de Aarón, se había casado. Ellos habían descubierto que Moisés ya no tenía ningún contacto físico con ella debido a su relación profética muy cercana con HaShem. Ellos pensaban que él se casó con ella por su belleza y no podían creer que no tuviera un contacto íntimo con ella. Por lo tanto, la Torá declara que el Creador mismo atestigua que (id.): "Y el hombre Moisés era muy humilde, más que cualquier hombre sobre la faz de la Tierra". Rabí Najman explica que en este versículo la Torá proporciona la respuesta a Miriam y a Aarón: Moisés era capaz de alejarse de todo contacto físico con su esposa debido a su extrema humildad.

El Zohar enseña (Levítico 15b) que el trabajo principal de la Mala Inclinación es conducir el hombre a la lujuria. Su primordial enfoque es lograr que el hombre viole su santidad personal – ya que es éste el camino hacia todo mal posible. ¿Y qué es lo que le abre la puerta a la Mala Inclinación? El orgullo. A esta luz podemos explicar la declaración Talmúdica (tratado *Sucá* 52) que "Cuanto más grande es el hombre que su prójimo, así más grande es su Mala Inclinación" – cuanto alguien es 'más grande', es decir más orgulloso que el otro, así más desarrollada es su Mala Inclinación y le domina más con el apetito sexual.

No te engañes

El hombre no debe engañarse a sí mismo y pensar que tiene un nivel espiritual que le permite abstenerse completamente de relaciones físicas con su esposa como Moisés. Ése es un nivel reservado sólo para los más grandes Justos, la élite espiritual de las generaciones, que fueron ordenados explícitamente hacerlo. Esos grandes hombres lograron la humildad con perfección, le dieron a sus esposas el respeto absoluto, las alegraban completamente y les dieron muchísimo amor; sus mujeres ocupaban el primer lugar en sus vidas y, por supuesto, ellos nunca se sintieron superiores a ellas, no las despreciaron ni las ofendieron. Ellos sólo las animaban y las alababan en tal forma que ellas nunca sintieron ninguna falta o necesidad de tener relaciones físicas con sus maridos.

Aún, para hombres como nosotros, la tarea es alejarnos de la lujuria lo más posible, ser humildes y vivir con nuestras esposas conforme a la Ley de la Torá y hacer todo lo posible para hacerlas felices.

Uno podría preguntar: ¿Cómo es posible que aquellos grandes Justos reciban la ordenanza de alejarse de tener relaciones intimas con sus esposas – después de todo, hemos aprendido que es una necesidad emocional muy fuerte en la mujer? Además, es un Precepto explícito de la Torá y un deber del hombre hacia su esposa, ¿¿acaso ellos tenían alguna otra Ley??

La respuesta es muy simple: Ya que el nivel de la conexión de la esposa con su marido depende directamente de la conexión del marido con el Creador, aquellos Justos que alcanzaron una humildad perfecta y lograron apegarse totalmente al Creador, consiguieron que también sus esposas estén conectadas con ellos enteramente. Por lo tanto, el espacio que el Precepto de las relaciones íntimas viene a llenar, se completa con una perfecta forma espiritual por la que la mujer ya no tiene ninguna necesidad de la conexión física. En otras palabras, aquellos Justos excepcionales cumplen a la perfección tanto la ordenanza específica que recibieron como el Precepto de la Torá.

Entendemos entonces que toda mujer cuyo marido no llegó al nivel de Moisés −como todos nosotros−, tiene la necesidad de tener relaciones íntimas con su esposo según lo estipulado en el Código de la Ley Judía, el *'Shulján Aruj'*, en la sección que trata las leyes de la intimidad matrimonial (parte *'Oraj Jaim'*, 240#).

Muchos hombres, estimulados por la lectura sobre los elevados niveles espirituales de los grandes Justos, salen en busca de una santidad artificial, engañándose tener un nivel espiritual que no han alcanzado. El resultado es que dejan de cumplir sus deberes conyugales causando sufrimiento a sus mujeres y así, no sólo que no consiguen la santidad anhelada y transgreden un Precepto explícito de la Torá, sino que destruyen sus hogares con sus propias manos.

El verdadero trabajo para lograr la santidad y elevados niveles espirituales es por medio de la Plegaria Personal, la *Hitbodedút*. Por medio de aumentar y prolongar las plegarias sobre un tema requerido con mucha paciencia y determinación, el hombre podrá lograr la anulación total de todos los malos rasgos de carácter y apetitos mundanos, de uno en uno. Ésta es la única forma permitida de trabajo y que no es a expensas de su esposa.

Comenzar a trabajar

Ahora podemos comprender por qué nuestros Sabios han dicho que un soltero no puede ser llamado un hombre completo, ya que no puede llegar en tal estado a su perfección espiritual. ¿Por qué? Porque tiene poca motivación para cambiar y rectificar sus apetitos y su lujuria ya que no relaciona las consecuencias de sus actos a lo que le sucede en la vida.

Sin embargo, un hombre casado que cae en la lujuria, ve cómo en cada ocasión su deseo le incita a saciar su concupiscencia y cómo lleva a la destrucción de la paz en su hogar, transformándolo en un dolorido campo de batalla. Él entiende que debe hacer algo. Por lo tanto, llegará a la conclusión que lo único que puede hacer es clamarle al Creador rogándole que lo salve de la lujuria, que le ayude a anular todo apetito que siente hacia la belleza de las mujeres, la forma de su cuerpo y la concupiscencia. Al conquistar su lujuria, él merecerá el titulo de ser un 'hombre'.

Hay esperanza

Conforme a lo escrito hasta ahora, podría parecer que tenemos poca o ninguna esperanza para lograr la paz matrimonial. ¿Si la paz en nuestras casas depende del vencimiento total de nuestra lujuria y malos deseos, qué pasa hasta alcanzar tal nivel? Éste es un trabajo de muchos años, ¿serán nuestros hogares campos de batalla hasta entonces? ¿Serán nuestros hijos las víctimas de riñas y conflictos?

Aquí tenemos que saber otra regla espiritual importante – El Creador conduce al hombre conforme a su nivel espiritual particular, ya que "HaShem no viene con quejas a Sus criaturas". El Creador insinúa a cada uno, según su nivel, qué es lo que debe rectificar en su vida. Si el hombre presta atención al mensaje y se pone a trabajar, entonces ya ha tenido éxito.

Por consiguiente, lo principal es que el hombre reconozca la realidad y que sepa hacia dónde se dirige. Él debe saber que la prueba de la lujuria es la prueba primaria de su vida y uno de los principales objetivos del descenso de su alma a este mundo bajo. Debe saber que para tener éxito en su misión personal está obligado a superar la lujuria y repudiar por completo ese deseo. Él no debe pensar ni por un solo momento que puesto que la Torá le permitió a su esposa, tiene permiso de ser lujurioso. En cambio, debe saber que la lujuria le conduce a una destrucción inmediata de su hogar y de toda su vida.

El marido debe rezar diariamente por la protección de su mirada. Debe saber que con cada mirada prohibida él transgrede varias prohibiciones de la Tora. Debe también rezar para no mirar a su mujer en forma lujuriosa. Debe saber que la Voluntad Divina es rezar por esto cada día. Sin tal plegaria, seguramente tropezará. Él debe rezar y pedirle a HaShem con insistencia que le libere de la lujuria hasta el punto de que no tenga más ningún deseo por aquel apetito y placer ilusorio.

Cuando le esté claro al hombre cuál es su tarea y la hará lo mejor posible, entonces HaShem no tendrá que darle ásperas llamadas de atención. Tal persona progresará en la escala espiritual hasta llegar al pico de la santidad personal. Entonces, tendrá éxito en este mundo y en el Venidero, ya que la santidad personal es la fuente de todas las bendiciones – es la puerta al Cielo, a todas las bendiciones y al éxito verdadero en esta vida. Es por esto que nuestros Sabios apodaron la santidad personal como la 'guardia del fundamento', y su violación como la 'violación del fundamento' – para enseñarnos que la santidad personal es la base de todo.

¡Advertencia importante!

El marido debe saber bien que todo sus esfuerzos para lograr el *'Tikún HaBrit'* –rectificar su santidad personal– es exclusivamente entre él y el Creador. Nunca debe hablar con su mujer y ni una sola palabra sobre la santidad o la abstinencia de los placeres corporales, pues ella lo podrá interpretar como una ofensa creyendo que él no la ama y se niega a unirse a ella. Por lo tanto sus esfuerzos deben ser canalizados a la plegaria, rogándole a HaShem que le ayude a desembarazarse de ese apetito dañoso.

Cuando uno se esfuerza a liberarse de la lujuria, la Mala Inclinación lo persuade a posponer su obligación de tener relaciones íntimas con su esposa y hasta abstenerse completamente de ellas. Al negar a una esposa sus derechos conyugales, el marido no sólo es culpable de violaciones severas de la Torá, sino que entristece profundamente a su esposa. La mujer necesita y espera esa unión con su marido y no por un apetito físico sino, como hemos explicado, por una profunda necesidad emocional ya que el Creador Mismo estableció que "hacia tu esposo será tu deseo" (Génesis 3:16) y a la vez le ordenó al hombre que ¡"su derecho conyugal [de la esposa] – no disminuirá"! (Éxodo 21:10).

En efecto, cuanto más el marido alcanza la santidad personal, más su esposa le anhela. La obligación física es un complemento vital al enlace emocional y espiritual entre la pareja. Por esta razón, un marido debe tener cuidado en la realización de sus responsabilidades conyugales en una forma cariñosa y alegre. En caso contrario, tendrá que encargarse de una esposa triste, deprimida y frustrada, sin ganas de vivir que pasa sus días llorando.

Un marido que se esfuerza para lograr la santidad sin una guía apropiada, lo más probable es que sólo logrará la destrucción de la paz matrimonial. Eso mismo es la prueba que sus esfuerzos no vienen de la humildad y de un verdadero trabajo personal, ya que no se volvió más sensible a las necesidades emocionales de su esposa. Sus actos de "santidad" son simplemente una expresión de su orgullo pensando que él es el "célibe santo" y su esposa no es más que una mujer lujuriosa. Por lo tanto, su corazón se atasca y su comportamiento se vuelve cruel y desconsiderado.

E incluso si acepta otorgarle a su esposa sus derechos conyugales, la Mala Inclinación lo incita a pensar que ella le incita a la lujuria por querer relaciones íntimas con él. Él la acusa de ser el obstáculo en su camino hacia la santidad. ¡Él la inyecta con el veneno de la culpa hasta que ella se siente totalmente frustrada y comienza a perseguirse a sí misma por el mero deseo que HaShem Mismo infundió en ella! De hecho, la mujer no tiene ningún trabajo espiritual que hacer sobre la lujuria ya que simplemente no la posee. Y no sólo eso, sino que el Código de la Ley Judía requiere que ella se arregle para parecer atractiva a los ojos de su marido (véase *Even HaÉzer*, cap. 70, y en muchos otros lugares en el *Shulján Aruj*). Ella ahora tiene sentimientos de culpa pensando que está equivocada, ya que cree que es quien obstruye el servicio al Creador de su marido. Tal esposa desafortunada se encuentra en un remolino peligroso de frustración y confusión. Su marido, al no querer cumplir con las obligaciones conyugales hacia su esposa, la atormenta, y también cuando sí está dispuesto a acercarse a ella – la atormenta y la culpa. El resultado – el "célibe santo" termina por destruir su casa, su matrimonio, la cordura de su esposa y su servicio al Creador – con sus propias manos.

Otra estratagema de la Mala Inclinación para atrapar al marido es aconsejarle a hablar con su esposa y convencerla cortésmente dejarle renunciar a las relaciones conyugales en aras de su persecución de la santidad. Como hemos mencionado, tal solicitud es un insulto extremo para la esposa y una demostración que él ya no le ama y no la desea.

Rabí Najman de Breslev enseña (*Likutey Moharán* II, 32) que la unión impecable entre un marido recto y una esposa recta en este bajo mundo material es tan elevada, que hasta la unión espiritual del Nombre Sagrado de HaShem en los mundos superiores depende de ella. El Talmud declara (tratado *Sotá* 17) que la Presencia Divina mora entre un digno marido y su digna esposa. Como tal, la unión en este mundo material en santidad entre marido y esposa es algo tremendamente elevado.

Un marido debe saber por lo tanto que le está prohibido detener las obligaciones conyugales hacia su esposa y cumplirlas según el tiempo y la forma que la *Halajá* determina. La esposa debe sentir el amor de su marido por ella y no sus esfuerzos por ser santo. El marido que realmente desea la santidad personal en los tres niveles de "pensamiento, habla y acción" podrá lograrlo sólo a través de dedicar extensas sesiones de plegaria personal.

El cumplimiento del Precepto de las relaciones conyugales periódicas debe ser realizado, tan como cualquier otro Precepto, con una gran alegría por tener el gran mérito de cumplir la voluntad del Rey de reyes, el Creador del Universo. Un marido nunca debe estar triste, nervioso, tenso o asustado al cumplir su obligación hacia su esposa. La santidad y la pureza sexual no significan estar deprimido y nervioso sino anular la ilusión de los apetitos mundanos. Por consiguiente, él debe actuar en una forma natural, con suavidad, cariño, consideración, y alegrarse por estar con su esposa. Sus pensamientos deberían ser elevados y expresar un gran amor por su esposa. Es importante rezarle a HaShem antes de las relaciones conyugales, y pedir Su ayuda en la realización de este Precepto en la manera apropiada sin buscar el apetito carnal sino el cumplimiento de la Voluntad Divina. En efecto, cuanto más el marido anula su propia lujuria, más puede ser paciente y alegrar a su esposa en la unión física.

En resumen, uno sólo puede alcanzar la auténtica santidad por medio de un trabajo personal acompañado por muchas plegarias y no por medio el descuido de las obligaciones conyugales hacia su esposa. El hombre debe saber que el trabajo de vencer la lujuria corporal es sólo de él, y que es un nivel espiritual que cualquiera puede alcanzar (véase *"Shivjey HaRan"* - Las Alabanzas de Rabí Najman, 17). El *'Tikún HaBrit'*, la rectificación de la santidad personal, es la fuente de todas las bendiciones y la puerta a todos los éxitos tanto en este mundo como en el Mundo Venidero.

Capítulo Siete:
Un Hogar de Plegaria

El siguiente hecho nos enseñará una gran lección sobre la relación entre la paz conyugal y la *Emuná:*

Al escuchar mis CDs un joven se acercó al camino de la *Emuná*, la fe auténtica, y pronto empezó a asistir a mis charlas. Durante un período muy largo asistió a las clases pero no progresó mucho en términos de observancia práctica. Sin embargo, había una cosa con la cual se conecto enseguida, la fe simple y la *Hitbodedút*, la Plegaria Personal, o sea dirigirse al Creador en nuestro propio lenguaje.

Aunque no lo pareciera, él pronto se volvió un verdadero 'hombre de plegaria'. Tenía mucha fe en la fuerza de la conversación personal con el Creador y era capaz de lograr, con facilidad, varias horas de *Hitbodedút* por día y consiguió ver cómo sus plegarias eran aceptadas. Todo a pesar de que su avance en el cumplimiento de la Torá era casi nulo.

Una noche, al final de mi charla, se me acercó y me contó que había conocido a una muchacha que, aunque no compartía su interés en el camino de la fe en absoluto, le gustaba mucho y deseaba casarse con ella.

Habiendo seguido su progreso espiritual durante un tiempo no despreciable, le conocía bien y sabía que a pesar de su lento progreso se movía en la dirección correcta. Ya había comenzado a colocarse los *Tefilín* (filacterias) y estudiaba un poco de Torá. Yo pensé que sería mejor para él casarse con una muchacha que estaba interesada en el mismo camino. Le aconsejé no casarse con ella y le dije: "¿Por qué experimentar una prueba tan difícil de falta de comunicación y de tensiones en el seno de la pareja?".

Me contestó que aunque, en efecto, deseaba fortalecerse en el camino que había comenzado, él no se veía casándose con una joven observante. Dijo que esta joven le parecía justamente el mejor partido y que esperaba que todo se arreglara.

No discutí con él y se casó con ella.

Ésta es tu rectificación

No pasó mucho tiempo después del matrimonio que el muchacho vino a verme con una cara triste y comenzó a describirme las grandes dificultades que tenía con su esposa. Ellos simplemente no se ponían de acuerdo. A ella le interesaban sólo los teléfonos celulares, pasar un buen rato y todo tipo de cosas superficiales que a él no le interesaban más. Él tenía una perspectiva diferente de la vida, otras aspiraciones, su crecimiento espiritual. Él simplemente no podía encontrar algún punto en común para comunicarse con su esposa. Ahora le parecía frívola y su amor por ella ya no era el mismo.

"Parece que tenía razón, rabino", me dijo avergonzado. "¿Qué tengo que hacer ahora? ¿Debo divorciarme de ella?".

Con una gran sonrisa le dije: "En absoluto mi querido. Antes de tu matrimonio, te aconsejé no casarte con ella, pero ahora – ella es tu esposa. ¡Ni hablar de volver atrás! ¡Ésta es tu rectificación espiritual! Sabes hacer *Hitbodedút* – ¡comienza a trabajar!...".

Comencé a guiarlo sobre qué debe rezar, cómo debe trabajar sobre sí mismo – corregir sus rasgos de carácter, aumentar su fe, y como nunca debería criticar a su esposa sino honrarla y amarla. Lo fortalecí constantemente diciéndole: "Ésta es tu esposa, punto. Si la Supervisión Divina quiso que te casaras con ella significa que ella es la otra parte de tu alma y tu corrección espiritual. Tienes que utilizar la fuerza de la plegaria para resolver cualquier problema hogareño que se despierte.

Este muchacho que no era de ninguna manera perezoso con respecto a la plegaria personal, comenzó a trabajar sobre sí mismo de manera prodigiosa. Él rezaba diariamente durante horas enteras. Le Suplicó y Le pidió a HaShem que le otorgase el mérito de saber controlarse, callarse, no criticar, alegrar a su esposa y honrarla. Como resultado de su gran esfuerzo, logró un estado de paz conyugal con una relativa tranquilidad.

Subiendo de nivel

Un año y medio de matrimonio pacífico pasó. Una noche, el muchacho vino a verme con un problema nuevo: "Querido rabino, gracias a Dios gozo de la paz hogareña. Ese ya no es un problema para mí. No tengo dificultad para enfrentar las pruebas que me llegan de mi esposa. Veo sólo al Creador. Nunca le devuelvo con la misma moneda. Por el contrario, le hago el bien sin límites. Está claro que si me llegan sufrimientos de parte de mi esposa los merezco todos... Acepto con amor sus quejas y sus expresiones de insatisfacción... En cuanto a la paz en el hogar – todo va muy bien".

"Hay un solo problema ahora: Tengo un enorme deseo de vivir una vida de Torá, vivir en un una comunidad de Torá, pero mi esposa, ¡simplemente no tiene ninguna relación con eso en absoluto! ¡Nada de nada! Yo no le digo ni una palabra sobre el tema, pero le pregunto a usted, mi Rabí, "¿tal vez, después de todo, somos incompatibles y debemos divorciarnos?

Lo miré con asombro. Había comprobado cuánto él había avanzado desde su matrimonio. Él quería ahora vivir una vida de Torá, lo que estaba antes muy lejos de sus aspiraciones. Percibí que había alcanzado un alto nivel de *Emuná*. Vivir

con una esposa que se quejaba constantemente y aceptar todo
con amor no era nada fácil. Su trabajo sobre sí mismo y su
crecimiento personal eran muy notables. Él irradiaba humildad
y su fisonomía era luminosa. Era un placer mirarlo.

Cuando se trabaja – todo es para bien

Comprendí entonces qué maravillosa lección de *Emuná*
el Creador me estaba enseñando. Yo siempre tenía la fe que
todo lo que HaShem hace es para bien, ¡pero en este caso era
tan evidente y claro! Después de todo, este joven casándose
aparentemente se había colocado en una situación muy
difícil. Hasta podemos decir que parecía haber cometido el
error de su vida. Sin embargo, al aceptar la realidad con fe
y considerar que la situación requería trabajo, se le reveló la
verdad en toda su potencia: La situación en la cual el Creador
coloca al hombre siempre está dirigida hacia el bien – pero
hay que trabajar.

Precisamente por medio de su pesar y el enfrentamiento
con una prueba tan dura, este joven se despertó a rogarle al
Creador desde el fondo de su corazón, abundar en sus plegarias
y trabajar sobre sí mismo con toda su fuerza. El resultado: tuvo
el mérito de lograr un maravilloso acercamiento a HaShem
que nunca hubiera conseguido de otra forma.

Si se hubiera casado con una mujer piadosa –como yo
mismo había pensado– es posible que hubiera consagrado
una hora al día a la plegaria personal, pero sin la pasión y
la profundidad de las oraciones que alcanzó a causa de las
dificultades con su esposa. Seguramente no hubiese tenido el
mérito de alcanzar tal nivel espiritual que muy pocos llegan
a obtener.

Él había avanzado de una manera envidiable. Mereció
reparar fundamentalmente sus rasgos de carácter. Él, que era
una persona irascible, tenía ahora una paciencia a toda prueba.

Aceptaba los reproches de su mujer con fe, la beneficiaba sin esperar reciprocidad, la mimaba y la honraba. Si no hubiera tenido que pasar tal prueba con su esposa – nunca habría llegado a estos logros.

Aquí se revela la grandeza prodigiosa de la Supervisión Divina. Cada uno debe extraer una lección de esta historia. Seguro que nadie a primera vista desea pasar pruebas difíciles o tribulaciones, y que es preferible que el hombre se esfuerce para despertarse a trabajar sobre sí mismo sin pesar, ¡pero después del hecho consumado, cuando llegan los grandes sufrimientos y las pruebas difíciles – es lo mejor que hay! Lo impulsa a rezar, a trabajar sobre su *Emuná* y a mejorar su carácter, lo que le producirá los mayores beneficios que le acompañarán durante toda la vida.

Un final feliz

Regresemos a la historia. Finalmente, cuando me preguntó si debía divorciarse, le respondí: "¡De ninguna manera! ¡HaShem te dio un regalo y aún te queda trabajo! Trabajaste sobre ti mismo muy bien pero ahora tienes un nuevo proyecto. De todos modos practicas diariamente varias horas de *Hitbodedút,* consagra desde ahora en adelante una hora de plegaria por tu mujer – ¡y ella se transformará! No pienses en ninguna otra cosa. ¡Ésta es tu misión!".

Está de más mencionar que desde el momento que empezó a dedicar una hora diaria de plegaria por su esposa, comenzó a ver en ella cambios en la dirección deseable. Es evidente que si se dedica una hora diaria de plegaria por alguien que los resultados llegarán. La pareja siguió felizmente el camino hacia una vida de *Emuná.*

Podemos extraer dos lecciones muy importantes de esta historia:

a) ¡No hay ningún error en la Supervisión Personal del Creador! Antes del matrimonio se puede hacer preguntas y verificar si la potencial pareja nos conviene. Pero después del casamiento – ¡asunto concluido! ¡No hay más preguntas! El Creador Mismo forma las parejas y si el matrimonio se efectuó – esa fue la Voluntad Divina. ¿Te casaste? ¡Éste es tu *Tikún*, tu rectificación espiritual! El Creador no habría permitido este matrimonio si no hubiera un propósito espiritual. Al contrario, si se presentan problemas y dificultades es señal de que existe una rectificación por realizar. Entonces, hay que ejecutar el trabajo adecuado y pedirle a HaShem que te indique lo que tienes que hacer. Si aún no puedes comprender por sí solo, debes buscar el consejo de un rabino que sepa guiarte adecuadamente bajo el ángulo de la *Emuná*.

Por consiguiente, todos los pensamientos que atraviesan el espíritu de los miembros de la pareja que experimentan dificultades son:

"Tal vez fue un error, quizás nuestro matrimonio no fue 'hecho por el Cielo' o "¡Si sólo no me hubiera casado! ¿¿Cómo no me di cuenta que mi pareja tenía este carácter, y que ella es totalmente incompatible conmigo??", o "¡Ese casamentero! – ¡es todo por su culpa! ¡Me presionó y ahora estoy atrapado!" o "Tuve lástima de ella y no me atreví a decirle que no. ¿¿Qué puede hacer ahora??", etc.

Todos esos pensamientos son tanto improductivos como falsos. Culpar a un ser humano – sea a uno mismo, a la esposa, a los padres, al casamentero o al rabino – es pura herejía.

Seguro que antes del matrimonio hay que reflexionar pausadamente y no meterse en pruebas, como en nuestro caso donde el sentido común dictaba impedir el matrimonio. Hay que hacer preguntas y tener la capacidad necesaria para verificar que el hombre y la mujer son compatibles. El matrimonio no es una "agencia de asistencia social" – no nos casamos por piedad, porque sería "inconveniente" negarse o porque la casamentera presionó. Hay que estar seguro de fundar un hogar donde reinará el amor y la paz y donde los niños serán educados en el camino de la Torá. El hombre no debe entrar precipitadamente en una situación generadora de problemas, disputas y conflictos.

Todo esto es verdad antes del matrimonio. ¡Pero después, cuando el matrimonio es ya un hecho consumado y surge tal dificultad o tal problema, es la señal que "Así el Creador quiere" – ¡y hay que ponerse a trabajar!

Justamente las dificultades que se presentan refuerzan el hecho que esa fue la Voluntad Divina. ¿Por qué entonces HaShem "cegó" los ojos de la persona para impedirle ver que tal pareja es incompatible o que no tiene nada en común con ella? Ésta misma es la prueba que HaShem quiso que se casaran y que efectúen la corrección espiritual necesaria. Es por eso que, a pesar de toda lógica, HaShem procuró que se casasen; es por eso que la mujer fue "distraída" y "confundida" lo que causó que consintiera apresuradamente a casarse, o que el marido se doblegó a las presiones de la casamentera, etc. Todas estas "confusiones" y estos mismos "errores" que ocasionaron la boda indican que fue la obra del Creador, ya que si no fuera de tal modo, los miembros de la pareja nunca se hubieran casado por elección.

b) La segunda lección que aprendemos es que justamente el enfrentarse con las dificultades es lo que conduce al hombre a las cimas más altas. Sin problemas, tribulaciones y pruebas, es muy difícil de crecer. Por su naturaleza el hombre desea que todo le vaya bien y fácil y trata de escaparse de cualquiera dificultad. Por supuesto que no debemos procurar cómo complicarnos la vida con pruebas y dificultades pero cuando un desafío se presenta en nuestro camino, tenemos que saber que desde lo Alto nos están dando una oportunidad de elevarnos por medio de realizar el trabajo conveniente. Esto lo vemos en esta historia y con los Justos de todas las generaciones quienes enfrentaron numerosas pruebas en sus vidas y fue eso mismo lo que les permitió alcanzar su alto nivel.

Por lo tanto, nuestro deber es fortalecer nuestra fe y, cuando el Creador nos coloca en una cierta situación, ¡he aquí su reparación!

Por lo tanto, nuestro deber es fortalecer nuestra fe y saber que en toda situación en la que nos encontramos, es el Creador Quien nos colocó allí. Tenemos que recordar que ésta es nuestra misión personal, que es para nuestro propio bien y es lo que nos conduce a nuestra corrección del alma por la cual llegamos a este mundo. Al aceptar el desafío y trabajar para superarlo, definitivamente alcanzaremos cosas maravillosas que no podríamos haber conseguido de ninguna otra forma.

Paz por medio de la plegaria

La plegaria es una condición indispensable para la paz doméstica. ¡El hombre no puede gozar de la paz en el hogar sin rezar! Sin la oración el hombre no puede sacar provecho de ningún consejo o estrategia. Incluso si estudia todos los libros que haya sobre el tema, cumpla los mejores consejos y trate de comportarse como un marido modelo que tiene las mejores virtudes – no logrará la paz hogareña sin la plegaria. ¿Por qué?:

El primer motivo: ¡Una *verdadera* paz doméstica es algo totalmente sobrenatural! Tal como enseñaron los Sabios: "Formar una pareja es tan difícil como la separación del Mar Rojo". Es decir que encontrar pareja es un milagro similar a la separación de las aguas del Mar Rojo y su transformación en tierra firme. Los miembros de la pareja son dos polos completamente opuestos, y para unificarlos en una unión auténtica y permanente se requiere un milagro. ¿Y cómo se puede lograr un milagro, o sea la modificación de la naturaleza? Por medio de la plegaria, como está escrito (*Likutey Moharán* I, 7): "La plegaria está por encima de la naturaleza. Lo que 'dicta' la naturaleza – la plegaria puede cambiar".

Además, para que el amor entre la pareja sea completo, permanente y durable sus miembros deben rezar uno por el otro, como se menciona (El Libro de los Atributos) que cuando una persona reza por su prójimo – eso causa que éste sienta amor por ella. Del mismo modo, cuando el marido reza por su esposa – ¡este simple acto de plegaria causa que ella lo ame más! Por esto tanto el marido como la esposa deben rezar uno por el otro, lo que llenará el corazón del cónyuge con más y más amor hacia su pareja.

El segundo motivo: Rabí Najman enseña (*Sijot HaRán* 263): "Es muy común que haya discordia entre las parejas jóvenes que las lleva a separarse por un cierto tiempo y algunas veces hasta definitivamente. Ésta es la obra de la Mala Inclinación, quien utiliza todo tipo de trucos e invierte muchos esfuerzos para atrapar a los jóvenes en su trampa por medio de destruir su paz matrimonial…".

¿Qué se hace pues? Enseñaron los Sabios: "Sin que Dios Todopoderoso le ayude, el hombre no podrá vencerle [a la Mala Inclinación]". Es imposible dominarla sin la ayuda de HaShem, y en particular en todo lo relativo a la paz doméstica donde es particularmente agresiva. Por lo tanto, el hombre debe suplicar mucho y pedirle al Creador que le ayude a dominar a la Mala Inclinación que quiere perjudicar su paz hogareña.

El tercer motivo: La única manera para interiorizar lo que aprendemos es por medio de la plegaria. Está escrito en la Torá (Deuteronomio 4:39): "Sabe hoy y llévalo a tu corazón". Es decir que mientras el conocimiento no está integrado en el corazón – no afecta al hombre. No basta con estudiar o con saber algo intelectualmente para cumplirlo, sino que se le debe introducir en el corazón para poder cumplirlo. En efecto, los rasgos del carácter residen en el corazón. El hombre se conduce según sus sentimientos, no según el conocimiento intelectual. La forma de introducir el conocimiento en el corazón es por medio de la plegaria. Porque el corazón y la plegaria están relacionados, tal como nuestros Sabios enseñan: "¿Cómo se sirve al Creador con el corazón? A través de la plegaria".

Por lo tanto, aunque el marido conozca y aprenda todas las técnicas y tácticas para lograr la paz en el hogar, no las podrá llevar a cabo salvo que las introduzca en el corazón por medio de la plegaria. Y en particular consejos para la paz matrimonial que son difíciles de cumplir, ya que la Mala Inclinación invierte muchos esfuerzos en destruirla y en especial por medio de seducir al hombre a criticar y reprocharle a su esposa. Para poder evitar toda crítica se requiere mucha plegaria. Aunque el marido escuche miles de conferencias sobre el tema no le ayudarán a menos que dedique un tiempo fijo para dirigirse a HaShem y rogarle: *"Creador del Universo, ayúdame a no criticar más a mi mujer; ayúdame a tomar la firme decisión que nunca más la reprochare sino que sólo la elogiaré y la alabaré cada día..."*. Del mismo modo, para cumplir lo escrito en este libro, se debe resumir cada capítulo y extraer la idea expresada en él de un modo claro, para saber cuál es el verdadero camino a seguir. Luego, es necesario rezar y suplicarle al Creador para merecer cumplir lo estudiado.

El cuarto motivo: Rabí Najman enseñó que es necesario rezar por todo, hasta por el pequeño botón que falta en la camisa. El hombre debe rezar por cada cosa, grande o pequeña, y solamente luego actuar. Si no ruega, puede caer en la trampa de "Con mi propia fuerza y el poder de mi mano" (Deuteronomio 8:17) que es una gran herejía, creyendo que el resultado depende sólo de él, de su fuerza, de su sabiduría o de su talento. Eso mismo es ya un motivo suficiente para la caída, como dijo el Rey Salomón, el más sabio de los hombres (Proverbios 16:18): "La soberbia precede a la ruina; la arrogancia a la caída". El hombre debe pues multiplicar sus oraciones sobre cualquier asunto y pedirle a HaShem que le ayude a conducirse como es debido, a hablar lo necesario y que sus esfuerzos físicos sean beneficiosos.

En realidad, un hombre que no reza vive sin el Creador. Hacer la menor cosa sin rezar por su éxito es de hecho una declaración que la ayuda del Creador no es necesaria. ¿Cómo se puede tener un verdadero éxito sin HaShem? Odel, La hija del Baal Shem Tov, solía decir que en la plegaria de la salida del *Shabat* (sábado) que se inicia con las palabras "Señor del Universo", es necesario repetir varias veces la parte de "... ábranos las puertas de Ayuda Divina" ya que es lo que el ser humano más necesita en la vida.

La esencia de la paz doméstica gira alrededor de la plegaria. Sin la ayuda de HaShem una pareja no puede conseguir la paz verdadera y el amor auténtico. Los miembros de la pareja simplemente no son lo bastante fuertes para combatir sus diferencias o a la Mala Inclinación que se dedica a la destrucción de su hogar. El marido no será capaz de poner en práctica lo que aprende sin rezar por ello. Por consiguiente, el hombre debe estudiar bien este libro, escuchar y volver a escuchar nuestros CDs y rezar por cada cosa por más pequeña que sea, y con más motivo por algo tan importante como la paz doméstica. Quien actúa de esta forma merecerá gozar de la paz y de todas las bendiciones que trae con ella.

El poder de unos sesenta minutos

Una pareja vino a consultarme. Creí que querían que les ayude a instaurar la paz entre ellos. Pero después de hablar unos pocos minutos con la mujer, comprendí que venía por una muy diferente razón: ¡quería que yo convenciera a su esposo que por fin la libere y le dé el divorcio!

Comprendí que este caso era muy difícil. En situaciones similares habría existido la posibilidad de tocar el corazón de la esposa y prometerle que el marido cambiaría al seguir mi guía, y que hay que dar una oportunidad más para salvar el hogar. ¡Pero en este caso la mujer estaba sorda a toda proposición y no se le podía decir nada! La pareja ya había consultado en vano con numerosos rabinos y consejeros de todo género sin que nada ayudara. La mujer no estaba dispuesta a considerar la más mínima oportunidad de seguir viviendo con su marido. La única razón por la cual estaba dispuesta a verme fue por la apreciación que su esposo sentía por mí y creía que era una buena oportunidad para que yo le persuada a divorciarse de ella y poner fin a sus sufrimientos de tantos años.

Vi que sería una pérdida de tiempo y energía tratar de dirigirme a ella, pues no creía que su marido pudiera cambiar. Invité entonces al marido a conversar por separado y le dije: "¡Escucha bien! Tu mujer ya no tiene la intención de establecer la paz y seguir la vida matrimonial contigo. Lo único que desea es el divorcio. Hay sólo Uno que puede ayudarte ahora – es el Creador del Universo. Hazme caso, comprométete que a partir de hoy no pasará ni un solo día sin que dediques una hora entera, no menos de sesenta minutos, a la plegaria personal. Durante toda esa hora debes arrepentirte y hacer *Teshuvá;* debes rogarle y suplicarle al Creador que salve tu hogar, que establezca la paz hogareña, que abra el corazón de tu esposa para que te perdone por todas tus ofensas, que crea que tú la amas de verdad y que quiera darte otra oportunidad de vivir juntos…".

El marido se comprometió a cumplir con todo lo que le dije hacer, y de verdad mantuvo su promesa. Cada día hizo una hora de *Hitbodedút* con abnegación total, a pesar de grandes impedimentos. Hubo ocasiones en que, por muchas molestias, casi pasó el día entero sin su hora de plegaria personal. Aún, se esforzó a cumplir con su compromiso y no se fue a dormir sin realizar su *Hitbodedút* diaria aunque fuese muy tarde por la noche.

Una asombrosa transformación

Dos meses pasaron. De pronto recibo una llamada telefónica de la mujer que pedía verme. Recé a HaShem pidiéndole que me consintiera esta vez hablarle a la esposa sobre la paz doméstica; que llegue a su fin ese terrible sufrimiento, el derroche de dinero en abogados, etc., pero la verdad que no esperaba nada especial.

Tan pronto como la mujer comenzó a hablar, comprendí que era testigo de un milagro. "No creo lo que ven mis ojos", empezó a decir. "Mi marido cambió de un extremo al otro. Trabaja sobre sí mismo. Él tenía un carácter horrible, era tan colérico, nunca podía dominarse y hasta rompía cosas en la casa... Pero ahora, acepta las pruebas más difíciles con paciencia y calma. No puedo creer que un hombre pueda transformarse tan radicalmente. Cuanto más lo molesto más él continúa siendo benévolo y amable conmigo, ¡hasta tal punto que me avergüenzo!".

Ella ya estaba ahora dispuesta a escuchar acerca de la paz en el hogar. Todo había cambiado después de dos meses de una dedicación seria del marido a la plegaria personal.

Salí de la reunión, y quien me vio habrá pensado que había perdido la cabeza. Empecé a hablar conmigo mismo con excitación sobre el poder de la *Hitbodedút* del cual yo había sido testigo y me dije: "¡Qué paraíso logra, tanto en este mundo como en el Venidero, aquel que consagra una hora diaria a la plegaria personal! ¡No hay nada que no se pueda lograr con la *Hitbodedút!*".

Aunque he sido testigo durante muchos años de numerosos milagros por medio de la plegaria personal, esta vez lo estaba atestiguando en una forma tan clara y concreta que es difícil de describir. Quien no vio la metamorfosis de aquella mujer jamás lo podrá comprender. Desde hacía años ella se encontraba en una situación sin salida. Rabinos, consejeros de todo género – nada había ayudado hasta que el marido se comprometió a consagrar cada día una hora de plegaria personal en aislamiento. Sólo entonces todo empezó a cambiar. ¡Ahora ella se avergonzaba frente a él, lo alababa por sus buenas cualidades y estaba dispuesta a vivir con él!

Aquel que decide consagrar cada día, sin excepción, una hora para la *Hitbodedút,* verá cómo toda su existencia puede transformarse para bien, de un extremo a otro.

El porqué

A veces se ve que todas las recomendaciones para lograr la paz en el hogar y todos los consejos tales como 'Primer lugar', 'No criticar', 'El respeto a la esposa', etc., son ineficaces por algún motivo. Parejas con problemas muy graves vienen a verme, me cuentan sus problemas, y aparentemente no es comprensible por qué tienen tales dificultades.

Obviamente cuando compruebo que el marido tiene malos rasgos de carácter o que no honra a su mujer, lo guío según las circunstancias. Pero en numerosos casos se trata de buenas familias, donde cada miembro de la pareja desea esforzarse para vivir a paz con su cónyuge. El marido se esfuerza por darle a su mujer lo que necesita y conducirse con cortesía, y ella por su parte invierte todo lo necesario en la relación; pero a pesar de todo ellos no se arreglan juntos. No hay paz entre ellos y su vida está llena de dolor y sufrimiento. ¿Por qué? ¿Cuál es el problema? ¿Qué es lo que no está bien en ellos? ¿Tal vez no son una pareja 'hecha en el Cielo'? ¿Quizás simplemente no son compatibles?

No, la respuesta es que todo está bien, por supuesto que su unión es el producto de la Supervisión Divina y ciertamente son compatibles. El porqué consiste en que existen sobre ellos *'dinim'* o sea 'Juicios' severos que perjudican la paz de su hogar. Aclararemos este punto.

La mitigación de los Juicios

El hombre es juzgado cada día por el Tribunal Celeste por todos sus pensamientos, palabras y acciones. Cuando se comprueba que cometió una transgresión, un Juicio es determinado y tribulaciones son enviadas al hombre para despertarle, hacerle notar su falta, rectificar lo necesario y hacer *Teshuvá*.

Esas aflicciones pueden llegar de cualquiera cosa o persona. Como el Rey David escribió en los Salmos (119:91): "Para [ejecutar] tus Juicios están todos de pie hoy, pues son todos Tus siervos". Es decir que cuando hay un Juicio estricto sobre una persona, entonces todas las criaturas están preparadas y dispuestas a ser emisarias del Creador para su ejecución.

A menudo, los Juicios se encarnan en la gente del hogar para que los ejecuten, y en particular en la esposa. El resultado son las disputas, los conflictos y otras tribulaciones. Ésta es la fuente verdadera de muchos de los problemas domésticos que existen; y como el motivo es única y exclusivamente porque hay un Juicio severo, las situaciones no pueden ser entendidas lógicamente. El marido dice una palabra y activa una "explosión atómica". En realidad, no era lo que dijo o no dijo, o la entonación de su voz o alguna otra cosa. La explosión ya estaba lista para ser ejecutada de todos modos ya que existían Juicios estrictos sobre esa casa – sólo se necesitaba un disparador...

Ninguna orientación o técnicas ayudarán en tales situaciones, aparte de enseñarle al marido a dedicar un tiempo fijo cada día para "endulzar los Juicios severos". Esto puede ser conseguido por medio de dedicar su sesión diaria de plegaria personal al examen de conciencia de su comportamiento durante las últimas veinticuatro horas, y el arrepentimiento por cualquier mal que ha hecho. Haciendo esto, el hombre quitará, o sea – endulzará, cualquier Juicio que pueda haber sido decretado sobre él.

La ley espiritual prohíbe el principio del juicio doble, o en palabras de nuestros Sabios: "Cuando hay juicio en la Tierra, no hay Juicio en el Cielo". Por lo tanto, cuando un hombre está de pie antes el Creador, admite sus transgresiones, expresa remordimiento, y se compromete a hacer todo lo posible para no repetirlas, entonces el Tribunal Celeste no lo puede juzgar. Por lo tanto, no le enviarán ninguna aflicción o tribulación ya que su objetivo es sólo despertar al hombre para que se arrepienta de sus pecados.

Si la persona se despierta por sí misma, hace un diario examen de conciencia y juzga sus acciones para ver si se condujo en forma correcta, no hay nada mejor a los ojos del Creador y ella se salva de muchos problemas, y sobre todo en su hogar.

Enseñaron los Sabios (tratado *Sotá* 17): "Si el hombre y su esposa tienen el mérito – la Presencia Divina mora entre ellos; pero si no lo merecen – un fuego los consume". ¿Qué significa "si no lo merecen"? Que tienen defectos que necesitan rectificar y, por lo tanto, hay sobre ellos Juicios estrictos para despertarlos a cambiar. Hasta que los Juicios no sean mitigados por medio de su *Teshuvá* – nada podrá ayudarles y el "fuego" de las disputas y las discordias los consumirán. Las palabras de nuestros Sabios son leyes de la naturaleza, inflexibles como acero.

En realidad, para que la paz se establezca entre los miembros de la pareja es necesario que la Presencia Divina reine entre ellos. No existe situación intermedia. O la Presencia Divina reina entre ellos, o el fuego los devora. El marido y la mujer no son como dos individuos que cohabitan juntos y pueden vivir en armonía conduciéndose correctamente. Los miembros de una pareja representan dos entidades opuestas espiritual y físicamente, que no pueden coexistir sin la Presencia Divina.

Esta misma enseñanza se alude en las palabras hebreas para hombre y mujer. Hombre en hebreo es *'ish'* y está formada por tres letras. Dos de ellas forman la palabra hebrea fuego – *'esh'* y la tercera es una de las letras de uno de los Nombres de HaShem. Mujer en hebreo es *'ishá'* que también está formada por las dos letras de *'esh'*, fuego en hebreo, y una letra más de uno de los Nombres Divino. Cuando los miembros de la pareja "tienen el mérito" mediante la purificación de sus acciones y por hacer *Teshuvá*, las letras del Nombre de HaShem se unifican y la Presencia Divina mora entre ellos. En cambio, si ellos "no lo merecen", las letras del Nombre Divino les abandonan y lo único que queda es la palabra *'esh'*, fuego, en ambos. Esos dos fuegos espirituales se asocian y destruyen el hogar.

Nuestros Sabios enseñan que hay ciertas transgresiones que expulsan la Presencia Divina de inmediato. Una de ellas es la indecencia, como está escrito (Deuteronomio 23:15): "Y tu campamento ha de ser sagrado; no sea que Él vea en ti algo indecente – y se aparte de ti". La presencia de HaShem no puede morar en una casa donde no hay recato y santidad.

Nuestros Sabios también nos revelan que la Presencia Divina reside sólo donde reina la alegría. El libro *'Reshit*

Jojmá' añade: "La ira es la gran causante de la retirada de la Presencia Divina entre marido y mujer".

Además, hay cuatro tipos de personas que no pueden recibir la Presencia Divina: los aduladores, los mentirosos, los chismosos y los burlones. Vemos entonces claramente que para alcanzar una auténtica paz hogareña donde la Presencia Divina pueda residir, los miembros de la pareja deben rectificar sus caracteres.

La regla general es que todo depende de la *Teshuvá.* Cuando el hombre se arrepiente, además de endulzar y mitigar los Juicios severos y no ser puesto a prueba, goza de la ayuda Divina para practicar lo que aprendió sin equivocarse, y todo se arregla fácil y gratamente. Pero si no hace *Teshuvá*, los Juicios severos le persiguen e incluso aunque no sea probado duramente, al ser privado de la ayuda Divina fracasará incluso en las cosas simples que podría superar, todo se le complica y comienzan los problemas.

Por lo tanto, el único consejo es mitigar los Juicios severos y eso se puede hacer sólo consagrando cada día una hora diaria para la plegaria personal y el examen de conciencia pues "Cuando hay juicio en la Tierra, no hay Juicio en el Cielo"... Ya que escribimos estos conceptos en forma muy resumida, es necesario escuchar mucho los CDs sobre el tema para efectuar adecuadamente la *Hitbodedút* y lograr un verdadero cambio.

"Le haré una ayuda – frente a él"

Gracias a la gran compasión y a la bondad Divina, el Tribunal Celeste decide en general que las tribulaciones le lleguen al hombre por medio de su esposa, como por ejemplo por las disputas o las humillaciones. Es esto una gran bendición por dos razones principales:

1) Si el rigor de los Juicios Divinos se manifestara fuera del hogar, el hombre no podría afrontarlo y soportarlo mientras que en su casa puede tolerarlo más.

¿Qué haría si, por ejemplo, los Juicios severos se manifestaran en su trabajo por medio de la cólera de su jefe y éste le despidiera con humillaciones?; ¿o si sus colegas disputaran y se complotaran contra él? ¿Qué podría hacer entonces? ¿Abandonaría el lugar cada vez que tuviera conflictos en el trabajo? Lo mismo respecto a sus vecinos o en su lugar de estudios – ¿hacia adonde huiría cada vez? Ya que hay sobre él Juicios extremos, ¡lo perseguirían por todas partes! Y ciertamente si los Juicios estuvieran personificados en un ser particularmente cruel, la vida se le haría totalmente insoportable...

Sin embargo, cuando la esposa es elegida a ser el agente de su aflicción, tan doloroso como puede ser esto, es una verdadera bendición. Ella es mucho más fácil de aplacar que a un extraño, ya que ella quiere vivir en paz con él. Y además, el Creador se conduce con más piedad para con él ya que se apiada de los demás miembros del hogar, sus hijos, que dependen de él. Por lo tanto, tan pronto como él se arrepienta, HaShem devolverá su casa a un estado de paz y amor, y el pasado será olvidado.

2) El segundo motivo y muy esencial es que los sufrimientos en el hogar son el mayor catalizador para el cambio personal. El marido tiene la obligación de reaccionar por las tribulaciones que le rodean en su hogar y está fuertemente impulsado a corregirse. ¿Por qué? Porque, en efecto, toda persona normal no desea divorciarse, fracasar en su vida y destruir la vida de sus hijos. Con más motivo cuando el marido siente amor o gratitud hacia su mujer, seguro que no ahorrará esfuerzos para rectificar lo necesario para vivir en paz con ella.

Si el hombre es serio y desea mejorar su vida, entonces justamente cuando los Juicios severos se manifiestan en su hogar, él sabrá como tomar provecho de eso para crecer y lograr muchos cambios. Su amor y su altruismo serán reforzados, aprenderá a respetar a su esposa y a ser sensible; merecerá corregir su carácter, arrepentirse, y acercarse al Creador – que es la más grande de todas las bendiciones. Al fin de cuentas, el hombre sabio podrá conseguir un gran beneficio de aquellos Juicios severos que le llegaron a través de su esposa.

Cada hombre debe tener su 'hora'

Comenzamos esta sección explicando los casos donde los 'diním', los Juicios severos, arruinaban la paz doméstica de las parejas. Hemos aprendido que la única manera de mitigar los Juicios es por medio de consagrar una hora diaria de *Hitbodedút* donde el hombre debe realizar un auto-examen, que significa juzgar cada uno de sus pensamientos, palabras y acciones, y comprobar si se condujo convenientemente. Luego, debe confesar cada trasgresión, arrepentirse y comprometerse a no reincidir. Al hacerlo, ya no será perseguido más por los Juicios severos y no tendrá que sufrir tribulaciones.

La plegaria personal es necesaria para todos los maridos, incluso para los que les parece que las otras técnicas funcionan y la paz con sus esposas es algo fácil de conseguir, ya que la *Hitbodedút* aumenta el crecimiento personal y ayuda en todas las situaciones.

Cuando un hombre sufre de parte de su esposa, es fácil verla como la fuente de sus aflicciones y culparla, creyendo que si no fuera por ella, todo marcharía a las mil maravillas. La verdad es que ella sólo es un agente, elegido compasivamente por el Creador Mismo para realizar Su decreto. Si no fuera por ella, entonces los sufrimientos le habrían llegado de una persona extraña y es mucho peor.

Porque los reproches y los problemas que le producen tanto sufrimiento son sólo consecuencias. La fuente real de todos sus problemas son los Juicios severos que procuran manifestarse de alguna manera. "Endulzando" los Juicios cada día por medio de la 'hora', los sesenta minutos de *Hitbodedút* y *Teshuvá* es lo único puede trasformar toda la situación.

Al leer esto el hombre puede pensar: "¡Pobre de mí! ¿Debo transformarme en un perfecto justo para gozar de la paz hogareña? ¿Qué me pasará hasta lograr mi perfección? ¿Acaso estoy destinado a sufrir...?". Pero no es así. El Creador no viene con quejas a Sus criaturas y no les hace demandas insensatas. Al ver que el hombre intenta y hace lo mejor que puede para cumplir con Su voluntad, admite sus errores y se esfuerza para mejorar, HaShem no sólo que no tiene quejas contra él sino que valora sus esfuerzos, recibe un gran placer de él y le envía toda la ayuda necesaria para que pueda conseguir su objetivo – la paz en el hogar.

Capítulo Ocho:
Hacia un Hogar Feliz

En el siguiente relato, el gran Rabino Yosef Jaim de Bagdad *zt"l* –el renombrado Ben Ish Jai– nos enseña el significado del verdadero amor, y cuán apreciado es a los ojos del Creador:

Dos hermanos vivían en un pequeño pueblo y se amaban mucho. Cada uno había heredado un campo de su padre. Uno de los hermanos prosperó económicamente, pero por desgracia no tenía descendencia. El otro hermano era pobre, pero había sido bendecido con muchos hijos.

Cierta vez, el hermano pobre se despertó en medio de la noche preocupado por su hermano a quién tanto amaba. Su corazón se llenó de compasión por él, que era rico pero no tenía hijos. Pensó lo difícil que debía ser la vida de su hermano sin la alegría de los hijos, mientras que él había sido bendecido con una familia numerosa. Sintió una gran congoja por su hermano y se puso a pensar en algo que pudiese brindar un poquito de felicidad a su sombría vida. Al final, decidió que cada noche le daría secretamente un poco del grano de su campo a su rico hermano. Quizás tener más riqueza le traería algún consuelo...

Desde esa noche en adelante, el hermano pobre empezó a levantarse a medianoche y cargaba un saco de grano de su campo al de su hermano.

Esa misma noche, cuando el hermano pobre se despertó con tanta compasión por su amado hermano, éste se despertó también con el mismo sentimiento. Pensó: "Yo soy tan rico y sin hijos que alimentar, mientras que mi querido hermano está tan necesitado. Tiene muchas bocas que alimentar, él necesita dinero mucho más que yo. Le llevaré un saco de mi grano cada noche sin que lo sepa y así lo ayudaré un poco...". Y así también él se despertaba a mitad de la noche para llevar un saco de su grano al campo de su hermano pobre...

Una noche tras otra los hermanos llevaban sacos de grano uno al campo del otro, cada uno ignorante de lo que el otro había hecho. Pero grande fue el desconcierto cuando, para su gran sorpresa, notaron que a pesar de que habían llevado un saco de grano la noche anterior al campo de su hermano, ¡encontraban el mismo número de sacos al día siguiente!

Una noche, los dos hermanos decidieron quedarse despiertos la noche entera para descubrir el gran misterio. Y así, a medianoche, se encontraron en el campo y finalmente entendieron el misterio del grano que nunca disminuía. Entonces, se abrazaron con lágrimas de emoción en los ojos.

Cuando el Creador vio a los hermanos exhibiendo un amor tan extraordinario, decidió que en ese mismo lugar Su Divina Presencia debía habitar en este mundo terrenal. Ese lugar se convirtió en el Monte del Templo Sagrado en Jerusalén.

Otros dos hermanos...

Mientras tenía lugar el hecho de los dos queridos hermanos, una historia muy diferente aconteció en otro lugar:

Había también otros dos hermanos, uno rico y sin descendencia, y el otro pobre pero bendecido con muchos hijos. Sin embargo, entre estos dos hermanos había un gran odio.

Una noche, el hermano pobre despertó y pensó: "Mi hermano no tiene necesidad de toda esa riqueza, después de todo no tiene hijos que alimentar y cuidar – ¡yo podría aprovechar bien su dinero!". Y entonces, entró sigilosamente al campo de su hermano, ¡y le robó un saco de grano!...

Del mismo modo, el hermano rico despertó de su sueño, envidioso y molesto por el hecho que su hermano tenía tantos hijos y él ni siquiera uno. "¡¿No le basta con los hijos que tiene que también quiere grano?!", pensó. Entonces, ¡entró cautelosamente en el campo de su hermano y también le robó un saco de grano!

Una fría noche, cuando cada uno de ellos preparó una emboscada al ladrón de su campo, chocaron uno con el otro y descubrieron sus malas acciones. Con los corazones desbordados de odio, se abalanzaron el uno sobre el otro golpeándose y maldiciéndose.

Viendo el Creador la terrible disputa, decidió quitar Su Presencia Divina de ese lugar. En ese mismo sitio, en el vacío que se formó, fue erigida una casa de idolatría que difundiría en el mundo un mensaje de odio, división y conflicto.

Tu templo personal

Las historias anteriores enfatizan cuán precioso es el atributo del amor a los ojos de HaShem, a tal punto que para Su Templo Sagrado escogió el lugar donde sucedió un acto de verdadero amor. Este principio se aplica a todo lugar y todo momento. Aunque es verdad que nuestro Templo Sagrado en Jerusalén fue destruido, cuando HaShem es testigo de un verdadero amor entre marido y mujer Su Divina Presencia habita entre ellos, transformando su hogar en un Templo Sagrado en miniatura, un lugar de santidad y bendición.

Por otra parte, si una pareja vive en conflicto y con odio, el Creador retira Su Presencia Divina del hogar – ¡lo que convertirá sus cuatro paredes en un lugar de contienda y controversia perpetua donde cada uno tiene su propio partido!...

La decisión está en las manos de cada uno. ¿Y de qué todo depende? ¡Del amor! La pareja debe disfrutar de un verdadero amor mutuo basado en el dar y en la consideración –sin ningún interés egocéntrico– como en la historia de los dos queridos hermanos. Entonces, su hogar se transforma en un templo personal, un apropiado lugar para que more la Presencia Divina, lo que les traerá todas las bendiciones y éxitos posibles.

Un Paraíso en este mundo

Es importante saber la importancia que tiene la paz conyugal. ¡Todas las cosas buenas en este mundo, desde la abundancia material pasando por la abundancia espiritual y hasta la redención del mundo entero – ¡todo depende de una sola cosa – el *Shalom Bait,* la paz hogareña!

En el campo material – tanto la salud y bienestar físico de la esposa, el marido y los hijos, como el bienestar emocional, todo depende de la paz matrimonial. Aquellos que viven en un hogar carente de paz sufren de inevitables problemas emocionales, así como de dificultades económicas y falta de éxito en todos los campos.

En el campo espiritual – también todo depende de la paz doméstica. La luz de la *Emuná*, el aprendizaje de la Torá, la *Teshuvá* y el acercamiento al Creador, están todos directamente relacionados con la paz conyugal. Y sobre todo – la redención del mundo entero depende completamente de la paz matrimonial, como explicaremos más adelante.

La importancia de la guía matrimonial

Por mi experiencia y trabajo de muchos años con parejas que vienen a aconsejarse conmigo sobre problemas relacionados con la paz hogareña, observé claramente que aunque cada pareja es un mundo aparte por sí misma –con su pasado, sus distintos problemas y condiciones de vida– hay algo en común en todos los casos: la falta de educación referente a cómo vivir en pareja. Hay muchos que nunca recibieron educación alguna sobre la paz en el hogar, y muchos otros que sí la recibieron – pero no correctamente.

Es evidente que las parejas no tienen dificultades de paz doméstica porque son malas personas que desean lastimarse. Seguramente desean alegrar una a la otra y vivir con amor y en armonía. ¿Entonces qué es lo que les falta? Simplemente no aprendieron a vivir juntos.

Existen varias razones que impiden al hombre buscar y recibir una guía matrimonial:

Hay quienes piensan que el matrimonio es algo simple para el cual no se necesita educación alguna. Ellos dicen: "¿Qué hay que aprender? ¿Acaso mis padres recibieron alguna guía sobre la paz conyugal? ¿Acaso yo no soy lo suficientemente inteligente que necesito que me expliquen cómo vivir con una mujer? Tal como todos se casan, se arreglan, y aprenden a vivir juntos – ¡también yo aprenderé!...".

Si el marido debiera vivir con otro hombre este argumento sería sensato pues un hombre normal no necesita ninguna orientación para vivir en paz con un amigo. Pero ya que se trata de vivir con una mujer que en toda su esencia difiere del hombre – una buena guía es obligatoria.

Hay que saber que existen en efecto diferencias enormes entre el hombre y la mujer que son pocos los que comprenden hasta qué punto son extremas. Su Mala Inclinación, su forma de pensar y su sensibilidad son completamente diferentes en ambos y, por lo tanto, requiere un estudio profundo. Si los maridos reflexionaran profundamente sobre la diferencia considerable que existe en la constitución mental y espiritual entre hombre y mujer, verían hasta qué punto el alma de la mujer es diferente y ciertamente buscarían –con todas sus fuerzas– a alguien que les orientara cómo vivir con una mujer.

Por consiguiente la paz conyugal no es algo que viene naturalmente ni depende de la inteligencia del hombre, sino sólo del estudio. Nadie espera ser médico sin haber estudiado muchos años en la facultad de medicina; cada uno entiende que sin el estudio apropiado tendrá muy poco conocimiento de medicina y no lo atribuirá a su falta de inteligencia. Así también en la vida matrimonial, la falta de conocimiento no está relacionada con la inteligencia sino con la falta del estudio apropiado.

Además, más allá de la cuestión de las diferencias fundamentales entre hombre y mujer, el marco matrimonial incluye una serie de Preceptos que deben ser aprendidos a fondo, como todas las otras Leyes de la Torá. Por ejemplo, se sabe que para cumplir el Precepto de colocarse los *Tefilín* se necesita una guía – cómo colocarlos, cuándo, etc. Incluso si el hombre judío comprara los mejores *Tefilín* que se puedan conseguir y luego los pone sobre la frente y no donde empieza a crecer el pelo –como a menudo muchos lo hacen y se equivocan– no cumple con el Precepto y todo su esfuerzo es en vano...

De hecho, el Precepto de colocarse los *Tefilín* es uno de los más fáciles de cumplir, mucho más fácil que los Preceptos relacionados con el matrimonio que abarcan numerosas Leyes y detalles, que mucho dependen de las intenciones del corazón como: atención, entendimiento, humildad, amor, dadivosidad, compasión, etc. Está bien claro que para cumplir todo correctamente, se necesita mucho estudio, orientación, plegarias y – ayuda Divina...

Las disciplinas de la Torá

Hay grandes estudiosos de la Torá y hasta rabinos importantes que son expertos en diferentes disciplinas de la Torá que no comprenden por qué necesitan ser guiados en su vida matrimonial, tanto más por rabinos menos importantes que ellos en estudio, análisis y conocimiento de la Torá.

La respuesta a estos eruditos está en las palabras del gran Sabio Ben Zoma (tratado *Avót* 4): "¿Quién es sabio? El que aprende de cada uno". Como se ha dicho (Salmos 119:99): "De todos los que me enseñaron – obtuve sabiduría". Tal como un experto internacional en oftalmología que sufre del corazón, aunque aprendió también medicina general y posee algunos conocimientos en este campo, se aconseja con expertos en cardiología sin vergüenza ni con el sentimiento que su autoestima es afectada – de la misma manera un erudito de la Torá y hasta un rabino especializado en el estudio o en un determinado campo de la Torá que sufre de problemas matrimoniales, no debe avergonzarse al consultar con un rabino no tan importante como él, pero experto en ese tipo de problemas.

Y si trajimos tanto un ejemplo de un hombre sencillo como de un rabino importante que deben estudiar acerca de la paz hogareña, tanto más todo hombre debe entender que necesita estudiar sobre la paz en el hogar. Casi todos los problemas conyugales provienen de la falta de conocimiento, lo que significa que si el hombre hubiese sabido lo necesario, se hubiera evitado muchos problemas.

En realidad, el orgullo del hombre es la causa principal por la cual no está dispuesto a aceptar una orientación, hacer esfuerzos para lograr la paz doméstica, multiplicar sus plegarias y su estudio, etc. Le parece que en él está todo bien y no tiene ningún problema, es su mujer la que debe ser guiada. "¿Acaso un hombre tan extraordinario como yo debe esforzarse para regocijar a su mujer?", piensa él. "¡Ridículo! ¡Ella debería alegrarse en forma automática por el solo hecho que ha tenido el mérito de casarse con alguien como yo!"...

La perfección de la Creación

Hay que comprender bien que la finalidad de la Creación puede lograrse sólo por medio de la paz doméstica. Por lo tanto no importa que Preceptos el hombre cumple y cómo trata de servir al Creador, ya que en última instancia si no hay paz entre el marido y su esposa, la finalidad de la Creación del mundo no se logrará, como explicaremos:

Está escrito a propósito de la Creación del hombre (Génesis 1:27): "Y Dios creó al hombre a Su Imagen; en la Imagen de Dios Él le creó; varón y hembra los creó". Este versículo enseña que el 'hombre' –se refiere al varón y a la mujer juntos– uno sin la otra no responden a esta definición.

Por lo tanto, ¡vemos que sólo un hombre casado es considerado un ser humano!, tal como dice el sagrado libro del Zohar que "cualquier imagen que no representa tanto al varón con a la hembra no representa la imagen espiritual del hombre...". Cuando no existe una genuina unión entre hombre y mujer, es decir que existe una carencia de amor entre ellos, la imagen espiritual del hombre está incompleta ('ahavá', amor en el Lenguaje Sagrado, posee el mismo valor numérico que la palabra 'ejád', uno, en hebreo).

Esto nos enseña una ley básica de la espiritualidad: Dondequiera que no se encuentra amor y unidad entre el hombre y su esposa, Dios Todopoderoso no mora allí. Entonces, aunque una persona sea realmente piadosa, si está en un lugar donde no hay unidad en la pareja – HaShem tampoco se encuentra allí...

El *Midrash* dice que el hombre no debería estar sin esposa, y una mujer no debería estar sin marido, y los dos no deberían estar sin el Creador. Aprendemos que un hombre sin esposa no es nada, tanto como una mujer sin marido no es nada. Y los dos juntos sin HaShem tampoco son nada... Sin la paz matrimonial ellos no merecen la *Shejiná*, la Presencia Divina en su hogar, pues sólo con ella pueden ser considerados un ser humano. La Presencia Divina sólo mora en una casa donde hay paz y armonía entre los miembros de la pareja.

De las pocas fuentes que hemos presentado aquí, podemos al menos comenzar a entender por qué la Creación no puede alcanzar su verdadera finalidad cuando hay carencia de paz matrimonial. HaShem requiere que construyamos un hogar en el cual la Presencia Divina pueda morar en este bajo mundo material, pero si el marido y su esposa viven entre peleas y disputas, sin una auténtica unidad, el Creador no tiene donde hacer morar su Presencia. Como tal, el objetivo de la Creación no se cumple.

"No es bueno que el hombre esté solo" (Génesis 2:18)

Un hombre que no está dispuesto a casarse, ciertamente no cumple la finalidad de la Creación y tampoco puede llegar a su perfección personal, ya que la Presencia Divina reina sólo allí donde se encuentra la paz entre hombre y esposa. Por lo tanto el soltero, por más piadoso que sea no puede hacer morar la Presencia Divina en el mundo. Y ésta es la razón por la cual los grandes Justos que enviudaron en su vejez, volvieron a casarse lo más pronto posible, aunque no tenían la necesidad de hacerlo con respecto a su perfección personal.

Cuando Rabí Najman de Breslev perdió a su primera mujer, declaró que si no fuera por vergüenza se volvería a casar incluso un mes después de su fallecimiento, pues debido a que está escrito (Génesis 2:18): "No es bueno que el hombre esté solo", quería reducir de si mismo lo más rápido posible, el tiempo de considerarse "no–bueno" a los ojos del Creador.

Pero es importante saber: aun después que el hombre se casa, no cumple con el propósito de la Creación hasta que logra la paz en su hogar. Aquellas parejas que viven en medio del odio y las disputas, no sólo no cumplen con el propósito de la Creación, sino que, en varios aspectos, el daño espiritual que provocan es aún peor que el de un soltero, ya que la Presencia Divina está esperando posarse entre ellos y sus riñas causan una separación en los mundos espirituales.

Sólo cuando el hombre se casa y goza de una auténtica paz doméstica, que no se expresa en un civilizado "alto de fuego" sino en el amor verdadero y en una unión absoluta con su mujer, el mundo puede alcanzar su finalidad. El Creador quiere entonces residir entre ellos y, a través de la paz y el amor, tal como en la historia de aquellos hermanos que contamos al principio del capítulo, la pareja atrae la Presencia Divina a nuestro mundo físico, lo que produce una abundancia de bendiciones por todas partes.

La conclusión que se deriva hasta aquí es que cada uno debe aprender a trabajar sobre la paz doméstica. Hasta aquel que cree que vive en armonía conyugal, debe saber que todavía no sabe lo que esto significa. ¡La verdadera paz conyugal no es un "alto el fuego" ni un "acuerdo de paz"! ¡La paz doméstica significa una unión absoluta y amor!

Ahora es aun más comprensible cuán necesario es estar bien guiado para lograr la paz doméstica, pues éste no es meramente uno de los Preceptos de la Torá sino el Precepto del cual depende la Creación entera!

Amor a la caridad

El Rey David dijo (Salmos 89:3): "El mundo se edifica con bondad". El mundo se construye a través de la bondad y la caridad. Y ya que aprendimos que todo el mundo depende de la paz del hogar, deberíamos decir que el hogar se edifica con bondad... Además, enseñaron nuestros Sabios (tratado *Avót* 1:2) que el mundo se sostiene sobre tres principios: El estudio de la Torá, el servicio al Creador y los actos de bondad. Lo mismo que una silla no puede mantenerse en pie sin un mínimo de tres patas, tampoco el mundo puede mantenerse sin esas tres bases que le sirven de soporte. Cuando faltan los actos de bondad, a pesar del estudio de Torá y el servicio a HaShem, el mundo se desploma.

Aunque el hombre realice las más nobles obras de bondad y caridad *fuera* de su hogar —como ayudar a las viudas y a los huérfanos, a los ancianos y a otros necesitados pero no lo hace con su esposa, ¡su bondad no tiene ningún valor! Claro, en casa no hay publicidad, prestigio, o cenas de agradecimiento, ¡pero las buenas acciones en el exterior no tienen valor si él descuida a su esposa!

La bondad que puede mantener el mundo y edificarlo es la que llega *después* de haber prodigado toda la bondad posible a la esposa. ¡La verdadera bondad comienza en el hogar! Solamente después de que el marido se ha ocupado de su mujer, de que no le falte nada y que esté satisfecha y feliz, sólo entonces puede dirigir sus esfuerzos a ayudar al resto del mundo. Por supuesto la recompensa que recibirá ese hombre será ilimitada por ayudar a los demás – después que ayudó a su esposa con perfección.

Alfombra roja

Precisamente un hombre que se ocupa en hacer favores a los demás, tiene duras pruebas en su propio hogar con su esposa y sus hijos. ¿Por qué? Porque un hombre así generalmente recibe muchos honores y la gente anhela su cercanía, hasta tener la sensación que el mundo se apoya en él. El resultado de esto es que al llegar a su hogar después de un día de practicar la filantropía, la caridad y la benevolencia con todo el mundo, él espera que su esposa le prepare la alfombra roja y se incline anunciando en voz alta: "¡He aquí el hombre por cuyo mérito se sostiene el mundo!"...

No le faltan las pruebas que justifiquen que merece ese trato. En efecto. Después de todo, todos los demás reconocen su importancia y le honran. Cuanto más entonces debería su mujer honrarle, respetarle y agradecerle al Creador que la gratificó con un marido como él.

Pero, cuando este "bienhechor" vuelve a su casa, percibe que no sólo su mujer no le honra, sino que además ella lo colma de reproches y de quejas. En realidad, basta con examinar un poco la situación para suponer que las quejas de la mujer del 'bienhechor' están bien justificadas. En vez que la mujer sienta que ocupa el primer lugar en la vida de su marido, este "ángel de la misericordia" está ocupado todo el día haciendo favores a los demás, menos a su esposa. Ella simplemente no logra entender: "¿Por qué yo, su esposa, estoy confinada al último lugar? ¿Cómo es que él hace el bien al mundo entero salvo a su compañera de vida? ¿Por qué brinda su tiempo a todos, excepto a ella? Quien estudió el capítulo 'El Primer Lugar' comprende por supuesto el terrible error de este hombre. Pero aquel que ignoró su mensaje podría creer que este marido tiene razón.

Pero la historia no para aquí, con las quejas del marido de que su mujer no lo honra como el resto del mundo, y con las quejas de la mujer que su esposo la confina al último lugar. De hecho, las cosas siguen complicándose. El esposo, al escuchar las quejas de su dolorida mujer, en vez de comprenderla y escuchar su dolor, le responde con acosos de ser egoísta, que no le importa de los necesitados, que piensa sólo en sí misma y que ella personifica a la Mala Inclinación que lo impide ayudar a los demás... Cuando la mujer comprueba que su marido no la entiende ni mínimamente, ella cae a un estado mental y emocional muy peligroso.

Los pobres de tu casa tienen la prioridad

Hay que reflexionar y comprender ¿por qué este marido confina a su mujer al último lugar? ¿Es un malvado? Él no es un malvado, pero olvidó esta regla: Los pobres de tu casa tienen prioridad, como explican los Sabios (tratado *Bava Metzia* 71) sobre el versículo (Éxodo 22:24): "'Cuando le prestas dinero a Mi pueblo, al pobre que está contigo...'. Entre la gente pobre o la gente rica – los pobres tienen prioridad; entre los pobres de tu ciudad y los pobres de otra ciudad – los de tu ciudad tienen prioridad; entre los pobres de tu familia y los pobres de tu ciudad – los pobres de tu familia tienen prioridad".

Los Sabios nos enseñan que el hombre que tiene la intención de hacer caridad, de prestar dinero, o dar otros beneficios a los demás, debe comenzar con los 'pobres' de su hogar y si le queda algo dará a los pobres de su calle, luego a los de su ciudad, y así sucesivamente. Resulta que el primer deber consiste en dar a los allegados. Cuando el hombre sabe esto y quiere hacer el bien, comprende que *la primera* beneficiaria de su beneficencia debe ser su mujer. Sólo después de haber prodigado sus bondades hacia la gente de su casa, podrá continuar con la gente del exterior.

La esencia de la verdad de toda persona, la piedra de toque de sus virtudes, es su conducta dentro de su propio hogar. Esta regla es verdadera para todos los temas y en particular para la beneficencia. Si el hombre no es benevolente y clemente primeramente con su esposa, e incluso más que con sus hijos (ya que muchos maridos se conducen correctamente con sus hijos, pero no con su mujer – lo que es en sí una muy mala acción que demuestra que ellos no la aman a ella sino solamente a sus niños), resulta que toda su bondad hacia los demás es sólo pura mentira.

Rabí Jaim Vital, el más cercano discípulo del Arizal, escribe: "Hay quienes son generosos con todos, menos con los miembros de su propia familia. Estas personas piensan que cuando morirán las Puertas del Paraíso se abrirán en su honor... ¡Ay de ellos! ¡Ay de sus almas! No saben y no entienden cuán inútiles y sin sentido son todos sus actos de bondad...".

Sólo quien primero beneficia a su hogar, empezando con su esposa, y sólo después a otros, es digno de todas las alabanzas que han dicho los Sabios caen sobre quien se ocupa de la beneficencia. Vemos entonces que este mundo puede subsistir sólo por medio de la paz doméstica, porque la caridad sobre la cual el mundo descansa no es más que la manifestada en el hogar.

La gratitud

En el libro del Éxodo, la Torá describe las famosas Diez Plagas con las que HaShem golpeó a Egipto por medio de Moisés. Cuando hubo que golpear la tierra para ejecutar la plaga de los piojos, Dios ordenó a Aarón, el hermano de Moisés, que *él* golpee la tierra. Y surge entonces la pregunta: ¿Por qué esta plaga no fue enviada a Egipto por intermedio de Moisés? Rashi nos da la respuesta: No era apropiado que Moisés golpeará la tierra, ya que la arena lo protegió cuando ocultó el cadáver de un egipcio al que mató para salvar a un judío al que había atacado. Por esa razón, HaShem quiso que Aarón hiriera la tierra, no Moisés.

De aquí podemos entender el gran significado y la importancia de la gratitud. Hay que ser agradecido hasta con un objeto inanimado a pesar que no hace el bien por elección, y recordarlo toda la vida. La naturaleza de la tierra es que se la puede excavar y cubrir cosas con ella, ¡es su función! Y no sólo eso, ¡sino que la tierra ayudó a Moisés sólo una vez *sesenta* años atrás – y aún el Creador nos enseña que hay que ser agradecido por su ayuda! Aprendemos entonces que una deuda de gratitud no pierde validez con el pasar de los años. Por la cálida virtud de un objeto inanimado, HaShem no quiso que Moisés fuera quien hiriera la tierra. Por causa de un poco de arena de Egipto, ¡fue agradecido con toda la arena del mundo!

Y si estamos obligados a demostrar tal gratitud hasta por favores involuntarios de objetos inanimados, cuánto más debemos sentir y expresar gratitud –sin límites– por la voluntaria bondad de nuestros semejantes. Tanto más la gratitud que debe sentir el hombre por su esposa que es la persona más cercana a él en el mundo. Por lo tanto, debe hacer todo lo que está a su alcance para no angustiarla o ser desagradecido por toda la bondad y favores que ella le hace.

Las consecuencias de la ingratitud

Nuestros Sabios enseñan que quien no reconoce los favores de su prójimo, llegará finalmente a negar los favores del Creador. En otras palabras, para que una persona alcance un verdadero sentido de la gratitud por la bondad de HaShem, primero debe reconocer y expresar gratitud a Sus "emisarios", por medio de los cuales recibe Su bondad. Como en el caso de Moisés y la arena, la gratitud no debe manifestarse sólo con las personas. Debemos sentir y expresar nuestra gratitud a toda la Creación: hombre, animal, plantas – ¡e incluso objetos inanimados! La ingratitud de una persona hacia los mensajeros de HaShem refleja gran falta de conciencia de las bondades que le llegan. Tal persona toma también la bondad del Creador como algo obvio.

La ingratitud hacia el "canal" por el cual HaShem está entregando Su bondad, es virtualmente ingratitud hacia Él. Al no ser agradecido a los "agentes" del Creador, el hombre nunca reconocerá ni mostrará gratitud por la constante Supervisión Divina que misericordiosamente lo guía, sustenta y ayuda cada momento del día, siete días a la semana, ¡toda la vida!

Es por eso que una persona nunca debe mostrar desprecio o desdén por ningún objeto que le ayudó o continuamente le ayuda, por ejemplo, nunca debería pisotear su ropa. Hay que ser extremadamente cuidadoso para evitar maltratar a alguien y especialmente a quien alguna vez le ha hecho un bien, aunque sea pequeño. Rabí Najman advierte (Libro de los Atributos): "Nunca humilles a una persona que alguna vez te ha dado o te ha hecho algún beneficio". El insulto y la humillación son considerados terribles transgresiones en la Torá. Toda persona debe evitar humillar e insultar a otro ser humano, especialmente si le ha hecho un favor en el pasado. Tanto más, el esposo nunca debería insultar ni humillar a su mujer. No importa si llevan un año o veinte años de casados, seguramente ella le ha hecho no sólo *un* favor, sino miles de favores. Por lo tanto, él debe manifestar plenamente su gratitud hacia ella, decírselo muchas veces al día y agradecerle por todo el bien que le llega de ella.

Llevar a la práctica

La gratitud toma tiempo, esfuerzo para desarrollarse y hay que practicarla. Una manera de hacerlo es tomar una libreta de anotaciones y escribir todos los beneficios que se ha recibido de la esposa. Si el hombre escribiera sólo una ínfima parte de los beneficios que su esposa le ha hecho, el cuaderno se llenaría rápidamente. Para escribir todo lo que ella ha hecho por él alguna vez podría llenar bibliotecas enteras. Luego, debería repasar todos esos buenos actos, dirigirse a su mujer y expresar su gratitud: "Gracias por haber hecho tal y tal cosa por mí. Gracias por esto y gracias por lo otro. Te agradezco por todo y Le agradezco al Creador del Universo por haberte traído a mi lado y por haberme prodigado tantos beneficios a través de ti".

Este "cuaderno de gratitud" es una buena práctica para recordar y reconocer a cada uno que nos ha beneficiado, nuestros padres, hijos, amigos, vecinos, colegas – ¡todos! Escribe una lista con todas las cosas buenas que ellos han hecho por ti y exprésales tu aprecio. Contempla incluso los objetos inanimados que te sirven. De esta forma puedes aprender a ser agradecido y fortalecer tu fe en el Creador. Nunca te olvides de agradecer a HaShem por la brisa fresca, por una acogedora lluvia o por una inspiradora puesta del sol. La gratitud seguro que te guiará a una mayor apreciación de la vida y a una actitud positiva.

Pero recuerda bien, antes que cualquier otra persona – la gratitud del hombre comienza con su esposa. La Mala Inclinación hace todo lo posible para arruinar la relación del hombre con su esposa, mostrándole siempre las deficiencias de ella. Ten cuidado y no te dejes engañar. ¡Tu esposa es la persona más cercana a ti y la que más merece tu agradecimiento!

Aunque sea imposible anotar en la libreta todas las buenas acciones, por lo menos se debería anotar las más conocidas y sobresaliente y cada vez añadir a la lista los nuevos beneficios recibidos.

Es muy importante que el marido dé a conocer a su mujer que no ignora los actos de bondad que ella hace por él. Cuando la mujer comprueba su reconocimiento y que le agradece y la alaba, su comportamiento le da fuerzas para vivir y para continuar actuando de ese modo. Ella valora más a su marido, ya que un hombre agradecido provoca un gran deseo de hacer más y más cosas por él.

Aprender a sonreír

Cuando el hombre presta atención a los aspectos positivos de su esposa, puede enfrentar más fácilmente sus errores o algunos defectos de su carácter, se dará cuenta que las bondades de su esposa superan sus faltas y, por lo tanto, será más paciente y perdonará más fácilmente. Su apreciación mejorará su relación e intensificará el amor del uno por el otro. Al practicar la gratitud y el reconocimiento de las bondades, el modo de ver la vida cambia.

Cuando la mujer se siente apreciada nacen en ella nuevas fuerzas para continuar su difícil tarea. No hay cosa peor que no reconocer ni valorar los esfuerzos de alguien. Una persona así deja de esforzarse diciéndose a sí misma: "De todos modos no me van a reconocer y valorar, ¿para qué continuar entonces?". Cuando el marido es un ingrato y no reconoce las bondades de su mujer, ella no sólo carece de motivación alguna para continuar haciendo el bien, sino peor todavía se encoleriza y puede llegar a odiarle.

¿Ingratitud? – ¡qué horrible!

¡No hay nada más desagradable que un ingrato! Los Sabios enseñan que no se debe hacer favores a una persona que no reconoce las bondades que se le hacen. Más aún, enseñan los Sabios que ser bondadosos con tales personas – ¡se considera idolatría!

¿Por qué nuestros Sabios hablan tan duramente en contra de la ingratitud? La raíz de la ingratitud es el orgullo, la fuente de todo mal. El arrogante piensa que se merece todo y que todos deben servirle.

El marido altivo responderá al consejo de expresar su gratitud hacia su mujer diciendo: "¿Qué? ¿Yo tengo que agradecerle a *ella*? ¡Ella debería dar las gracias por tener un esposo como yo! ¡Ella debe agradecerme *a mí* que estoy dispuesto a vivir con ella!", "ella me debe todo"... – Ésta es la personificación de un tirano que piensa que es un dios.

¡Un hombre como éste se hace de sí mismo un ídolo que demanda que todos se postren ante él! Hacerle un favor a una persona así es sin duda idolatría, tal grosera ingratitud viene de un orgullo extremo, que es una de las peores formas de herejía.

"Finalmente renegará de los favores del Creador"

Un hombre que no reconoce el bien recibido, tarde o temprano renegará de las bondades del Creador. Es evidente que la persona que hace el bien es sólo un intermediario de HaShem, y si no se reconoce el bien prodigado por medio de este intermediario, no se reconocerá tampoco el prodigado por el Creador. ¿En efecto, si el hombre no considera el beneficio que recibe, cómo podría reconocer su verdadera Fuente y agradecerle? En otras palabras, si no ve al mensajero ¿cómo recordará Quien se lo envió?

El Talmud (tratado *Sotá*) dice con respecto al período antes de la redención final: "La cara de la generación se parecerá a la cara de un perro". La explicación tradicional a esta máxima es con respecto a los sufrimientos del hombre. Un perro muerde el palo que lo golpea sin mirar a la persona que maneja el palo. De manera parecida, la gente lucha con aquellos que le hacen daño sin buscar quién realmente les envió esas aflicciones para despertarle a arrepentirse.

Sin embargo, a la luz de la enseñanza de nuestros Sabios que "quien no reconoce los favores de su prójimo – llegará finalmente a negar los favores del Creador", podemos comprender ese dicho en un segundo sentido. Así como el perro, al que le extienden un palo que sostiene en su extremo un jugoso filete de carne, no ve el palo ni tampoco a quien lo sostiene pues está absorto en su apetito de comer ese pedazo de carne, del mismo modo los seres humanos están tan concentrados en sus apetitos hasta no ver el conducto por el que reciben las bondades... Ni siquiera ven el palo y por lo tanto tampoco a Quien lo sostiene y le prodiga abundancia de bienes por medio del palo, o sea el emisario.

Esto ocurre en particular con la esposa del hombre que el Creador le ha dado para que le ayude. El hombre repite el error que cometió Adán, el primer ser humano, que cuando le preguntó el Creador (Génesis 3:9–11): "¿Acaso del árbol que te ordené que no comieras, comiste?". Le respondió (íd. 12): "La mujer que Tú me diste por compañera, me dio del árbol, y comí". Rashi explica que aquí renegó Adán de las bondades del Creador que le dio una mujer como ayuda y cuando no cumplió la orden Divina, de inmediato la culpó a ella y también a HaShem Mismo ya que dijo: "La mujer que Tú me diste...", ¡es decir que, según su opinión, el Creador Mismo fue el culpable del pecado por darle esa mujer! Y, como escribe Rabí Yaakov ben Asher (el 'Baal HaTurim') Adán devolvió con mal el bien recibido.

Como consecuencia de tal terrible actitud del marido, se producen más elementos destructivos, uno tras otro. La mujer que siente que su marido no la aprecia y no la valora ya que nunca dedica tiempo para agradecerle y alabarla , concibe malos sentimientos hacia él. Si el marido escucha los reproches de su mujer, comprende que ella tiene razón y trata de corregirse, hay todavía esperanza. Pero en general, quien nunca aprendió a ser agradecido, no comprende en absoluto lo que ella quiere de él y por qué se queja. Entonces ella se desespera todavía más, porque no sólo él no la aprecia y no lo expresa como le gustaría, sino que además él tampoco entiende que ella tiene esa necesidad. Además, muchas veces él hasta la culpa de ser orgullosa por su necesidad de ser cumplimentada, que ella sufre de una insatisfacción crónica y de una tristeza constante, etc.

Tal mujer pierde entonces toda chispa de vitalidad y la muerte le parece más dulce que la vida… Al hablar duramente a la esposa es como si el marido le disparara una y otra vez matándola una vez tras otra. Las duras palabras del marido tienen el mismo efecto que una cuchillada en el corazón y cada vez que ella recuerda lo que le dijo, es como si recibiera el mismo golpe una y otra vez – incluso mil veces al día. Ella siente un puñal en el corazón con cada recuerdo y piensa "¿Qué es lo que le hice? ¿Por qué me habla así?...". El mundo de una esposa tan desafortunada es oscuro y miserable.

Gratitud hacia el Creador

El hombre que no aprenda a ser agradecido con su esposa, nunca lo será verdaderamente con el Creador. Siempre será una persona negativa y llena de quejas, tristeza, desesperación y depresión. No podrá ser feliz porque pensará que todos le deben algo, especialmente su esposa.

¿Saben qué es la tristeza? Rabí Najman de Breslev define el concepto de la tristeza en una forma muy clara: Cuando estamos tristes, de hecho estamos enojados con el Creador por no satisfacer nuestros deseos… ¡Qué imprudencia!

Puede que el hombre no sea consciente de su ingratitud, gastando horas de tiempo y mucho dinero en analistas, tratando de encontrar la raíz de su enfermedad. La tristeza es el reflejo de una ira interior contra el Creador. Cuando piensas que tu esposa te debe algo, en realidad crees que HaShem te debe algo pues ella es sólo Su "agente".

Por supuesto que un hombre desagradecido no puede tener una verdadera relación con el Creador. Tal vez sea un buen actor y simule que tiene una exitosa y cercana conexión con el Todopoderoso. Sin embargo, si es honesto consigo mismo, se dará cuenta que está muy lejos de Él y comenzará a hacer esfuerzos reales para desarrollar el atributo de la gratitud...

Sin paz hogareña, el hombre no puede alcanzar su finalidad por la cual llegó a este mundo. La paz doméstica significa en efecto que el marido trabaja sobre sí mismo para reconocer lo bueno de su mujer; que consagra cada día tiempo para meditar sobre sus bondades, le hace saber que reconoce lo que ella hace por él, le agradece por cada cosa y la alaba. Luego, él agradece al Creador por Su bondad. Si no actúa así, es ingrato hacia su prójimo y hacia el Creador.

El orgullo es la raíz de la ingratitud. Es también la raíz de la cólera, la tensión y la depresión. Una persona arrogante siente que todo y todos deberían comportarse de acuerdo con sus deseos. Ese hombre está continuamente desesperado. Tan pronto como las cosas no van según su deseo, se pone nervioso, ya que no le llega lo debido. Si él supiera que no se le debe nada, estaría agradecido para lo que funciona según su deseo y no se afligiría por los reveses, lograría la humildad que es la raíz de todas las virtudes y buenos rasgos del hombre. Así también todas las demás virtudes pueden conseguirse sólo por medio de la paz doméstica.

El hogar es en efecto el verdadero 'terreno de pruebas' del carácter del marido. Fuera de la casa todo es apariencia; una mentira completa. Es solamente en el hogar donde se ve verdaderamente quien eres.

HaShem quiere que toda casa sea un santuario particular, un templo sagrado, en el que resida Su Presencia Divina. Tal como está escrito (Éxodo 25:8): "Y harán para Mí un santuario y moraré *en ellos*" – no "en el santuario" sino "en ellos". Por lo tanto, en lugar de viajar del fin del mundo hasta el Muro de los Lamentos, el Muro Occidental del Sagrado Templo en Jerusalén, se podrá depositar una nota con peticiones al Creador directamente en el propio hogar donde reina la paz, así de simple.

Hay pues que estudiar bien este libro, comenzar a darle importancia a la paz conyugal, comprender que toda la rectificación de la Creación depende de esto y comenzar a trabajar con seriedad.

Capítulo Nueve:
"Lo Más Grande es la Paz"

El gran Sabio Rabí Shimon ben Jalafta enseñó (Midrash Raba 21): "No existe mejor receptáculo para contener las bendiciones Divinas que la paz, tal como está escrito (Salmos 29:11): 'HaShem dará fuerza a Su pueblo, HaShem bendecirá a Su pueblo con la paz'".

Sólo aquel que tiene paz en su hogar puede realmente tener éxito en la vida. Las bendiciones Divinas, fuente de todo éxito tanto físico como espiritual, incluyendo los ingresos, la salud, la crianza y la educación de los niños, la alegría, la sabiduría, el estudio de la Torá, etc., pueden mantenerse sólo por medio del receptáculo de la paz, o sea la armonía conyugal. En otras palabras, las bendiciones sólo pueden mantenerse en un hogar pacífico.

Una paz verdadera comienza cuando el hombre vive en paz con su esposa. Un hombre que no se esfuerza para estar en paz con su esposa, la persona más cercana a él en el mundo, no puede decir que vive en paz con los demás.

Muchos hombres se equivocan al pensar que están en paz con todos, pero que su vida familiar es una historia diferente. Hasta usan este hecho para justificarse – ya que ellos se llevan bien con todo el mundo, ciertamente su esposa es la responsable de sus problemas conyugales y la fuente de todas las disputas.

Si un hombre vive en paz con extraños, pero no con su propia esposa, entonces él es el culpable. Si será honesto consigo mismo, verá que él es amable con aquellos que realmente no merecen nada. Conocidos ocasionales que no le han dado ni un milésimo de la bondad que su esposa le ha dado, sin embargo, con ellos él es paciente, cortés, considerado, comprometido y lleno de sonrisas, aun cuando no está de buen humor. Pero cuando llega a casa, con su esposa – la persona más cercana a él en el mundo, que es constantemente benevolente con él, y con quien tiene la mayor obligación de vivir en paz – su comportamiento está muy lejos del cariño y la consideración.

No hay que ser profeta para saber claramente que este hombre no escucha a su mujer y no la respeta; no tiene paciencia para escuchar sus quejas, no la regocija y no le prodiga ni el amor ni las sonrisas que distribuye fuera de casa. Está dispuesto a transigir con ella mucho menos que con un forastero y exige que debe demostrarle el respeto apropiado. Si él se comportara con ella como se comporta con otra gente, disfrutaría de una relación pacífica, ella sería lo más feliz posible y gozarían de armonía conyugal.

El hombre privado de paz doméstica no puede jactarse del hecho que se lleva bien con otros fuera de casa. Al contrario, debería avergonzarse ya que eso indica que es un adulador y un hipócrita. La buena persona que demuestra ser afuera es sólo una estratagema para obtener aprobación y honor. La persona humilde y paciente que él manifiesta en el exterior es debida sólo a su orgullo y deseo de recibir honores y seguramente no le califica como un receptáculo digno de bendiciones Divinas.

La bendición de la paz

La única verdadera indicación del carácter del hombre es cómo se comporta en casa con su esposa. Allí reside la esencia de su prueba y el verdadero cumplimiento de los Preceptos de 'entre el hombre y su prójimo': "Y amarás a Tu prójimo como a ti mismo", es decir, juzgar a los demás favorablemente, sentir empatía, ser considerado, hacer a otros felices, abstenerse de criticar, no humillar, saber callar cuando es necesario, tener paciencia, saber perdonar, etc.

Sólo aquel que se esfuerza por adquirir la virtud de la paz conyugal puede merecer el 'receptáculo' espiritual de la paz que contiene todas las bendiciones.

Lo comprobamos cada día: ¡cuando la paz está ausente de la vida conyugal, haga lo que haga la pareja – no goza de ninguna bendición!

Cuando estábamos redactando este capítulo recibimos la visita de una pareja que venía a pedir consejo. Ambos cónyuges eran unas personas respetables que gozaban de una buena situación económica y desde un vistazo superficial parecía que lo tenían todo. Y entonces, la esposa comenzó a contar su larga saga de sufrimiento... Su marido, alabado y bien estimado por todos por sus grandes virtudes, se descubrió como una persona completamente diferente a puertas cerradas. Constantemente la menospreciaba y la atormentaba, hasta tal punto que ella sintió que podría morir del sufrimiento. Sus grandes ingresos eran sólo una ilusión. En cuanto a su holgura económica, era todo sólo un espejismo, ellos estaban profundamente endeudados, como si todo lo que ganaban simplemente desaparecía de inmediato...

La esposa me rogó con lágrimas en los ojos: "Ayúdeme, ayúdeme... No tengo a quien dirigirme, a quien contarle la verdad. Mi marido es muy conocido y bien respetado, no quiero hacerle daño, además nadie me creería que un hombre tan virtuoso se conduce de tal modo. No puedo vivir así más. No tenemos ninguna bendición en la vida; cada día otra cosa se descompone o no funciona – un día el automóvil, al siguiente el refrigerador, y todo nuestro dinero se gasta en reparaciones y cuentas médicas...".

A pesar de sus enormes ingresos la pareja estaba endeudada y se sentía miserable, simplemente porque el marido no trataba a su esposa correctamente. Ellos carecían de lo que más necesitaban – el receptáculo de las bendiciones, la paz.

En cambio, familias que no alcanzan ni la décima parte de la holgura material de esta pareja, pero en las cuales el marido respeta a su mujer y gozan de la paz doméstica no les falta nada. ¿Por qué? ¡Porque están bendecidas! No tienen deudas, nada se rompe ni de descompone y la alegría alumbra constantemente sus rostros.

Nuestros Sabios dicen que "Un hombre debe siempre tener cuidado con el honor de su esposa, ya que la bendición se encuentra en el hogar sólo debido a ella" (*Yalkut Shimoni, Lej Lejá*). A primera vista, podemos preguntarnos: ¿De dónde viene la bendición entonces? ¿Del receptáculo de la paz o del honor hacia la mujer? De hecho no hay ninguna contradicción con esta cita de los Sabios y la cita traída al principio del capítulo. La paz que es el recipiente de todas bendiciones es de hecho la paz hogareña que depende del respeto a la esposa.

La fuente de todo el bien

Los Sabios enseñan (tratado *Sotá* 17): "Si el hombre y su esposa tienen el mérito – la Presencia Divina mora entre ellos". Cuando un hombre tiene paz en su hogar, la Presencia Divina le acompaña y le protege de todos los peligros de este mundo. Él goza del éxito y de la bendición en todo lo que hace. Pero, al no tener paz conyugal, está expuesto a todos los males y condenado a la oscuridad y el fracaso, pues "… si no lo merecen, un fuego los consume" (íd.). La causa es que sin el *'Shalom Bait'*, la paz hogareña, es imposible el éxito en ningún campo, ya que uno de los nombres del Creador es *'Shalom'*, 'paz' en hebreo, y Él reside sólo donde ella– la paz– reina.

La paz conduce al hombre a la elevación espiritual, a la integridad de su esencia como ser humano que fue creado a imagen de Dios, y es el fundamento y la raíz de la rectificación espiritual del mundo. Por lo tanto, hay que saber que la paz hogareña no es un lujo ni un suplemento, tampoco es algo para hacer nuestras vidas más cómodas o agradables. Es el factor más importante para el hombre en particular y para el mundo en general.

Este fundamento debe jalonar el camino de la vida y ser prioridad sobre todas las aspiraciones y los proyectos que tenemos. ¡La paz doméstica es la cosa más importante y cara que poseemos en el mundo! ¡Para conseguirla debemos invertir todas nuestras fuerzas, toda nuestra energía y prepararnos para todo tipo de concesiones! ¡No podemos permitir perderla a ningún precio!

¡Por encima de todo!

Del primero que hay que aprender este fundamento es del Creador mismo que coloca la paz entre marido y mujer por encima de todo – hasta por encima de Su propio Honor. ¿De dónde lo aprendemos? De la *Parashá* de *Sotá* (Números 5:11-31) que es una sección de la Torá que se refiere a la mujer sospechosa de adulterio.

En los tiempos del Sagrado Templo en Jerusalén, si un "espíritu de celos" le llegara a un esposo por sospechar que su esposa había cometido adulterio, y aunque ella lo negara, si él no se tranquilizaba de ninguna manera y sintiera celos, HaShem tenía un método para que la esposa pudiera hacer saber su inocencia. ¿Cómo? Era llevada al sacerdote en el Sagrado Templo, donde él preparaba lo que se llamaba las "Aguas Amargas": ponía una cantidad de agua especial en una vasija de barro, y le hacía jurar a la mujer que no había transgredido y no había cometido adulterio. Luego, escribía su juramento que contenía el sagrado Nombre del Creador sobre un pergamino y lo *borraba* en el agua. La mujer bebía de esa agua, y si realmente era inocente – la verdad se descubría.

Hay que saber que borrar el Nombre de HaShem, incluso una pequeña parte de Su Nombre, como una pequeña parte de una de sus letras, es una prohibición de la Torá, es una muy grave trasgresión. Y he aquí, ¡con el fin de restablecer la paz conyugal el Creador permite que Su Nombre sagrado sea borrado!

Nuestros Sabios explican que HaShem Mismo cumple con todos los Preceptos que se encuentran en la Torá. Sin embargo, cuando la paz del hogar está en peligro, el Creador está dispuesto a anular uno de los más estrictos Preceptos de la Torá – ¡la prohibición de borrar Su Nombre en su totalidad o en parte! Y sobre esto han dicho los Sabios (*Vaikra Raba* 9): "Tan grande es la paz que HaShem ordenó borrar en el agua Su Nombre escrito en santidad, con el fin de instaurar la paz entre un hombre y su esposa".

Nada se pierde con la paz

Aunque el mundo entero fue creado en honor del Creador, como está escrito (Isaías 43:7): "Todo el que es llamado por Mi Nombre – para Mi honor lo He creado; Yo lo formé, sí, yo lo he hecho", aún así, ¡por la paz conyugal el Creador está dispuesto a renunciar a Su propio Honor! **¡HaShem nos enseña que Su más grande honor es que tengamos paz matrimonial!**

Comprobamos que el Creador renuncia a Su honor para instaurar la paz en la pareja y de hecho, por medio de esto se engrandece Su Gloria. Aprendemos pues una regla importante: ¡No sólo no perdemos nada cuando renunciamos a algo por la paz – sino que ganamos todo! Por el hecho de buscar la paz, finalmente recuperamos todo lo que creíamos haber renunciado y sacrificado y mucho más.

Resulta que el cuidar la paz tiene una ganancia doble. También se logra la paz misma cuya ganancia es incomparable ya que es el receptáculo de toda bendición, y además, al final logramos lo que deseamos. Pero aquellos que por cualquier razón insisten en lograr algo a cuenta de la paz pierden doblemente, no sólo no consiguen lo que desearon, sino que también pierden lo más importante – la paz y las bendiciones que la siguen...

Traeremos algunos ejemplos de la vida real:

¿Quién es digno de honor?

El hombre que no está dispuesto a renunciar a su honor por la paz hogareña cuando su mujer le ofende o lo desprecia y se muestra exigente y alza la voz para contestarle, ciertamente será mucho más despreciado y humillado por perder definitivamente la paz doméstica. No existe humillación más grande ya que el que no goza de armonía conyugal es considerado un fracaso a los ojos de la sociedad.

¡Qué vergüenza! todos lo ven como a un completo tonto, ya que ¿A quién desprecia? ¡A la madre de sus hijos! Y es posible imaginar que orgullosamente va diciendo que él tiene razón y contando las faltas de su esposa. Este hombre no se da cuenta de la situación vergonzosa en la que se encuentra – despreciando a su esposa y a sus hijos, ¿y todo por qué? Por buscar honores...

Desde luego, él pierde todo su valor a los ojos de su mujer y de sus hijos que hasta se avergüenzan de él, ya que es imposible esconder los problemas de paz doméstica de los vecinos y los conocidos. La esposa, con amargura en su corazón, le cuenta a su mejor amiga o a su madre de su dolor; los vecinos escuchan las discusiones o ven la tristeza en los rostros de la pareja, y de pronto ya todos saben que no hay paz en ese hogar – qué gran vergüenza y humillación...

Ese esposo estaba hasta dispuesto a perder la paz hogareña para recibir honores, pero finalmente no sólo que perdió totalmente el honor de la gente sino que provocó un gran desprecio hacia sí mismo y hacia su familia, confirmando la regla espiritual que afirma que "El que persigue el honor – el honor se escapa de él".

Todo hombre que practicara un auténtico examen de conciencia y colocara la paz por encima de su honor, merece gozar del verdadero respeto: ¡La paz hogareña! Todo el mundo sabe que cuando el hombre se domina y da pruebas de paciencia es respetado por la gente. Este hombre vive en paz con su mujer, sabe ceder a sus deseos, la tranquiliza, la sostiene, la honra y la regocija según esta enseñanza de nuestros Sabios: "¿Quién es honorable? – El que respeta a los demás". Por supuesto este hombre será cada vez más respetado por su mujer y sus niños, que verán en él la imagen tranquilizadora de un hombre virtuoso, digno de confianza y de autoridad.

Resulta que renunciando a su honor, el marido gana el honor más grande que existe: la paz doméstica. Y confirma en sí mismo la segunda regla espiritual de los Sabios acerca del honor: "El que se escapa del honor – el honor lo persigue".

Recuerda bien el principio siguiente que se repite constantemente: Renunciando por la paz no nos hace perder nada, sino por el contrario, siempre ganamos. La paz contiene todas las bendiciones. Por lo tanto, cada uno debe pues reflexionar con calma antes de reaccionar, enfurecerse, destruir la paz familiar y perderlo todo.

Y el trabajo principal del hombre debe ser lograr la fe completa, liberarse de todos los apetitos e impulsos y de la persecución de honores, y adquirir todas las buenas cualidades. Sólo haciendo esto, se puede obtener el mérito de la auténtica paz.

La paz vale más que toda fortuna

El hombre avaro que critica a su mujer por sus gastos y está siempre listo para reñir con ella por unos céntimos gastados o cuánto sea, pierde finalmente tanto la paz como el dinero, porque la ausencia de paz doméstica arrastra a problemas económicos. Resulta que al querer "ahorrar" el dinero, pierde mucho. En realidad, si él supiera qué bendición descansa en la armonía conyugal, nunca la sacrificaría ni un solo instante por todo el dinero del mundo; con más motivo por unas monedas.

En cambio, el hombre que valoriza el respeto a su mujer más que todo el dinero del mundo, no la despreciará ni criticará por unos céntimos o miles que podría ahorrar. Nunca les faltará nada y vivirán en la abundancia, como enseñaron los Sabios: "Honra a tu esposa y te enriquecerás".

También en este ejemplo vemos que lo que resulta es que cuando el hombre está dispuesto a renunciar a su dinero y a perdonar en aras de la paz, gana no sólo la paz doméstica sino también su dinero y mucho más, porque por el mérito de la paz le llega la bendición Divina que le trae sustento en abundancia.

¿Compasión o crueldad?

La educación de los niños es otro ejemplo sobresaliente que ilustra este principio. Hay ocasiones en que la mujer se encoleriza con los niños, les grita y hasta puede llegar a darle una palmada al más insolente. El marido, por compasión, quiere defenderlos y está dispuesto por eso a perder la paz con su esposa.

Él se olvida que también de su mujer debe apiadarse, ¿tal vez su situación es difícil y está agotada? ¿Tal vez los niños de verdad se condujeron incorrectamente? ¿Tal vez ella no puede dominar su tendencia a la ira? Y de hecho, él además les causa a sus niños un daño irreversible que es mucho mayor que el que intenta ahorrarles. ¡La falta de paz en el hogar daña a los hijos y a su educación mucho más que todos los regaños y hasta las palmadas recibidas de su madre!

No existe mejor garantía para el éxito de los niños que la armonía conyugal, y mientras esta armonía reine en el hogar, incluso si la madre comete grandes errores pedagógicos, no les causará ningún daño a los hijos.

Un marido que demuestra contención y no corrige o desafía a su esposa en sus momentos de ira con los niños, gana en muchos aspectos:

a) La esencia de la paz entre el hombre y la mujer consiste en que los niños vivan en un hogar donde reina el amor, donde ellos sienten y comprueban que no existen ningún desacuerdo entre papá y mamá, que ellos forman un solo cuerpo, una entidad indivisible. Esto les da a los niños amor a la vida y una gran fuerza para medirse con las dificultades y construir más tarde una sana vida conyugal. Por lo tanto, la paz misma es garantía para la salud mental de los hijos, independientemente de las dificultades a las cuales podrán enfrentarse.

En cambio, viviendo en un ambiente donde los padres no viven en paz, el niño crece con problemas de relación, siente dificultades para enfrentarse con la vida, y es muy dudoso que logre en el futuro construir una familia armoniosa… Si así es, ¿cuál es el beneficio de esa gran "compasión" del marido? Cada vez que salta para "proteger" a sus niños – destruye la paz, es como si tomara un martillo para destruir el alma de sus hijos con sus propias manos.

b) En el aspecto inmediato, cuando el marido se comporta inteligentemente absteniéndose de criticar o de reaccionar por el comportamiento de su mujer, y hasta justificándola, ella recibe la seguridad de que su esposo está de su lado. De inmediato se tranquiliza, se llena de alegría, se arrepiente de su conducta, empieza de nuevo a tratar bien a los niños, consintiéndolos y reconciliándose con ellos. En general, es importante saber que la cólera de la madre no lastima a los niños como la del padre, porque ellos saben que es parte del carácter de ella: que actúa conforme a sus sentimientos, es decir impulsivamente, y que tan rápido como se encoleriza con ellos así también se apiada y los mima. No es el caso de la ira del padre que los asusta terriblemente y les lastima profundamente el alma.

Por otro lado, cuando el marido critica la relación de su mujer con los niños, ella se ofende en lo más hondo – ¿cómo es que él no la comprende y no toma partido por ella? Ahora que su marido está contra ella, esto, por supuesto, no le ayuda a mejorar su relación con los niños. Al contrario, se enoja todavía más con ellos pues por su causa es humillada por su marido y su armonía conyugal es destruida – lo que eventualmente se refleja en su comportamiento con los hijos.

c) También desde un punto de vista práctico, el único medio de tratar estos u otros problemas que se presentan es por vía de la paz. Cuando la paz y el amor reinan, entonces se logra la ayuda Divina y la tranquilidad de espíritu para poder resolver los problemas. Porque finalmente hay que tratar ese problema en profundidad, ¿por qué la mujer llegó a tal situación? ¿Cuál es la raíz del problema? Sólo la paz puede ayudar verdaderamente a resolver las cosas.

Poniendo la paz con su esposa como prioridad número uno, HaShem le ayudará al marido a entender la raíz de las dificultades que surgen y le mostrará la manera de corregir la situación.

¡Querido marido! ¡Debes comprender que cuando la paz domestica reina en ti, la ayuda Divina está contigo! Ella se manifiesta por la tranquilidad de espíritu que te permite buscar, clarificar y tomar consejo para saber cuál es la raíz, la solución justa y verdadera a los problemas de los niños o de tu mujer; y así podrás rogar a HaShem con el fin de que te abra los ojos para encontrar cuál es la solución espiritual y material.

Por otra parte, ¡las críticas hacen perder todo! El hombre nunca podrá alcanzar la verdadera solución criticando, ya sea porque está privado así de la ayuda Divina y no puede ver claramente la verdad y la raíz del problema, o porque la ausencia de paz le impide tener tranquilidad mental y su mente se enturbia y se vuelve confusa.

Resulta que cuando el hombre se empeña en proteger a sus niños en detrimento de la paz doméstica –incluso cuando aparentemente tiene razón pues ve sufrir a sus hijos– en la práctica, no actúa para su bien. Renunciando a esa protección y aun pareciendo perdedor, ganará en realidad en todos los campos.

He aquí la regla: ¡la paz doméstica es lo más importante! Sea el problema que sea, debemos ante todo proteger la paz doméstica. Cuando la paz reina, el Creador Mismo reside en el hogar, la pareja goza de la ayuda Divina y puede fácilmente encontrar solución a cada problema por medio de las oraciones, las conversaciones tranquilas, las consultas, etc.

"Honra a tu padre y a tu madre"

Un ejemplo suplementario y muy corriente es cuando la mujer se queja de su suegra a su marido. Aunque él esté muy apenado porque ella no habla bien de sus padres, debe recordar que lo esencial es salvaguardar la paz conyugal. Por lo tanto, debe dominar su angustia y dar la razón a su mujer, sostenerla y hacerle sentir que su opinión es compartida, que ella es comprendida y está protegida por él.

Aparentemente tal marido sacrifica algo muy importante
–el honor de sus padres– por la paz. Pero en realidad, no hay
honor más grande para los padres que tener un hijo que vive
en paz con su esposa. Además, por el mérito de la paz y del
amor que el marido testimonia a su mujer, ella se reconciliará
fácilmente y la paz residirá de nuevo entre ella y sus suegros.
Porque al sentir la esposa que su marido la sostiene, las cosas
que la desagradaban pierden su importancia. Y si a pesar de
todo ella todavía tiene algunos reproches contra su suegra,
el sentido de justicia le impedirá reñir con un marido tan
comprensivo y bueno. De un modo o de otro, ellos encuentran
una vía de entendimiento donde concilian la paz doméstica y
el honor de los padres.

Sin embargo, si el marido no actúa según la regla primordial
de la paz, sino que coloca su honor herido, su sentimiento filial
o su necesidad de justicia delante de la armonía conyugal, él
perderá todo – tanto la armonía conyugal como el honor de
sus padres.

Los padres sufren enormemente cuando su hijo no
disfruta de paz hogareña y riñe con su mujer. Además, No
los consuela en absoluto saber que ellos son la razón de las
peleas y los desacuerdos entre su hijo y su esposa, aunque
sea para "salvar" el honor de ellos. Los padres equilibrados
colocan con sensatez la paz matrimonial de sus hijos ante su
propio honor.

El hombre que sacrifica la paz doméstica por el honor de
sus padres, prácticamente los ofende todavía más. El Talmud
(tratado *Yoma* 86) enseña que el mayor respeto que se puede
demostrar a los padres es manifestando buenos rasgos de
carácter. No hay una mayor humillación para los padres que
sentir que sus hijos carecen de los buenos rasgos necesarios
para mantener la paz matrimonial.

Hay que reconocer la realidad: La mujer por su naturaleza es muy emocional. Si ella padece por su suegra, le es muy difícil hacer una valoración equilibrada y objetiva de la situación. La responsabilidad de guardar la paz es del marido que es capaz de enfrentar tales situaciones con menos emotividad.

Por lo tanto el hombre debe saber que el honor más grande hacia sus padres consiste en ahorrarles toda pena o queja. Ellos deben saber que todo está bien y tranquilo en el hogar del hijo. Pero si él insiste en preservar su honor y los padres se enteran que no tiene paz en su hogar, les causará mucho pesar.

Así es...

La *Halajá* (*Hiljót Ishut* 17) menciona que existe como una "ley natural" de algunas mujeres que se odian unas a las otras: la nuera y su suegra, las cuñadas, etc. En general, cuando una mujer se queja de otra – no puede dominarse. Por lo tanto, al marido no le queda más que ponerse del lado de su esposa y esforzarse por arbitrar y calmar los espíritus de cualquier forma.

Sin embargo, el marido que no se coloca junto su mujer y la respalda, y no la protege y la comprende sino que defiende a su madre o a su hermana, se conduce torpemente y se prepara a una serie de desgracias inimaginables... Causándole tal profundo dolor a su mujer, nada en el mundo la persuadirá desde ahora en adelante a vivir en paz con él – su marido que la traiciona–, él es para ella nada menos que el diablo mismo...

La ignorancia de que la paz domestica tiene prioridad sobre todo, causa daños terribles. Sólo en un ambiente de paz se puede reparar y encontrar una solución a cada dificultad de la vida en común. Por consiguiente, el marido debe en cada ocasión decirle a su mujer que está por sobre los demás, que nadie le interesa porque ella es lo esencial para él; y que no permitirá que nadie se interponga entre ellos para amenazar su armonía conyugal.

La ausencia de paz doméstica puede ser tan destructora, que algunos purgan una pena de prisión como consecuencia de su desacuerdo conyugal. Y es muy comprensible ya que cuando el hombre pierde la paz doméstica se expone a grandes tribulaciones Divinas, porque el desacuerdo conyugal es una gran transgresión frente al Creador. En el Cielo odian a aquellos que expulsan la Presencia Divina de su hogar. El deterioro de la paz doméstica despierta sobre el hombre todo el rigor del Juicio Divino.

Sendas de paz

Otro caso que es importante mencionar, es cuando uno de los miembros de la pareja transgrede la Torá y aparentemente se le debe llamar la atención y hasta reprocharle. También en esta situación debemos recordar que lo primero es la paz del hogar, y mientras ésta se preserva el Creador será paciente con la pareja, como se ve en el *Midrash* (*Bamidbar Raba* 11): "Tan grande es la paz que contrabalancea todo lo demás... Rabí Elazár, hijo de Rabí Eliézer HaKapar, dice que incluso si el Pueblo de Israel sirviera a ídolos pero aún hubiera paz entre sus miembros, HaShem no dejaría al Ángel Acusador tocarlos. Como se ha dicho (Oseas 4:17): 'Efraín está unido [aún apegado] a ídolos – déjalo'. En cambio, cuando los hombres están divididos dice (id. 10:2): 'El corazón de ellos está dividido – ahora sobrellevarán sus culpas'. Comprobamos entonces el gran valor de la paz y cuán abominable es la disputa...".

Por lo tanto, también en tales complicadas situaciones la primera obligación es salvaguardar la paz. Una vez que esto es llevado a cabo, uno puede dirigirse a los problemas y resolverlos en la manera apropiada a través del rezo, la amabilidad y el amor. Cuando un marido envuelve a su esposa con amor, aun cuando ella ha transgredido, y reza por ella – eso mismo la devolverá al buen camino. Es ésta una enseñanza explícita de nuestros Sabios: "Ama a las criaturas y acércalas a la Torá". Mientras tanto, se le asegura al marido que por el mérito de mantener y cuidar la paz, el Creador será paciente en cuanto a las transgresiones cometidas, e incluso asistirá a lograr un arrepentimiento completo de todo corazón.

Aspirar a lo mejor

Cuando existen desacuerdos a propósito de temas espirituales y la propia concepción de la vida, cuando las aspiraciones son contrarias, o cuando un error parece fatídico, etc. también esta regla sobre la paz debe prevalecer. Si el marido abandona su concepción de vida o sus aspiraciones en provecho de la paz, aunque parezca que perdió, consigue finalmente una doble victoria: preserva la paz y merecer concretar sus aspiraciones.

Cuando la persona concreta sus aspiraciones por caminos pacíficos, sólo entonces se considera que las concretó de verdad. Y aunque en ocasiones parezca que se puede obtener lo deseado por medio de fuerza, pleitos y discusiones, tales logros obtenidos a costa del sufrimiento de otro no tienen valor alguno. De hecho, finalmente se volverán contra él y perderá su ganancia.

Un problema fundamental

El hombre debe salvaguardar la paz doméstica aun cuando su mujer se opone a su camino. Por ejemplo, cuando él quiere vivir según las leyes de la Torá y su mujer no lo apoya y trata de impedírselo. Incluso en estos casos está prohibido sacrificar la paz. Por el contrario, hay que fortalecer la paz y el amor, y por medio de la multiplicidad de las plegarias, de la discusión respetuosa y la paciencia, se encontrará una vía de entendimiento que le permitirá preservar su fe, mantener la paz e incluso acercar también a ella al camino de la Torá.

Aunque el marido esté ampliamente convencido y quiera influir sobre su mujer para que comparta sus sentimientos y su fe, debe ante todo preservar la paz doméstica. Él debe abstenerse de criticarla, no debe obligarla a aceptar su opinión e incluso debe ceder momentáneamente.

Aunque todo esto tome mucho tiempo y paciencia, hay que ceder y esperar para preservar la paz. La vía más larga es en realidad la más corta para alcanzar la felicidad, mientras que la más corta por la que se obliga al otro a aceptar inmediatamente nuestras opiniones es en realidad la más larga, pues no conduce a ninguna solución sólo a las disputas y al sufrimiento – ¿y quién sabe adónde esto puede llevar?...

En el curso de los años en los que nos ocupamos de la paz en el hogar, he visto esto con claridad en varias ocasiones. Aquí un hecho del que fui testigo y que lo muestra con máximo realismo:

Un hombre joven que empezó a estudiar en nuestra *Yeshivá* después que se había acercado hacía poco tiempo al camino de la Torá y de la observancia de los Preceptos, me hizo una petición extraña: "¡Señor rabino, bendígame para que me divorcie de mi mujer!".

Yo que conocía bien a este alumno desde los primeros días de su aproximación al camino de la Torá sabía que su mujer era una buena persona, me asombré mucho y le pregunté: '¿Por qué? ¿Qué defecto encontraste en tu mujer?'.

El alumno me respondió: "Vea honorable rabino, me fortalezco cada vez más en el camino espiritual y quiero llevar una vida religiosa desde todo punto de vista, pero mi mujer no me comprende, no colabora y no quiere cambiar. Ella no acepta mi decisión y hay siempre discusiones en casa. Por ejemplo, trato de educar a los niños para que sigan el camino de la Torá, pero ella no me apoya. Yo quiero que escuche clases de Torá, pero no está de acuerdo. En fin todo lo que hago para fortalecerla no funciona. Ella sencillamente no reacciona, y eso afecta mucho mi esfuerzo para avanzar en el servicio al Creador. Por lo tanto no veo solución alguna, excepto divorciarme y rezar para encontrar una mujer con aspiraciones y deseos similares a los míos.

Lo interrogué: "¿Hijo mío, tienes fe?". "Por supuesto, rabí" respondió él. Proseguí: "Si tienes fe, ¿por qué divorciarte de tu esposa? La *Emuná,* la fe en el Creador, se manifiesta en la plegaria. Ruega durante diez minutos cada día y pídele a HaShem que la inspire a seguir tu camino de todo corazón y apoyarte. Mientras tanto no le hagas ninguna observación, ninguna crítica, procura no tratar de influir sobre ella de modo alguno, condúcete con ella con amor y muéstrale un rostro sonriente. Te prometo que dentro de poco ella se fortalecerá hasta tal punto que te sobrepasará en su *Emuná".*

El alumno me contestó: "Pero señor rabino, ella no quiere en absoluto el camino espiritual y todos sus anhelos se enfocan en este mundo material. ¡Una mujer debe seguir a su marido! Esta mujer no es absolutamente mi otra mitad enviada desde el Cielo – ¡pues si lo fuera se fortalecería conmigo!".

Le respondí: "A mi parecer, precipitas las cosas. Debes creer que todos los impedimentos provienen del Creador para que reces por cada nivel espiritual que quieres alcanzar. Desde lo Alto te restringen, de modo que logres un crecimiento gradual y no vayas demasiado lejos, demasiado rápido. ¿Crees acaso que tu mujer es quién te pone trabas? En realidad, HaShem es Quien te coloca los obstáculos para tu propio bien; para que multipliques tus rezos y progreses gradualmente. El progreso puede ser lento, pero será sano... Todo lo que se alcanza sin plegaria y sin la preparación apropiada es muy perjudicial.

Cuando alcances una cantidad suficiente de oraciones, entonces "Cuando HaShem se complace con los caminos del hombre – hasta sus enemigos se reconcilian con él" (Proverbios 16:7). Nuestros Sabios interpretan que al decir "sus enemigos" se puede referir a la esposa. ¿Dices que tienes fe? Entonces debes creer que si HaShem desea que alcances algo, ¡Él te lo dará, y nadie en el mundo podrá impedirlo! Crees que tu esposa es tu obstáculo, pero la verdad es que no tienes aún la preparación espiritual para vivir del modo que quieres y aún no posees la verdad.

Necesitas más trabajo. Todavía no estás en el nivel que crees haber llegado. Dicen nuestros Sabios (tratado *Avót* 2:4): "Anula tu voluntad ante Su voluntad, de modo que Él anule la voluntad de otros ante la tuya". Si anularías verdaderamente tu voluntad ante el Creador, Él anularía la voluntad de tu mujer ante la tuya, ¡ya que las palabras de los Sabios son leyes naturales! Te está prohibido creer que tu mujer te impide hacer lo que deseas. En realidad nadie puede contenerte, excepto HaShem, ya que 'No hay más nada fuere de Él...".

Le hablé así a su corazón pero él ya quería progresar y llevar una vida religiosa con una mujer piadosa y, como pensaba que era improbable que su mujer cambie, emprendió los primeros pasos del divorcio...

Yo estaba afligido e intenté otra vez más hacerle razonar para que no actúe impetuosamente. Le dije: "¿No es una lástima perder una mujer tan buena? Construiste un hogar, tienen hijos y atravesaron juntos muchas pruebas. Al fin de cuentas, ella es una buena mujer que no te impedirá hacer lo que quieres. Ella no se meterá en tu vida, en tu estudio, en tus plegarias, en tus visitas a las tumbas de los Justos. ¿Tu solo problema es que tu mujer no se fortalece y que tu camino no la regocija? Entonces, reza por ella. Deberías estar agradecido y amarla por todo el bien que te hizo en la vida. Debes ahondar en tus oraciones con el fin de que tu camino también la inspire a ella, lo que también tendrá una buena influencia sobre tus hijos". Pero él no me hizo caso.

Yo pensaba en mi corazón: "Este hombre es un egoísta. Todo lo que quiere es realizar sus propios deseos y no se preocupa en absoluto de su mujer y de sus niños. Estaba seguro que todavía pagaría caro por su arrogancia. Luego, intenté sacudirlo de nuevo: "Piensa por lo menos en tus hijos; ¡serán dañados gravemente si te divorcias y entonces los perderás definitivamente! Para ellos el divorciarte de su madre y casarte con otra mujer será una traición terrible. Escúchame, en lugar de rezar por el divorcio y encontrar una mujer a tu gusto, reza más bien por tu mujer y tus niños y prodígales mucho amor. No te divorcies a ningún precio. Te parece que renunciarías a cosas que tienen un gran interés para ti, pero en realidad ganarías mucho más si sigues la vía de la Supervisión Divina y preservas la paz y el amor en tu hogar...".

Pero este hombre sólo quería divorciarse. Su decisión era definitiva y decido realizarla.

La verdad sale a la luz

El joven actúo según su decisión. Comenzó a rezar largamente por su divorcio y para encontrar la mujer que le pedía su corazón. Y, como enseñaron los Sabios: "En el camino que el hombre quiere andar – por este lo conducen desde lo Alto", y aunque HaShem definitivamente no quiso que este divorcio ocurriera, Él le otorgó al hombre el libre albedrío para decidir su camino.

Pasaron unos meses y el joven vino alegremente a anunciar que, no sólo que ya estaba divorciado sino que me invitaba a su boda.

Me dijo con emoción: "Apreciado rabino, usted no creerá que mujer justa y piadosa yo he encontrado. Todo su deseo es que yo estudie Torá y que me fortalezca en el servicio al Creador. Además, tiene una buena situación económica y un departamento propio. En pocas palabras rabino, HaShem me dio una mujer perfecta conforme a mis deseos, y desde ahora podré avanzar y elevarme adecuadamente en la escala espiritual. Ve usted, honorable rabino, que hice bien en divorciarme...".

Dos años pasaron, y a mi puerta llama – la nueva esposa de nuestro amigo. Inmediatamente al entrar se echó a llorar: "Estimado Rabí" –dijo–, "no puedo continuar más viviendo con este hombre, lo lamento mucho pero no puedo más...".

"¿Qué pasó?", le pregunté.

La mujer explicó: "Rabino, usted me conoce y sabe que mi mayor deseo es que mi marido estudie Torá, que se dedique verdaderamente día y noche del servicio al Creador y que estoy dispuesta a sostenerle y a darle todo lo que necesita para ello. Pero mi marido, que HaShem me perdone, es un perezoso. Apenas se despierta a la mañana, se levanta tarde y vagabundea de aquí para allá; no estudia, no practica la plegaria personal, no visita las tumbas de los Justos para rezar. No es en absoluto el hombre que yo deseaba para compartir la vida...

Inmediatamente después el matrimonio comprendí que no era la persona que yo pensaba, pero no le dije nada a usted. Traté de aceptar la situación con *Emuná* creyendo que era mi rectificación espiritual, que debía trabajar sobre mi carácter, juzgarlo con indulgencia, aceptar todo y rezar por él....

Rabino, hace ya dos años que sufro. Probé todo: le animé, me quejé; amenacé que si él no se movía, si no iba rezar y a estudiar, pediría el divorcio. De vez en cuando, él me promete cambiar pero no cumple ninguna de sus promesas. He hablado ya con él muchas veces sobre el divorcio, y ahora simplemente no puedo aguantar más vivir con él. Debo divorciarme…".

Deseando darle una nueva posibilidad al joven, sabiendo que casi no había ninguna esperanza de salvar el matrimonio, le pedí a la mujer esperar antes de tomar una decisión definitiva y que me mande a su marido para hablarle.

El marido vino a verme. Le explique la situación de una forma muy clara: Si él no quería perder a su segunda mujer, debía aceptar varios compromisos. Le di también varias directivas que debía observar. Sin embargo, él no respetó ninguna de sus promesas. Esto duró un cierto tiempo hasta que la mujer volvió a verme y dijo de manera definitiva: "¡Suficiente! ¡Se acabó! ¡Pido el divorcio y no hay nada más que hablar!".

Una gran brecha

La verdad sea dicha que en esa etapa, yo estaba de acuerdo con ella. Comprendía que verdaderamente no había ninguna razón para que esta mujer continuase sufriendo en vano. Era una mujer sabia y piadosa que no necesitaba a nadie para servir a HaShem, como ya lo hacía desde varios años atrás.

Antes de su matrimonio, ella tuvo una vida plena e interesante. Se ocupaba de acercar a personas alejadas del camino de la *Emuná,* y tenía muchas más actividades. La sola razón que la llevó a casarse fue el deseo de tener a su lado un hombre que sirviera a HaShem. Sólo por eso estuvo dispuesta a renunciar a sus numerosas actividades y tomar sobre ella el peso del mantenimiento del hogar, cocinar, lavar, etc. Pero si el marido no servía a HaShem, no había ninguna razón para quedarse en la casa y servirle. No se había casado para ser la criada de un hombre que pasaba su vida durmiendo. No encontraba en eso ninguna razón de ser.

Después de unas semanas, se divorciaron...

Ahora se hizo realidad todo lo que fue obvio desde un principio, que aquel joven no estaba preparado para el servicio al Creador, que su voluntad era muy débil y todas las dificultades que tuvo en su primer matrimonio fueron únicamente para su bien definitivo – para despertar su voluntad y su plegaria. Si hubiera permanecido con su buena esposa y hubiera multiplicado sus oraciones, habría progresado gradual y lentamente en el servicio Divino, pero de un modo auténtico, según sus propios recursos y hubiese triunfado en la vida.

Sin embargo, él no tuvo el mérito de aceptar la Supervisión Divina y rechazó aquellas llamadas de atención en forma de problemas con su esposa. Por lo tanto, perdió a su mujer y a sus niños para casarse con una mujer de un nivel superior al suyo, que no ponía impedimento alguno para su crecimiento espiritual, sino todo lo contrario, frente a los fuertes anhelos de esta mujer, él mismo era quien debía ser fortalecido...

No hay ningún error

Debemos saber que no hay ningún error o azar, ni coincidencia en la vida del hombre. Todo está bajo la supervisión del Creador para el bien del hombre. En el caso presente, el Creador sabía que la voluntad de ese hombre era muy débil, y por lo tanto le presentó obstáculos que deberían despertarlo para progresar, para multiplicar sus plegarias y fortalecer su voluntad.

Todo lo que él tenía que hacer era intentar ser un poco más fuerte, fortalecer su voluntad e inspiración y aumentar sus plegarias por merecer llegar a cada nivel espiritual. Así, él hubiera creado las herramientas necesarias para acercarse a HaShem, y así sucesivamente en cada nivel lo hubiera logrado. ¡Pero él se obstinó en negar los obstáculos! Y HaShem le concedió lo que él quería. Tan pronto como los inconvenientes cesaron ya nada podía estimularlo para reforzar su voluntad, hasta que perdió todo su deseo y cayó en un sueño profundo.

Otro detalle de la Supervisión Divina: Como el Creador sabía que su nivel espiritual era bajo, le dio su primera esposa cuyo nivel era todavía más bajo que el suyo. De esta manera sería honorable a los ojos de ella y por otra parte ella sería la persona sobre la que él podría influir y dar.

Pero cuando él se empeñó en divorciarse, recibió a una mujer cuyo nivel espiritual era superior al suyo. Era evidente que ella no podía honrarlo. Entonces, al sentir la brecha que los separaba, él perdió su autoestima, comenzó a perseguirse hasta que, para defenderse, comenzó a culpar a su mujer, a denigrar y despreciarla e incluso impedirle servir al Creador. Le debilitaba ver el fervor de ella hacia HaShem, mientras él apenas hacía algo. Ahora, se habían invertido los papeles: él que se quejo de que su esposa anterior le impedía acercarse al Creador, obstaculizaba el servicio Divino de su nueva mujer...

La santa limitación

Toda la finalidad del matrimonio es que el hombre sepa enfrentar las limitaciones. Al tener a alguien que lo limite, los deseos y la motivación del hombre deben despertarse. El sagrado libro del Zohar enseña que Nadav y Avihu, los piadosos hijos de Aarón, el Sumo sacerdote, fueron castigados porque no quisieron ser limitados, y por lo tanto se negaban a casarse. Deseaban servir al Creador sin limitación alguna. Cuando intentaron sobrepasar su nivel, fueron quemados. HaShem no quiere el fervor que arde en el hombre sin limitación, que desea elevarse sin caídas, sin impedimentos ni dificultades. Él quiere que el hombre sobrepase los obstáculos por medio de su voluntad, sus anhelos y sus plegarias.

Sin embargo, hay una gran diferencia entre estos dos Justos –Nadav y Avihu– y el hombre de la historia. Nadav y Avihu realmente se quemaron por la llama que ardía en sus corazones por HaShem, y fue la falta de limitación que causó que se quemaran por su propia llama de entusiasmo incontrolada, en santificación del Santo Nombre de HaShem. Mientras que el corazón de aquel joven no ardía por HaShem en absoluto. Lo que ardía en él fue el "Atributo del Triunfo", o sea su deseo de competición y victoria; su Mala Inclinación le incitó a demostrar que él era el justo y su esposa la malvada. Tan pronto como no tuvo con quien medirse, su fuego se apagó y no quedó nada de él.

La luz de la Torá

En realidad si este hombre hubiera merecido la auténtica luz de la Torá, cuyas sendas son agradables y pacíficas, hubiera también adquirido las buenas cualidades de la búsqueda de la paz, del amor, de la humildad y de la concesión. Seguro habría respetado a su mujer, quien le prodigó tantos beneficios y crió a sus hijos. La habría esperado pacientemente dándole su calor, su amor y su apoyo, la hubiera juzgado con indulgencia y rezando por ella.

¿Acaso por haber recibido cierta "iluminación" debía convertirse en el enemigo de su esposa? ¿Acaso la luz de la Torá puede transformar al hombre en un ser cruel e ingrato? ¿Dónde está el amor que existió entre ellos? ¿Qué maldad le hizo ella para merecer tal desprecio? Ella no le impidió actuar a su gusto, sólo que no avanzó a su ritmo. ¿Qué culpa ha tenido ella de no haber recibido la luz?

Criticándola, despreciándola y rebajándola, él aniquiló finalmente en ella todo rastro de voluntad hacia el camino espiritual. Él le mostró que la Torá era todo lo contrario a la luz – oscuridad, rencor, rigor y sufrimiento; desde luego ella negó esa "Torá" presentada por él, que es totalmente diferente de la verdadera – pero era lo que ella recibió de él. Él no sólo no la acercó con su conducta retorcida, sino que la rechazó a ella y a sus propios hijos; y quién sabe si en alguna ocasión estarán dispuestos a relacionarse o escuchar algo que ver con la Torá...

Y el final ya es conocido – este hombre fue perdedor dos veces: Perdió a su primera mujer y a sus hijos que se alejaron definitivamente del camino de la Torá por su conducta cruel y orgullosa; luego también perdió a su segunda mujer y se quedó completamente solo... Él aprendió, por el camino más difícil y amargo, el mensaje del Creador: ¡Lo más grande es la paz!

Aquel hombre no tenía el merito de entender que todo se encuentra bajo la Supervisión Divina, y que los desacuerdos y las disputas con su esposa están destinados–designados a despertarlo a la plegaria – no a romper el vínculo y destruir la paz matrimonial. Si él hubiera tenido la suficiente inteligencia para mantener y preservar la paz –aunque parezca a costa de sus aspiraciones– él habría ganado, y concretado sus deseos en el momento justo y al ritmo adecuado. Así, también su esposa e hijos se hubieran beneficiado y una familia entera podría haber sido salvada...

No existen los caminos cortos

En el camino de la verdad, no existen atajos y no hay lugar para ilusiones. Lo que hay que lograr, hay que hacerlo *de verdad*. La mejor medida para saber si una persona está en el camino de la verdad es la paz. Hay varios versículos que unen la paz y la verdad, tal como (Zacarías 8:19): "Amen la verdad y la paz", y otros. En realidad si ese hombre hubiese alcanzado el nivel espiritual que aspiraba, su esposa se hubiese convertido en su apoyo y hubiese vivido con ella y con sus hijos una vida muy hermosa.

Cuánto pesar y dolores él se habría ahorrado si sólo hubiera seguido –así como muchos merecieron– la senda de la paz, logrando así que su familia conociese la verdadera luz y la dulzura de la Torá, como en muchos ejemplos que hemos atestiguado.

El ejemplo contrario

He aquí la historia de otro hombre. Él también estuvo casado en los comienzos de su aproximación a la Torá, pero no fue guiado conveniente por el camino de la paz. Los rabinos que le aconsejaban le decían que debía ser enérgico con su mujer, imponerle condiciones tal como que si no empezara a observar el sagrado día de *Shabat* u otros Preceptos, se divorciaría de ella. Pronto se encontró en una encrucijada donde tenía que tomar una decisión – o seguir con su proceso de observar los Preceptos de la Torá y perder a su esposa y a sus hijos, u olvidarse de su aspiración de ser un judío observante.

Contrariamente al joven anterior, él estaba muy unido a su familia y por nada del mundo estaba dispuesto a perderla. En lugar de sacrificarlos, renunció a la Torá y a los Preceptos. Dejó de observar el *Shabat*, volvió a su estilo de vida secular y se esforzó a olvidarse de todo para no perder a su familia.

Un día, en un cruce de avenidas recibió unos de nuestros CDs. Las palabras que escuchó le conmovieron poderosamente y quiso encontrarse conmigo. Sin embargo, al acordarse de lo que los rabinos le dijeron en otro tiempo, pensó: "¿Para qué visitarle? Él me dirá que debo renunciar a mi mujer y a mis hijos y no tengo la fuerza necesaria para volver a vivir esa pesadilla...".

A pesar de todo intuyendo que había allí algo más, otra cosa, se presentó en nuestra *Yeshivá.*

"El Rabino está estudiando ahora", le dijeron, "de ninguna manera se le puede molestar en este momento"...

"No me moveré de aquí hasta que el rabino me bendiga", respondió firmemente. Su presencia no pasó inadvertida, oí la perturbación y pregunté qué estaba pasando. "Hay alguien aquí que insisten ser recibido ahora mismo...".

"Déjenle entrar entonces", les dije. El hombre entró y contó que había escuchado un CD cuyas palabras le provocaron una gran conmoción y tal alegría que quería encontrarse personalmente con el rabino que hablaba. Conversé un poco con él y lo invite a acompañarme a una de mis conferencias así podríamos hablar por el camino.

Así empezó a establecerse una profunda relación entre nosotros. El hombre empezó a escuchar constantemente los CDs y a buscar mi consejo sobre todo tipo de temas.

Como mencionamos, este hombre no cuidaba ni el *Shabat* ni ningún otro Precepto, pero de acuerdo a mi costumbre de no forzar ni presionar a nadie, nunca mencione el tema. Simplemente le pregunté sobre su vida, sus actividades, sus desafíos y su hogar. Gradualmente, le enseñé *Emuná,* cómo hablarle al Creador y utilizar el gran poder de la plegaria personal. Un día, me dijo que deseaba empezar a observar el *Shabat,* pero que seguramente su mujer no estaría de acuerdo. Aún le había quedado un gusto amargo de lo que había pasado un tiempo atrás.

Me contó los sufrimientos que había padecido en el pasado cuando decidió tomar el camino de la Torá. Los Rabinos con los que se había aconsejado le dijeron unánimemente que debía divorciarse de su mujer si ella no estaba dispuesta a cuidar el sábado y comenzar una vida religiosa. Como él no estaba dispuesto a dejar a sus seres queridos, abandonó completamente su deseo de tomar aquel camino. Ahora, estaba seguro que todo se repetiría – él sería el único en la casa que observaría la Torá y entonces yo, como todos los demás rabinos de su pasado, le diría que debía divorciarse...

El hombre dijo llorando: "Querido rabí, quiero arrepentirme, quiero hacer *Teshuvá* y tomar el camino del Creador pero no puedo perder a mi mujer y a mis niños. ¿¿Qué debo hacer??".

"¿¿Divorciarte??", me asombré. "¡De ninguna manera!".

El hombre paró de llorar y, levantando los ojos hacia mí sin poder creer lo que había escuchado, me preguntó: "¿Qué? ¿No necesito divorciarme?".

Le dije: "Por supuesto que no. Todo lo contrario, debes amar a tu esposa y respetarla. No le digas nada sobre la observancia del *Shabat,* no le hagas ninguna observación sobre los Preceptos, la comida *Kasher,* sólo dile que tú quieres vivir de esta forma sin que ella se sienta obligada o molesta. Además, compénsala por distintas formas: Dile palabras de amor, alábala, cómprale regalos, etc. Haz lo necesario para que ella de ninguna manera sienta que tu retorno a la fe la puede afectar; que no sienta ninguna competencia con tu camino, y más aún: que sienta que te conviertes en un mejor marido, más cariñoso, dedicado, y atento".

El hombre perplejo respondió: "Pero no es lo que me han dicho la vez pasada. Me dijeron que si ella profanaba el *Shabat* yo debía cortar todo lazo con ella...".

"¡Que Dios nos libre!", exclamé. "¿Qué te hizo ella para que la abandones de esta manera? ¿Tú la amas? ¿Así se comporta alguien que ama? Si le amas espérala y reza por ella, ¿acaso el Creador Mismo no te esperó a ti hasta que te despertaste de tu sueño y reaccionaste? Ahora espérala tú a ella también".

Al escuchar este nuevo enfoque y los conceptos de *Emuná* y de paz, el hombre sintió una gran e indescriptible alegría. Toda su amargura desapareció y le inundó una sensación de extraordinario bienestar. "¡Hay esperanza! ¡Nada está perdido!", dijo emocionado. "¡Puedo acercarme a HaShem y al mismo tiempo vivir en paz con mi esposa! ¡Rezaré por ella hasta que HaShem decida acercarla a ella también a la Torá y podamos vivir juntos con amor de acuerdo a la Ley de Moisés e Israel! ¡HaShem es tan bueno! ¡La Torá es tan bella y agradable!".

El hombre se apresuró a agradecer a HaShem, y a rezar para que Él le ayude a empezar de nuevo, a honrar a su esposa y lograr que sus acciones sean aceptables ante los ojos de ella…

Y así fue, el hombre volvió a cuidar de nuevo el sagrado día de *Shabat* y a observar los Preceptos. Le repitió a su mujer lo que hemos aprendido juntos y le dio algunos CDs para escuchar. La mujer percibió que hay aquí una luz distinta, o sea un enfoque diferente. Simplemente se enamoró del camino de la *Emuná* y en particular se impresionó de cómo debe el marido honrar y respetar a su mujer y que nunca debe criticarla o forzarla. Ella comenzó a tomar parte en mis clases y también pidió mi consejo, hasta que también ella se acercó a la luz de la fe auténtica y de la Torá. Gracias al Todopoderoso, hoy ellos viven juntos, educan a sus niños en el camino de HaShem y son muy agradecidos por el hermoso camino de la paz que había salvado sus vidas, física y espiritualmente.

Tener los ojos en la cabeza

Debemos reflexionar y extrae las conclusiones de las historias mencionadas: El hombre que recibió la incorrecta orientación que no colocaba la paz por encima de todo, no sólo estuvo a punto de perder a su familia, sino que llegó a abandonar el camino de vida, el camino de la Torá; ¿entonces en qué ayudaron aquellos consejos severos? Por otro lado, cuando respetó el fundamento de la paz y la puso encima de todo, mereció vivir con su mujer y sus hijos verdaderamente según la Torá y los Preceptos, hasta que incluso sus propios padres y la familia de su mujer se acercaron a la *Emuná*.

Es ésta una gran regla de la Torá (Eclesiastés 2:14): "El Sabio tiene sus ojos en su cabeza", es decir que debe saber prever el futuro y considerar razonablemente el fin deseado sin obstinarse ciegamente, como enseñaron los Sabios (tratado *Yoma* 85): "Es preferible profanar un *Shabat* (sábado), de modo que pueda observar numerosos sábados...".

En nuestro caso, era preferible que el *Shabat* fuera profanado varias veces por la mujer –lo que ella habría hecho de cualquier manera– sin ser criticada por su marido, con el fin de que cuiden él, su esposa y sus hijos, muchos Sábados por el mérito de preservar la paz...

Pero destruir la paz con la excusa de cuidar el *Shabat* y después profanar muchos sábados –y no es necesario decir que seguramente la esposa nunca cuidará el *Shabat* en su vida– es una falta de criterio y una tontería que proviene de una sola causa: no colocar el *Shalóm*, la paz, por encima de todo. Cuán grande es la destrucción que llega por no conceder importancia a las enseñanzas de nuestros Sabios que se repiten innumerables veces, sobre el gran valor de la paz.

Extraemos de estos dos relatos, que son sólo unos ejemplos entre millares de casos: que preservar la paz es el A B C de la vida en general y de la vida conyugal en particular. Es solamente gracias a la paz que es posible lograr un auténtico avance en la vida, en el camino de la Torá y en el servicio y acercamiento a HaShem.

Gozar de la vida juntos

¡Las personas que quieren ser merecedoras de la paz doméstica, deben saber claramente que es lo más importante del mundo! Es solamente después de llegar a esta conclusión que podrán ser guiadas para lograr la armonía conyugal, y entonces el éxito estará garantizado. Todo el tiempo que aun piensen que hay algo más importante que la paz – ¡no tendrán éxito! Y no les ayudará ningún libro o conferencia, ni ninguna orientación o consejo.

Hay pues que acercarse al estudio de este libro con conocimiento de causa, con voluntad y con la convicción que la paz es superior a todo. Entonces, se le puede asegurar al lector que conseguirá todo lo que desea.

En este libro se encuentra una orientación completa para lograr la paz en el hogar y para la rectificación del carácter, pero con la única y exclusiva condición y claro conocimiento que lo más importante en la vida es la paz hogareña.

El paraíso

La paz doméstica es la condición ideal para alcanzar una buena vida espiritual y material. Es sólo por medio de la paz conyugal que el hombre puede ser fuerte y afrontar con éxito todas las pruebas de la vida, sin que nada le haga tropezar.

La paz doméstica es tan maravillosa que quien la posee está siempre alegre y calmo, aunque sólo posea lo estrictamente necesario para vivir. Tal como ha dicho el Rey Salomón, el más sabio de todos los hombres, (Proverbios 15:17): "Más vale una comida de legumbres donde hay amor, que carne de buey cebado donde hay odio"; y también (Proverbios 17:1): "Mejor es un bocado de pan seco y en paz, que una casa llena de festines con discordia".

La Mala Inclinación trata siempre de destruir la paz doméstica del hombre para poder después llevarlo fácilmente a todos los otros perjuicios. Y de verdad, se puede comprobar que un hombre privado de paz en su hogar pierde todo deseo de vivir, no tiene claridad mental y su mente está confundida.

De acuerdo a lo que precede, se pueden comprender lo que escribió el Rambam (Maimónides) (Leyes de Purim y Januca) que "la paz doméstica es el fundamento de todo, hasta el punto que la Torá entera fue dada sólo para establecer la paz entre el marido y su esposa". Tenemos que saber que hay una gran profundidad y una enorme rectificación espiritual en todos los asuntos entre el hombre y su esposa, que la Mala Inclinación aplica su mayor esfuerzo para perjudicar la paz del hogar. Por lo tanto, se necesita de la Torá entera para establecer la paz en la pareja, como enseñaron los Sabios, que así dijo el Creador: "Yo creé la Mala Inclinación, pero creé la Torá como su antídoto".

A propósito de la Torá está escrito (Proverbios 3:17): "Sus caminos son caminos de amabilidad y todas sus sendas son [de] paz". Quien es cruel y riñe con su esposa no se conduce en absoluto por la senda de la Torá. En cuanto a los que parecen adeptos de la Tora según su comportamiento exterior, su apariencia o vestimentas y aún no honran a sus esposas como es debido, evidentemente su mentalidad no es de Torá, sino de hombres necios.

En cambio, un hombre que tiene el mérito de cumplir con la Torá de verdad, es decir que logró el conocimiento de la Torá, se conduce bien, gratamente y con clemencia. Ciertamente no se encoleriza, se aleja de la disputa, y por supuesto no desprecia a su mujer ni la hace sufrir. Se comprende pues que la paz puede reinar entre un hombre y su mujer por medio de la Torá. Tal como se ha dicho a propósito: "Los estudiosos de la Torá aumentan la paz en el mundo" – ya que si la aumentan en el mundo, con más motivo en sus hogares.

Capítulo Diez:
La Prueba Principal

La prueba principal de la fe del hombre es en su propia casa, con su pareja y sus hijos.

Hay veces en que el hombre sufre desprecios de parte de sus familiares – a veces no le obedecen, a veces algún familiar tiene problemas de salud o de educación, a veces hay dificultades en conseguir el sustento... La única forma de sobreponerse a todos los problemas es por medio de la *Emuná*.

Es debido saber que la relación matrimonial, con todas las dificultades que la acompañan, obliga al hombre a vivir con mucha más fe que en las relaciones de fuera del hogar y sus dificultades, pues el matrimonio es una relación obligatoria y no existe ninguna manera de desligarse de ella.

Por lo tanto, la esencia de la rectificación del hombre empieza sólo cuando contrae matrimonio. Pues durante todo el tiempo que el hombre no está casado, se puede arreglar sin que necesite *verdaderamente* trabajar profundamente sobre su fe. Pero cuando se casa recibe la verdadera medida de su nivel de fe, lo que lo obliga a empezar a trabajar en ella.

Por ejemplo, un hombre soltero que no se entiende con una determinada persona puede simplemente alejarse o ignorarla, ¿acaso alguien lo obliga a tener una relación con ella? De por sí, él no tiene ningún trabajo sobre su fe y ninguna medida para saber su grado de *Emuná*. Pero el hombre casado no puede abandonar su casa ni escapar de las pruebas que le llegan de parte de sus familiares. Él debe quedarse donde está, sobreponerse a esas pruebas y, a pesar suyo, ver el grado exacto de su fe y trabajar en ella.

Si un hombre soltero es agraviado, puede devolver el agravio en forma violenta sin que esto aflija a su vida privada. E incluso si no es un tipo de persona que devuelve y contesta a los que lo ofenden, es sólo porque le es cómodo presentarse a los que lo rodean como una persona de buen carácter. Pero la persona casada que es desdeñada por su pareja o uno de sus hijos no le obedece, responde exactamente según los rasgos de su carácter. Si es una persona irascible no puede esconder su ira, y por supuesto que cada reacción en su casa que no responde a su deseo, recibe su enojo. Entonces este hombre entiende que sin un verdadero trabajo sobre su fe, nunca tendrá paz en su hogar.

El soltero no necesita estar en la constante situación de dar al otro, de entenderlo, de escucharlo, mientras que el casado siempre debe dar, influir, escuchar y entender. Y para hacer todo esto debe tener su espíritu calmo y entero, lo cual es imposible sin la fe.

El soltero puede presentarse como un ser alegre y sociable, pero cuando está casado se revela su verdadera alegría cuando necesita alegrar a su familia y a hacerle la vida placentera... Y por supuesto, es imposible ser una persona verdaderamente alegre sin *Emuná*.

En general, las relaciones del ser humano con la sociedad que lo rodea están fundadas en el principio de "toma y da", en actos y disfraces cuyo fin es recibir honores, aprecio, posición, sustento, etc. Pero en su propia casa, el hombre se saca todas sus máscaras y se conduce precisamente como es. Si no posee fe, esto resaltará mucho en su conducta, dejará una marca en su felicidad doméstica, y lo obligará a empezar a trabajar sobre la fe.

La paz en el hogar depende del nivel de la fe

Ésta es la regla – toda la paz doméstica del hombre depende de su *Emuná*, y por lo tanto, sólo cuando contrae matrimonio puede verdaderamente empezar a trabajar sobre su fe con profundidad.

Por consiguiente, la pareja debe aprender a ver todo lo que sucede en su hogar con fe, saber que en cualquier cuestión problemática que se le presenta – con los hijos o parientes, o con el sustento, está en una prueba de fe, y debe conducirse según las tres reglas de la misma. Debe entender muy bien que existe un solo consejo para cada problema de su vida que es: ir sólo por el camino de la fe con sumisión, arrepentimiento y mucha plegaria.

Contento con lo suyo

Se cuenta en el Talmud (tratado *Taanít* 23b) de un hombre que llegó hasta el gran sabio Rabí Itzjak ben Eliashiv y le dijo: "No me gusta mi esposa ya que no es bella". Le preguntó el sabio: "¿Cuál es su nombre?". "Ana", le contestó. Dijo el Sabio: "¡Que se embellezca Ana!", y así fue que Ana embelleció. Después de un tiempo, volvió otra vez el hombre al Sabio y reclamó de nuevo que no estaba satisfecho de su esposa. Le contó que desde que su esposa embelleció, comenzó a enorgullecerse frente él. Dijo el Sabio: "¡Que vuelva Ana a su fealdad!", y así fue...

¿Qué podemos aprender de esta historia? ¿Qué nos enseña que el hombre quiso de vuelta la fealdad de su esposa? La enseñanza es que el Creador sabe perfectamente lo que es bueno para cada uno, y que debemos creer que todo lo que Él hace es para nuestro bien; esto se llama tener fe en la Supervisión Individual de Dios. Todo el que logra esta creencia, está siempre contento con lo que tiene, pues sabe que todas sus privaciones están bajo la Supervisión Divina para su eterno bien, es decir, para corregir su alma y conseguir la meta para la cual llegó a este mundo.

De por sí, está bien entendido que los miembros de una pareja que poseen *Emuná* están contentos con lo suyo – es decir, el esposo está contento con su mujer, y la esposa con su marido, con todos sus defectos. Ellos saben muy bien que el Creador los supervisa y les dio a cada uno la mejor pareja posible según la corrección que deben efectuar – es decir, que solamente mediante los defectos de cada uno de ellos, podrán cumplir su misión de vida.

Contrariamente, cuando al hombre le falta fe entonces tiene muchas quejas. La mujer culpa a su esposo de todas sus aflicciones y el hombre está lleno de reclamos y críticas hacia su esposa, y piensa que ella es la causa de todos sus sufrimientos. Por supuesto que sus vidas y las vidas de sus hijos no son vida, y las calificaciones que reciben en los exámenes de fe son las más bajas posibles.

Vemos entonces, que de la paz que tiene el hombre en su hogar dependen su sustento, la educación de sus hijos, su alegría, bienestar, espiritualidad; todo depende de la fe.

¡Afuera de casa!

En esta sección describiremos una prueba de fe que una gran parte de los lectores nunca experimentará. Sin embargo, esta sección no debe salteársela pues aprenderemos algunos de los más importantes fundamentos para la vida en general, y para la felicidad doméstica en particular. Todo matrimonio debe saber estos fundamentos, también deben aprenderlos aquellos que todavía no se han casado, y así prepararse para la vida conyugal.

Como se ha dicho anteriormente, la mayoría de las pruebas de fe que tiene el hombre son en su propia casa. Y es debido saber, que cuando el hombre no trabaja sobre sí mismo para superarlas con fe, entonces puede llegar a casos muy extremos, como aprenderemos ahora.

Existe un grave fenómeno que apareció en nuestra generación, en el que la esposa echa a su marido de la casa, y a veces incluso usa el brazo de la ley para hacerlo por medio de una orden de alejamiento. Está bien claro que un acto así no llega en un momento, sino que fue precedido de muchos conflictos y peleas entre la pareja. Está bien claro que si la pareja hubiera trabajado sobre su fe, no hubiera llegado a tal situación, sino que se hubiera dado cuenta mucho tiempo antes qué es lo que el Creador les insinúa y qué es lo que deben corregir.

El marido expulsado de su casa por su mujer debe saber que incluso si le parece que esto es injusto, de parte del Todopoderoso todo es justo.

Pues, ¿quién realmente lo expulsó de su casa, sino el Creador Mismo? Si el hombre no se conduce adecuadamente y causa perjuicios a sus familiares y a sí mismo, es preferible que salga de su casa para dejar de hacer daño. Sin embargo, aunque le parezca que se comporta adecuadamente, el Creador no hace nada sin razón y ciertamente existe una causa para su expulsión.

Por ello, lo que debe este marido hacer es utilizar las 'Tres Reglas de la Fe':

a) *"Así el Creador quiere"*: Debe creer con absoluta fe que el Creador es el que lo ha expulsado de su hogar, sin asumir ninguna otra consideración como la auto-culpabilidad o acusar a los demás, como a su suegro y a su suegra que apoyan a su mujer, a las amigas divorciadas que la alientan a poner fin a su vida conyugal, a los policías que aceptan sus denuncias desmedidas (según su opinión), al juez que tomó partido por su esposa, etc. O, llegar a pensamientos de furia, ideas de venganza, tristeza, desesperación y auto-compasión. Estos proceden solamente de la falta de fe, pues demuestra que él reniega de la Divina Supervisión Individual. Si tuviera fe, pensaría sólo una y única cosa – ¡ésta es la Voluntad del Creador!

b) *"Todo es para bien"*: Debe creer con absoluta fe que el hecho que el Creador lo haya expulsado de su hogar, es para su propio bien y el de su esposa e hijos. Por cierto es una gran acción salvar a alguien del torbellino en que se encuentra y concederle un cierto tiempo para reflexionar y reparar lo que es necesario. Pero la realidad nos demuestra que ni él ni su esposa lograron corregirse a sí mismos durante todo el tiempo que vivieron juntos. Es evidente que este hombre no presta atención a las insinuaciones que el Creador le dirige a través de las denuncias de su mujer, que las peleas y las tensiones en su vida no lo despiertan, que no se conduce en su hogar con fe, y que su hogar está lleno de conflictos, disputas y penas. En resumen, él y su mujer se encuentran en un torbellino del cual no pueden salir, y puesto que es imposible resolver este problema sin la separación, el Creador del Universo los aleja momentáneamente para darles la oportunidad de trabajar sobre ellos mismos y no llegar al divorcio.

Sacar una mujer de su hogar es inmoral, tanto más cuando hay niños pequeños que dependen de ella, entonces el Creador –para su bien y para el bien de todos los interesados– expulsa al marido de la casa, dándole a él y a su esposa el respiro y la calma necesarios para una introspección y un examen de conciencia, para recibir asesoramiento, y para comprender y corregir su vida – lo que por supuesto es un gran favor.

c) *"¿Qué quiere el Creador de mí?"*: Ahora que el marido queda liberado de la tensión mental en la que se encontraba en su casa, de los conflictos constantes con su familiares, y de las pruebas y dificultades que tenia con su esposa, las cuales llegaban a menudo juntamente con otros problemas como las deudas, etc., puede finalmente trabajar sobre sí mismo, reconocer sus errores, buscar la raíz del problema y cómo ayudar a las personas de su casa. Puede ahora rezar por lo que hace falta y reparar concretamente lo que es necesario. Asimismo, su mujer efectuará el examen de conciencia necesario, y ciertamente si él se arrepintiera verdaderamente, entonces Quien realmente lo expulsó de su casa, Él mismo lo autorizará a volver.

Cada uno debe aprender de lo que precede cuán importante es resolver los problemas en el primer momento en que se presentan. El menor obstáculo en la paz del hogar debe ser tratado de raíz según las 'Tres Reglas de la Fe' sin esperar una terrible y dolorosa prueba. Es cierto que si el marido se hubiera despertado suficientemente pronto, hubiera podido arrepentirse y hacer *Teshuvá* sin tener que salir de la casa y hubiera ahorrado, así como a su mujer y a sus hijos, mucho dolor y daños emocionales.

Estar atento a las insinuaciones

Se comprende que en general, le es muy difícil al marido expulsado aceptar la realidad con fe, ya que si llegó a tal situación es un signo evidente que está alejado de ella. Está bien claro que nunca ha prestado atención a las insinuaciones que el Creador le ha mandado, pues se negaba a reconocer sus errores, defectos y faltas, es entonces indudable que no pueda aceptar esta gran humillación y admitir la verdad...

El camino del Creador es siempre insinuar al hombre suavemente al principio. Pero si el hombre no se despierta, las insinuaciones pasan a ser más acentuadas y si ello no es suficiente, Él lo sacude todavía más duramente. Ciertamente que este hombre expulsado de su casa ha recibido muchas alusiones e incluso fuertes bofetadas antes de su expulsión; si sólo hubiera tratado de mirar con fe las crisis, disputas y denuncias, si hubiera tratado de buscar qué es lo que el Creador le sugería por medio de las palabras de su mujer, y hubiera tratado de comprenderla y descubrir la raíz del problema, ciertamente que no hubiera llegado a esta difícil situación.

En lugar de eso, ese hombre sólo rechazó las reclamaciones y réplicas de su esposa, sin pensar un instante que quizás debía corregir algo en sí mismo. Por consiguiente, también ahora le resulta difícil aceptar con fe la dolorosa crisis de su expulsión.

"¡Conmigo está todo bien!"

A veces, al marido le parece que se comporta perfectamente bien, está seguro que participa lo mejor posible en la casa, y por lo tanto, le resulta difícil aceptar las quejas de su mujer. Este hombre debe saber – no tiene ningún sentido lo que crees que realizas en la casa, pues a pesar de todo, tu esposa está insatisfecha. Punto.

¡Es tu responsabilidad cambiar esto, pues el rol de complacer a tu esposa es tuyo!

¿A qué se parece esto? A un mecánico que jura que reparó el motor del automóvil lo mejor posible y que cambió todas las piezas... Sin embargo, el motor no funciona. ¿Acaso puede disculparse diciendo que hizo todo lo necesario? La realidad demuestra que no ha reparado el motor como se debe, como en el dicho popular: "La cirugía ha sido un éxito, sólo que el enfermo murió". Aquí también el marido debe saber que el Todopoderoso dirige el mundo bajo Su Supervisión y con Justicia. Si su esposa no está satisfecha ciertamente existe algo que deberá cambiar, e incluso si la acusa, esto no es lo que resolverá el problema, sino que sólo lo agravará más.

La falta de fe – la única dificultad

Un hombre privado de *Emuná* que atraviesa este tipo de crisis, tropieza con todo tipo de obstáculos. Al mismo tiempo acusa a su mujer, vive con rabia, piensa en la venganza; o, su corazón se quiebra por dentro porque la extraña, se llena repentinamente de amor por ella o extraña a sus niños, se siente totalmente desgraciado, despreciable y quebrado. Pero si poseyera fe, comprendería que precisamente por el contrario es bueno estar alejado de ellos por el momento, y puesto que ama tanto a su mujer, por esa misma causa debe aprovechar este respiro que le ha concedido el Creador para aprender cómo no ofenderla en el futuro, cómo escucharla sin críticas, y cómo respetarla y alegrarla.

Y si de verdad ama tanto a sus hijos, por eso mismo debe reforzar su trabajo sobre sí mismo con buena voluntad y energía, para que cuando retorne a su hogar no repita los mismos errores que destruyen la paz hogareña, debilitan la fuerza espiritual, y anulan la seguridad en sí mismos de sus hijos, que es tan necesaria para triunfar en la vida.

Malos consejos

A menudo, todo tipo de "asesores" se suman a esta "fiesta": familiares, amigos, conocidos; todos tienen una idea clara y cortante de la manera en cómo se debe comportar en tal situación. Uno lo aconseja divorciarse de su mujer; otro lo alienta a que cese de apoyarla; su madre le dice: "Eres demasiado bueno, ella se aprovecha de tu buen corazón". Todos estos malos "asesoramientos" sólo conducen a la destrucción definitiva del hogar, el cual se podría salvar si tuviera fe.

Por el contrario, el verdadero consejo consiste ahora en "comportarse como un caballero" – hacer el bien a su mujer sin esperar retribución; enviarle dinero; alentar a sus hijos y garantizar que no les falte nada y pedirles obedecer a su madre... Con mayor razón, ¡no debe afligir a su esposa o usar a sus niños como un arma contra ella!

Un nuevo comienzo

En verdad, si un hombre ya llegó a esta grave situación es solamente por los grandes errores que ha cometido. Pero ahora, después de todo lo que ha pasado, si sólo lo deseará, podrá ahora mismo tomar el camino de la *Emuná* y pasar la prueba con éxito corrigiéndolo todo. Si se fortalece con fe y sin confusión, verá la Supervisión Divina con toda claridad y cómo esta nueva situación es completamente para su bien.

Un regalo maravilloso

Como ya hemos dicho, el marido dispone ahora de tiempo libre y la calma para reflexionar y corregir lo que es necesario.

En ocasiones, las deudas son las que han provocado las tensiones en el seno de la pareja arruinando la paz doméstica. Ahora, se pueden tratar radicalmente esos problemas lejos de los conflictos familiares.

A veces son algunos de los malos rasgos del carácter del hombre los que destruyen la paz del hogar, como la ira, la pereza, la avaricia, la ingratitud. Ahora, tiene todo el tiempo libre para trabajar sobre sí mismo y corregir su carácter.

Más aún, si tiene graves problemas como la adicción a las drogas, el alcoholismo, las apuestas y la violencia, ahora que está libre puede ocuparse de su problema de raíz. Se deduce que, gracias a la fe, no sólo no se asusta sino por el contrario, ve la situación como una oportunidad ideal para corregirse. En consecuencia, hará todo lo posible y se fortalecerá en la plegaria para que el Todopoderoso le ayude a rectificar todo lo necesario.

Cuando HaShem vea que cumple con sus deberes, y obviamente también su esposa vea que él trabaja sobre sí mismo y que está cambiando, esto le dará esperanzas. Entonces, no sólo no tendrá más necesidad de esforzarse para volver a su casa, sino que su mujer misma le pedirá que retorne. Y cuando vuelva, después de haber trabajado sobre sí mismo y realizado todas las correcciones necesarias, la relación con su mujer será totalmente distinta, mejor, sin comparación con la del pasado.

Encontramos que esta crisis fue en realidad un regalo del Creador; una magnífica oportunidad para empezar un nuevo capítulo en la vida. Este regalo se puede recibir sólo por medio de la *Emuná*.

Una precipitación Satánica

Es muy importante que el marido no trate de precipitar el curso de los acontecimientos intentando volver a casa, sino que crea con fe completa que el Creador sabe cuál es el momento adecuado para su retorno. Debe esperar la salvación Divina con paciencia, hasta el momento favorable para retornar a su hogar con acuerdo completo y la buena voluntad de cada uno. Mientras, debe hacer lo suyo y aprovechar el tiempo como se debe.

Al marido, aunque reclame que su presencia en el hogar es indispensable a fin de tratar tal o cual problema urgente como las deudas o pago de facturas, le está prohibido el retorno y debe resolver esas cosas a distancia. Dado que incluso a las parejas que viven en paz doméstica les es muy difícil afrontar la tensión provocada por las deudas sin discordia, con mayor razón los que no poseen paz en el hogar no tienen la oportunidad de corregir lo que es necesario en tal situación.

De hecho, HaShem ha visto que no podría tratar sus problemas como es debido – con la plegaria, el examen de conciencia, el arrepentimiento y otros esfuerzos necesarios, a menos que esté un cierto tiempo fuera de su casa, en un lugar tranquilo.

¡Sin acusaciones!

Un esposo que posee *Emuná* no acusa a nadie por sus problemas matrimoniales. Incluso si considera que otros son responsables de la crisis, él acepta su cuota de responsabilidad y corrige lo necesario.

Porque en efecto si su mujer se hubiera sentido satisfecha, es decir que él hubiera sabido cómo alegrarla, escucharla, comprenderla, aliviar sus tensiones, alentarla, consolarla, estar atento a sus peticiones, o en otras palabras, si su esposa hubiera sentido que él es su mejor amigo, entonces ella no hubiera tenido la necesidad de buscar a alguien para contarle sus penas y problemas matrimoniales y no hubiera escuchado los consejos de ninguna persona. Ella habría tenido confianza sólo en su esposo, y entonces, no hubieran llegado a esta situación que ha obligado a sus padres o a quien sea, a darle consejos.

Es necesario comprender muy bien – la mujer necesita sentir que tiene a su lado al *mejor* amigo del mundo, que es a la vez un padre, una madre y su mejor amiga. Debe sentir con plena confianza, que tiene quien la escucha, comprende y la justifica en toda ocasión. No como esos maridos que cuando sus mujeres abren su corazón se comportan como acusadores, la reprenden, la culpan de todo e incluso la desprecian por sus sentimientos en lugar de apoyarla, justificarla y de estar siempre a su lado.

Hombre, debes saber – todo el tiempo que tu esposa siente la necesidad de contar lo que tiene en su corazón a sus amigas, es un signo de que ella no puede contarte todo; si tu esposa necesita el apoyo de sus padres, es señal que no recibe de ti el apoyo y el amor que necesita; toda vez que tu esposa pasa horas hablando por teléfono, es un indicio que no tiene tu oído atento cuando lo necesita.

Como resultado de lo que hemos aprendido, que *todo* depende del marido, es posible que algunos lectores tengan pensamientos depresivos o auto-acusaciones, pero este no es el camino. Aunque verdaderamente el esposo se comportó hasta hoy en forma equivocada, la tristeza, la desesperanza, la auto-persecución, no pueden ayudar. La senda recta es aprender lo que se debe corregir, empezar una nueva página y actuar para reparar los errores. Por supuesto, se debe rezar mucho y pedirle al Creador ayuda en cada paso que se tome.

Proyecto de recuperación

Presentaremos ahora un plan de trabajo para la prueba que acabamos de mencionar. Con este podrá el lector aprender cómo conducirse en las demás pruebas de la vida y cómo enfrentarlas con fe para superarlas con éxito.

Al comenzar a trabajar sobre sí mismo, es necesario antes todo que el hombre cambie su mala conducta inmediatamente. Si hasta hoy era avaro, tacaño y cruel, entonces debe esforzarse a ser en lo sucesivo bueno, darle a su mujer sin límites, enviarle dinero y regalos, y si puede hablar con ella, hacerlo y prometerle ocuparse de todos sus problemas materiales y espirituales y darle la confianza que él es el que toma entera responsabilidad sobre todo. Debe hablar también con sus hijos y tranquilizarlos que no los ha abandonado; debe explicarles que viajó para ocuparse de algunos asuntos importantes, que es para bien de todos ausentarse de casa. Les pedirá que acaten las órdenes de su madre y la ayuden. En otras palabras, desde ahora debe comenzar a "convertirse en una persona" en todo el sentido de la palabra.

260 | En el Jardín de la Paz

Presentaremos las etapas de su trabajo sobre sí mismo:

a) *Emuná* – la primera etapa consiste en rezar mucho para poder aceptar lo que le ocurre con la fe que todo lo que le pasa proviene del Creador, sin enfrentarse con ninguna persona ni con sí mismo. Hasta que no crea con fe completa que "Así el Creador quiere", sin tristeza y sin acusaciones, no puede empezar su trabajo. Solamente cuando acepte la realidad con la creencia que ésta es la Voluntad Divina, con alegría y reflexión, sólo entonces podrá pasar a las etapas siguientes.

b) Estudio – debe aprender muy bien las reglas de la paz doméstica tales como figuran en este libro y escuchar los CDs sobre este tema, así podrá entender qué errores cometió durante su vida conyugal. Es necesario que estudie honestamente, con el fin de saber lo que debe corregir y sobre qué debe orar, y no para caer en auto-acusaciones y tristeza.

c) Examen de conciencia y arrepentimiento – debe dedicar cada día tiempo para rezar por su problema, pedirle al Creador que le perdone por haber hecho sufrir a su mujer y a sus hijos, detallando cómo la afligió según lo que ha aprendido, y repetir sus rezos pidiéndole al Todopoderoso que inspire en el corazón de su mujer un completo perdón.

d) Introspección – debe profundizar intensivamente sobre los temas en los cuales fracasó; deberá insistir en estudiarlos y, particularmente, esforzarse en rezar sobre cada uno hasta que penetre en su corazón, para poder corregir y conducirse como es debido.

Por ejemplo: como hemos aprendido, una de los fundamentos de la paz hogareña consiste en *nunca* criticar a la esposa. Es un problema que para ser resuelto requiere muchas plegarias, ya que es una propensión natural y cruel en el hombre criticar a su entorno por sus errores o deficiencias. El marido incluso cree que es su obligación criticar a su mujer para que se corrija, pero en verdad, la crítica no ayuda en nada a la corrección, sino que le destruye la confianza en sí misma y la lleva a la conclusión que su marido la aborrece; piensa que su esposo ya no la ama y que ella no es la mujer perfecta – que éste es su objetivo e ideal, ser perfecta a los ojos de su marido.

Por lo tanto, es necesario multiplicar las plegarias al Creador, y decirle:

"Señor del Universo, Te doy las gracias por haberme alejado de mi casa para trabajar sobre mí mismo y reparar mis errores.

Por favor Creador del Universo, ayúdame a superar las pruebas que me traes. Tú me has enseñado que está prohibido formular la menor crítica a la esposa, pero con gran dolor, me es muy difícil obedecerte. Cada vez que veo a mi mujer cometer un error, o cada cosa contraria a mi voluntad o a mi entendimiento, enseguida mi corazón se llena de orgullo, lo que me lleva a criticarla. Así me siento superior a ella, que yo soy el "bueno" y ella la "mala", lo cual me hace actuar con crueldad y criticarla. Hay incluso algunas veces que la critico sin darme cuenta y me justifico pensando que hago lo correcto.

Te pido por favor, Rey Misericordioso, ten piedad de mí, de mi mujer y de mis hijos. Dame la sabiduría, la comprensión y el conocimiento para saber muy bien que estas críticas son destructivas y que no mejoran nada. Que cada crítica dirigida a mi esposa es una humillación, y con esto le arruino la confianza en sí misma y su imagen positiva, lo que causa llantos, gritos y disputas. Ello destruye la paz del hogar y lastima a nuestros hijos más que cualquier otra cosa. Dueño del Mundo, Ten piedad de mí y dame la fuerza mental e intelectual para no criticar sobre ningún asunto y de ningún modo, en ningún momento y lugar, sea lo que sea – ya que esa no es la senda para corregir sino para destruir.

Creador del Universo, Te ruego que tengas piedad de mí. ¡Dame por favor el conocimiento perfecto que mi esposa es mi espejo, y que todas las deficiencias que veo en ella son las mías! Incluso en lo que ella realmente debe cambiar, yo no puedo estimularla por medio de críticas y reproches, sino sólo por medio de darle más y más amor y respeto. Ayúdame a buscar la raíz de mi defecto y rezar para rectificarlo. Déjame creer con fe completa que cuanto más la ame y respete, mi esposa cambiará para bien, lo que sólo será posible si no le haré ninguna crítica, sino que por el contrario, la alabaré y le diré más y más palabras de amor.

Por favor, ayúdame a controlar mi Mala Inclinación que me impulsa a la crítica. Saca de mí la crueldad de ver las faltas y los defectos de mi esposa y criticarla por ellos. Por el contrario, dame el conocimiento, la misericordia y buenos ojos para ver su belleza, sus buenas acciones. Ayúdame a apreciarla, respetarla, alentarla, alabarla y glorificarla. Que siempre, en toda ocasión, me controle y me esfuerce en callarme y multiplique mis plegarias. Dame preferir caer en un horno de fuego en lugar de humillar mi esposa".

De este modo, el marido debe rezar mucho por cada punto y cada cosa que debe obtener, pues sin ello no puede existir la paz doméstica.

e) Paciencia – debe el marido cumplir las recomendaciones recordadas arriba durante un largo período y, mientras tanto, beneficiar a su esposa sin esperar aun la menor gratitud de su parte. Debe tratar de no volver a su casa, sólo esperar el momento en que el Creador lo retornará. Y éste es el punto esencial de su prueba: creer que sólo el Creador es el que decide cuándo volverá a su hogar, y por lo tanto, abstenerse de toda iniciativa práctica al respecto. Incluso si ve que a pesar de todos sus esfuerzos para hacerle bien, su esposa reacciona cada vez peor no debe desanimarse, sólo seguir cumpliendo sus deberes con fe, seguir rezando y beneficiarla más. Si en verdad actúa como es necesario, verá que su esposa misma le pedirá retornar al hogar, gozarán de paz y su vida será una vida nueva, como si fueran recién casados...

Para concluir esta sección, es importante volver y subrayar algunos puntos aprendidos que afectan a todas las situaciones de la vida:

a) Hay que tratar los problemas cuándo están todavía en una primera etapa de su desarrollo, y no esperar la crisis.

b) La única vía para tratar los problemas es la aplicación de las 'Tres Reglas de la Fe', y sobre todo la parte dedicada al arrepentimiento.

c) Gracias a la *Emuná,* se ve que incluso la mayor de las crisis – es para bien.

El divorcio

Cada persona que desea llegar a la auténtica paz conyugal, debe leer esta sección. Y con mayor razón quien piensa en el divorcio, o quien empezó a gestionarlo, e incluso quien ya se haya divorciado necesita leerlo y asimilarlo para saber cómo continuar su vida desde este punto.

Cuando le preguntaron a uno de los sabios de esta generación cómo explica la cantidad de divorcios que hay hoy en día, contestó que según parece, ésta es una generación consentida que no sabe que la vida conyugal requiere mucho trabajo y esfuerzo. Por eso, después de cada pequeña disputa la pareja corre a divorciarse.

Siguió diciendo el sabio: "También nosotros tuvimos muchos inconvenientes, disputas, malentendidos, como toda pareja joven, pero nunca se nos ocurrió divorciarnos por eso. Estábamos dispuestos a invertir todas nuestras fuerzas y todos los medios para tener éxito en nuestra vida conyugal. Y gracias a Dios, pudimos sobreponernos a todo. Logramos criar una buena generación y casar hijos, nietos y hoy tenemos también bisnietos. Tenemos muchas satisfacciones de todos ellos, pero si no hubiéramos estado dispuestos a sufrir las dificultades y no nos hubiéramos esforzado a estabilizar nuestra vida conyugal, hubiéramos perdido toda esta felicidad".

De lo precedente debemos aprender a corregir la falsa y preconcebida idea, que la paz en el hogar es fácil de obtener y llega sola. Por lo tanto, cuando vemos parejas que viven en armonía pensamos que desde un principio vivieron así, pero esto no es completamente cierto. Inclusive hombres justos y personas con grandes cualidades tuvieron dificultades en su vida de casados, hasta conflictos y discusiones, y también ellos debieron aprender a veces a renunciar y "bajar la cabeza" para conseguir la paz y la felicidad en sus hogares.

La conclusión es, que cuando la pareja entiende que el matrimonio no empieza y termina en la ceremonia del casamiento y están dispuestos a aprender y trabajar sobre sí mismos, no hay ninguna razón para llegar al divorcio. Todo problema sólo empieza cuando uno de los miembros de la pareja o los dos, no están dispuestos a escuchar lo que tienen que corregir, a esforzarse y a trabajar por la paz doméstica.

Bajo el ojo de la *Emuná*

Puesto que la finalidad de la creación del hombre es la *Emuná,* el Creador del Universo quiere que cada uno llegue a esta meta, Él le da al hombre en el curso de su vida, ejercicios y exámenes de fe, de los cuales la prueba principal se encuentra en el hogar. Esto explica por qué las experiencias esenciales del hombre ocurren en su casa. Por lo tanto, quien reciba una correcta orientación de fe, la estudie y la trabaje – la ganará, y también la verdadera paz del hogar.

Encontramos que la raíz de todos los casos de divorcios es la falta de fe. El hombre tiene problemas y sufrimientos dentro de su casa, y en lugar de resolverlos en forma conveniente por medio del arrepentimiento, la plegaria, y una orientación adecuada hacia la paz conyugal, piensa que si se divorcia resolverá todos sus problemas y se le terminarán los sufrimientos. Pero, en realidad lo que hace es cambiar sus sufrimientos por otros nuevos, pues cambia las tribulaciones de sus problemas conyugales por los sufrimientos del divorcio, que son incluso más difíciles de soportar y de resolver.

Si le llegan al hombre tribulaciones según el Juicio Divino, mientras no se arrepienta y haga *Teshuvá,* todo lo que haga no le ayudará para escaparse de ellos. También todos los consejos y la más justa orientación no le ayudarán durante todo el tiempo que no se arrepienta, pues no tiene derecho, por sus transgresiones, a gozar de paz conyugal. Y seguramente que no le ayudará divorciarse.

Del Creador nadie puede escapar, y si se divorcia – seguro que sus sufrimientos sólo se agravarán más, como se dice en nombre de Rabí Najman de Breslev, que cuando el hombre no está dispuesto a sufrir un poco, deberá sufrir mucho...

La orientación adecuada

Debemos saber que todo el tiempo que la pareja aún esté casada, es posible, por medio de una orientación adecuada, resolver los problemas conyugales – tan difíciles que sean.

Sobre la fuerza de la adecuada orientación por el camino de la *Emuná,* pueden atestiguar miles de parejas que sufrieron falta de paz conyugal, y parte de ellas ya tenían fecha de divorcio. Desde el Cielo merecieron recibir la orientación

adecuada sobre el tema por medio de grabaciones del autor de
este libro, y todas sus vidas cambiaron para bien de un extremo
a otro y lograron gozar de una verdadera paz hogareña.

La fuerza de tal orientación es tan grande, que cada vez
que llegan a verme parejas que se quieren divorciar, no les
dejo contar nada de las penas, conflictos, errores y reproches
que tienen uno contra el otro, sino que les pido primero que
escuchen las clases grabadas sobre el tema de la paz en el
hogar como el CD 'El Respeto a la Esposa', que estudien este
libro, y sólo después si todavía tienen problemas, pueden
volver a verme.

Y la realidad es que nadie volvió jamás, porque después que
el hombre recibe la orientación adecuada para lograr la paz
conyugal, es decir cómo arrepentirse y cuáles son las reglas
del bienestar doméstico, él entiende muy bien que todos sus
reproches no tenían fundamento; comprende cuáles fueron
sus errores, cuál es su trabajo en esta vida, y ya no necesita
pedir orientación pues ya ha logrado la perfecta paz conyugal.
Todas estas mismas personas dicen en voz alta: "lástima que
no recibimos estos consejos varios años atrás; nos hubiéramos
ahorrado penas, discusiones y grandes sufrimientos...".

Heridas del corazón

Los miembros de una pareja que piensan en el divorcio,
deben saber a lo que se exponen y en qué grave problema se
están envolviendo. Por eso, traeremos algunos ejemplos de
los problemas y angustias que sufren los que se divorcian.

Están los que después del divorcio no pueden olvidar a su
ex– pareja y sobreponerse a la nostalgia. No pueden seguir
adelante, ni comenzar una nueva relación. Muchas veces
los miembros de la pareja ya divorciada, descubren que la
soledad es mucho más dura que los problemas que tuvieron
en la vida de casados.

Tenemos acá la declaración de una mujer divorciada: "Esperé este divorcio cómo se espera la liberación, pero una vez que lo conseguí sentí un dolor muy grande; un vacío como si me hubieran amputado un miembro...". Y así es, nuestros Sabios designan el divorcio como un 'acto de amputación', es decir el acto que amputa el alma de la pareja, que es en realidad una sola alma, en dos partes – y eso duele...

Además, el estado de soledad no siempre termina pronto. A los divorciados no los están esperando en fila para casarse con ellos. No les es fácil encontrar una buena nueva pareja, especialmente si tienen hijos, deudas, pensiones alimenticias.

Está claro que los miembros de una pareja que han pasado tantos sufrimientos con el divorcio, aunque no lo quieran reconocer, se arrepienten del apresurado paso que han tomado.

Elimina la ira de tu corazón

Existen también casos contrarios. Sus corazones están heridos y doloridos, y ellos no pueden perdonar la humillación que pasaron y perdonar; están llenos de cólera y odio hacia su pareja anterior.

Y es bien sabido que todo el tiempo que uno de los miembros de la pareja siente dolor, ira u otro mal sentimiento, entonces ni éste ni el otro viven en paz. Uno por la ira y el dolor que lo acosa, y el otro por el juicio riguroso que pende sobre su cabeza por el acoso de su antiguo cónyuge. Y por eso el conflicto entre ellos no les dará calma, hasta que se reconcilien. Entonces, ¿qué utilidad tuvo el divorcio? Lo que debieron hacer como pareja casada, es decir, reconciliarse y perdonarse el uno al otro, deben de cualquier manera hacerlo después del divorcio...

Con mayor razón siendo una pareja casada es más fácil hacer las paces pues tienen el interés de poder seguir su vida en común – y para lo cual hay condiciones simples como demostrar cariño, dar regalos, etc. Pero cuando están divorciados, la única razón para la reconciliación es no conservar el rencor entre ellos, y las condiciones para esto son duras y en muchos casos quedan heridas abiertas.

¿El fin de las disputas o sólo el comienzo?

Debemos saber que la "solución" de divorcio –que se cree traerá el fin a todas las disputas– de ninguna manera es el fin del conflicto, sino sólo el comienzo de uno más largo y grave que continuará toda la vida.

Especialmente cuando la pareja tiene un hijo y con más razón si tienen varios, entonces aparecen un sin fin de nuevos problemas que no existirían si no se hubieran divorciado.

Todos los eventos familiares se transforman en pesadillas. Cada cumpleaños, festividades, casamientos, son ocasiones de disputas como: decidir dónde se hará la fiesta, a quién se invitará, y de manifestaciones como: "¡Si él viene yo no voy!", "¡Cuídate de traerla a 'ella' contigo!". Este tipo de conflictos son habituales en estas circunstancias. Todos los que estuvieron envueltos en esas situaciones reaccionan según el dolor y la rabia que guardan en sus corazones, lo que va acompañado de un aluvión hirviente de cólera, amenazas, maldiciones e insultos. Cada uno se empecina tercamente en su posición, y siente que la otra parte actúa a propósito para molestar, y quiere vengarse.

Cuando los miembros de una pareja divorciada tienen que encontrarse de vez en cuando, reaparecen y afloran los recuerdos y las heridas se abren. Tanto más si se ve a la ex–pareja con una nueva familia, entonces aparecen la envidia y los sentimientos de odio y venganza.

La relación con los hijos en muy complicada, y despierta siempre muchas discusiones y reproches, por ejemplo: "¿Por qué él no visita a sus hijos, no le importa de ellos?", o por el contrario: "¡Visita demasiado a los niños y los predispone en mi contra!". Hay muchos casos en que, por venganza, uno de los padres no permite a la ex–pareja el encuentro con los hijos; o acorta la visita a pocas horas por semana, y esto también en presencia de una asistente social. Y no hay que olvidarse de la pensión alimenticia, de juicios, reclamos, y un sinfín de problemas más...

Cuando existen ciertos problemas con los hijos, como el caso de un niño que tiene dificultades de estudio, o problemas psicológicos, sociales o físicos, les es muy difícil a los padres separados enfrentarlos y resolverlos. Las acusaciones son recíprocas y cada uno responsabiliza al otro. Si hubieran estado juntos, hubieran resuelto los problemas fácilmente, unidos y con sus fuerzas conjuntas. Resumiendo, la solución que pensaron les haría más fácil la vida, se descubre como algo que sólo les dificulta y les complica la vida sin fin.

La verdadera solución

Por lo tanto, en lugar de buscar una solución como el divorcio, que realmente no es ninguna solución sino un paso apresurado que conduce al hombre a una serie de problemas duros y pesados cuyas consecuencias son muchas y desagradables, debe la pareja hacer un verdadero y responsable examen de conciencia – ¿acaso desean sacrificar a sus hijos en nombre de su orgullo, o reconocer la verdad que no saben cómo vivir juntos, y estar dispuestos a recibir una orientación? Por supuesto que deben recibir una conducción adecuada para resolver sus problemas. Deben saber que la experiencia demuestra, que por medio de una simple orientación y algunos verdaderos consejos, se podrían evitar muchos casos de divorcio y muchos sufrimientos. Se debe saber que esto ya permitió a muchas parejas vivir una vida calma y feliz.

Falta de conocimiento

En la mayoría de los casos de divorcio, salvo excepciones, se debe a que el marido desconoce las reglas de la "Paz en el hogar". Por ejemplo, en el caso de un marido que no exagera sus actos – no golpea, no levanta la voz, ayuda en la casa, hace las compras, y aparentemente se conduce muy bien – pero que critica a su esposa y le hace reproches constantemente, es suficiente para que ella odie la vida junto a él, incluso hay casos en que ella considera la muerte mejor que este tipo de vida.

Para quien comprende un poco la naturaleza de la mujer, todo esto está claro como el agua. Entiende que no criticar es la primera regla para el bienestar conyugal, que no es posible haber paz sin ella. Pero quien no conoce esta ley, aunque realice todas las buenas acciones nunca tendrá paz en el hogar. No hay mujer en el mundo que esté dispuesta a sufrir reproches de ninguna manera y de ninguna forma. Por eso, está completamente prohibido hacerle ninguna crítica, inclusive la más justa.

Tanto más cuando el marido tampoco entiende a su esposa, no presta atención a sus quejas, no sabe cómo tranquilizarla, no la aprecia y no la respeta. Y si además la humilla y la hace sufrir, seguro que esta infeliz esposa no desea vivir junto a él. He aquí que todas las esperanzas de la mujer cuando contrajo matrimonio fueron encontrar a alguien que le alumbrara la vida, la alegrara, la escuchara y la respetara, y si no recibe nada de esto, sino todo lo contrario, no tiene ningún sentido ni razón seguir casada.

Por lo tanto una mujer que vive con esa dura sensación, incluso teniendo hijos de ese hombre y habiendo pasado momentos agradables juntos, aun teniendo mucho miedo al divorcio – no está dispuesta a seguir sufriendo los reproches y la crueldad de su esposo, y exige el divorcio vehementemente.

¿Y el marido?, él no entiende qué le pasa a su esposa. No entiende qué hizo para que ella quiera divorciarse. Esta falta de entendimiento proviene de falta de conocimiento de la naturaleza femenina y las reglas para la paz conyugal. Por lo tanto este esposo necesita recibir urgente una orientación.

La lujuria

Muchos de los casos de divorcio se deben a la lujuria del hombre, que le incita a abandonar a su esposa e hijos por una mujer extraña. Su Mala Inclinación le hace creer que no hay nada mejor que vivir con la otra mujer; está seguro que si irá tras ella se sentirá en el paraíso. Pero, lo que no sabe, es que si se tienta y va tras ella, descubrirá que recibirá el infierno mismo en lugar del "paraíso" que tanto esperaba.

Todo el tiempo que el hombre esté casado y se relacione con una mujer extraña, seguro que su vida será terrible – disputas en casa, hijos afectados, porque su conducta despierta una gran Ira Divina, el Todopoderoso odia la lujuria, tal como ordenó explícitamente en los Diez Mandamientos (Éxodo 20:13, Deuteronomio 5:17): "No cometerás adulterio". Por consiguiente, por el grave pecado que comete contra el Creador, su mujer y sus hijos, Juicios y castigos caerán día y noche sobre su cuerpo, su alma y sus bienes.

E incluso si se divorcia y se casa con esa mujer, descubrirá que toda la simpatía, dulzura y comprensión que ella le demostraba desaparecerán, porque ahora que no tiene competidora, se mostrará tal como es – una mujer como todas, que exige respeto y atención, que también se queja, grita, desprecia, y necesita que su marido la escuche todo el tiempo para sacarse lo que tiene en el corazón... Y debido a que él no supo vivir con su primera esposa y pensó que las dificultades y sufrimientos que tuvo son debidos a ella, tampoco ahora sabrá cómo vivir con su nueva esposa.

Y tanto más que ahora se le ha retirado toda la ayuda del Creador –porque se le ha retirado toda ayuda debido a que la aflicción de su primera mujer provoca la ira Divina– no le dejará ni un minuto de calma y tranquilidad, ni en este mundo ni en el venidero. En otras palabras, pasó de algo que le parecía malo a algo peor.

Debemos saber que no es necesario llegar a tal grado de adulterio para comprometer toda paz conyugal; sino que ésa es la sentencia a todo tipo de relaciones, incluso las más "ligeras" que el hombre tiene con otras mujeres además de su esposa, por ejemplo con "amigas", relaciones afectuosas con compañeras de trabajo, etc. – todo esto daña mucho la vida conyugal, la cual debe basarse en una fidelidad absoluta. En el momento que la exclusividad de uno de la pareja se altera – todo se derrumba...

¿Quién es el perturbador?

A veces el divorcio es causado por una persona intrigante de la familia que se entromete y provoca crisis en la pareja, pero en verdad, no es importante la causa que lo provocó, porque en última instancia, salvo en casos excepcionales – *todo depende del marido.* Si él hubiera vivido con la creencia que "No hay tribulaciones sin transgresiones", si hubiera hecho arrepentimiento frente el Creador y hubiera estudiado las reglas de la paz hogareña – seguro tendría tranquilidad conyugal. Y a esas mismas personas que fueron la "causa" de la grave crisis hogareña, el Creador las transformaría en ayuda y soporte o las alejaría de su hogar, y por fin tendría la paz conyugal por mérito de su arrepentimiento.

Crisis emocional

El divorcio es una crisis emocional muy grande, una herida difícil de cicatrizar. Sentimientos heridos, quemante sensación de fracaso, y una gran decepción por las esperanzas destruidas llenan el corazón, envuelven y se arrastran con la persona a cada lugar que va. Más de una vez nos encontramos con gente divorciada que después de algunos años todavía arrastra su dolor a todos lados, todavía no cicatrizó la herida que dejó la difícil experiencia pasada.

Verdaderamente es una gran desgracia cuando la relación más profunda que tiene el alma se corta y se rompe.

Todavía no es tarde

Como resultado de todo lo anterior, está bien claro que cada hombre debe hacer todo lo posible, incluso renunciar a muchas cosas, para no llegar al divorcio.

A quien no le llegó este libro a tiempo, y ya se equivocó y llegó al divorció, no significa que su situación es irreparable y no hay modo de empezar de nuevo, **¡sino que también tiene un camino de trabajo para rectificar todo y empezar una nueva vida!**

¡Debes saber! – quizás tú te desesperaste de esta vida, pero el Creador no se desesperó de ti; Él tiene un muy buen y bello programa para ti – si te conduces con fe.

Aquí una regla que no se debe olvidar nunca – *"¡Si crees que se puede destruir, cree también que se puede reparar!"*.

Es cierto, hasta hoy erraste, destruiste y te destruiste –pero ahora te encuentras después del hecho, te despertaste y entendiste tu error– olvida el pasado, comienza de nuevo. Aprende desde ahora a vivir con fe, prepárate para una nueva vida y para el nuevo camino que te está esperando.

Mirar hacia adelante

La persona divorciada debe mirar hacia adelante. Si no lo hace y no acepta esta realidad, no podrá afrontar la vida; no podrá reconstruirse nuevamente. Porque a pesar de que pasó una dura crisis, y aunque todavía tiene problemas relacionados con su pasado que necesita superar, debe aceptar lo que ya pasó con fe y empezar a pensar qué es lo que el Creador quiere de él de ahora en adelante. Debe saber que HaShem tiene la esperanza que siga con la misión por la que vive en este mundo.

Ésta es una regla de *Emuná* que se aplica en todas las situaciones de la vida: "Lo que pasó – pasó". No tenemos ninguna influencia en el pasado, sólo en lo que vendrá más adelante – en cómo seguir desde este determinado punto con fe, según la Voluntad del Creador.

Perdón y disculpa

Una de las primeras cosas que toda pareja divorciada debe hacer, es perdonar y disculpar uno al otro de corazón. Durante el tiempo que queda en sus corazones resentimiento o amargura hacia el otro, y tanto más si sienten odio y cólera en sus corazones, nunca conseguirán reconstruir sus vidas por la gran acusación Celeste que existe sobre ellos, pues las transgresiones de "Entre una persona y otra" son aun más graves que "Entre una persona y el Creador".

Por eso cada uno de los integrantes de la ex–pareja debe hacer lo máximo para hacer las paces con el otro, y perdonar por completo por todo. Deben no ser obstinados en su enojo aunque tengan razón, porque ese mal sentimiento que llevan en su corazón, no sólo daña al otro, sino también a ellos mismos – y no les dejarán construir sus vidas nuevamente ni tener éxito en ellas.

Y si te preguntas: "¡¿Por qué el ofendido debe ser castigado si no ha perdonado, después de todo, él es la parte lastimada?!". La respuesta es que cuando una persona no perdona es ésta una gran falta de fe, que la aparta de la Luz Divina. Y debido a que está desconectada de la Supervisión del Creador, no podrá tener una buena vida.

Cada uno debe creer que todas las tribulaciones y pesares que sufre, llegan bajo la Supervisión Individual del Creador según los cálculos Divinos: sea para estimular su arrepentimiento, sea para expiar sus pecados. Y como consecuencia, necesita perdonar completamente a quien lo lastimó.

¡Recuerda! Quien te lastimó no es más que un pobre ser que fue elegido por sus pecados para ser la vara del Creador. El pesar que sufres es una cuenta que tiene el Creador contigo y que te mereces por tus transgresiones, pero esto que te llega por medio de una determinada persona – es una cuenta distinta que tiene el Creador con esa persona. Por lo tanto, si no estás dispuesto a perdonar, esto demuestra que piensas que esos sufrimientos no vienen desde lo Alto sino de tu pareja. ¡Ésta es una gran herejía! Debes fortalecerte en la *Emuná* – y perdonar.

Sacar conclusiones

La persona que se divorció debe aceptar la realidad de que todo lo que le sucedió estuvo bajo la Supervisión Individual, recibirlo con amor, verlo como la expiración de sus pecados, y empezar de nuevo. Debe reflexionar tranquilamente y preguntarse: "Ahora que ya me divorcié, ¿qué quiere el Creador de mí, que me derrumbe?, ¿que cargue con sentimientos de odio, de desesperación, de auto-culpabilidad?, ¿que siga arrastrando toda mi vida lo que ya pasó y terminó?; ¿o quizás Él quiere que olvide todo, y que Le rece para que me ayude a empezar una etapa nueva?".

Después de aceptar la realidad que "Lo que pasó – pasó", recién entonces se puede empezar el proceso de hacer un examen de conciencia, sacando conclusiones del pasado para el futuro. Este examen de conciencia debe ser auténtico – desde el punto de querer la verdad, sin ningún interés o esperanza de volver precisamente a la anterior pareja – sólo con la voluntad de arrepentirse frente al Creador y rectificarse.

Después de entender cuáles fueron los errores cometidos, se debe comenzar el proceso del arrepentimiento, que significa:

a) Confesarse frente al Todopoderoso.

b) Pedirle perdón por haber actuado contra Su Voluntad. Pedir también que inspire perdón en el corazón herido de su pareja.

c) Comprometerse que en el futuro no repetirá las mismas acciones, y que se conducirá según el camino de la Ley Divina, la fe, y el buen razonamiento.

De todos modos, si este arrepentimiento no le ayudará para devolverle su anterior pareja, le ayudará para el futuro.

Luego rezará: *"¡Señor del Universo! Si todavía tenemos, yo y mi ex–mujer, la misión de estar juntos, ayúdanos a que cada uno de nosotros pueda corregir lo necesario, y podamos volver a casarnos nuevamente y vivir en paz y amor. Pues todo está en Tus manos – Tú tienes muchos caminos para hacer las paces entre un hombre y su mujer. Pero, si terminó la corrección espiritual entre nosotros, compadécete por favor y ayúdanos para que cada uno encuentre una nueva pareja, y que esta vez logremos vivir una vida de fe, que a través de ella logremos felicidad, paz y calma".*

¿Qué será de los niños?

Existen algunos problemas muy graves en la vida de los divorciados. Uno de los más difundidos es cuando los hijos están a cargo de uno de los integrantes de la pareja que no los atiende correctamente, ya sea materialmente, como negligencia o abusos, o desde el punto de vista espiritual, como abandono del camino recto, y los hijos reciben una educación contraria a la opinión de la ex-pareja.

Al parecer – no hay un pesar más grande que ese, y es comprensible que la persona que no tiene los hijos a su cuidado esté completamente destrozada y decaída. ¡Pero éste no es el camino! No es ésta la verdad. Incluso cuando una persona tiene una gran pena, le está prohibido dejar que destruya su vida, porque es completamente inútil.

Sobre este tema contaremos un caso impresionante que sucedió en uno de los pueblos de Ucrania en el siglo XVIII:

Una nueva ley del despiadado zar Nicolás I de Rusia, decretó raptar en forma brutal a pequeños niños judíos de sus familias, ¡obligándolos a servir al ejército ruso durante no menos de veinticinco años!

Niños de cinco años, que no conocían nada más que el entorno de su madre, fueron sacados por la fuerza de sus casas y llevados a campamentos en condiciones muy difíciles, bajo el control de crueles militares. En la mayoría de los casos nunca volvieron a encontrarse con sus padres, y perdieron completamente su identidad.

Por supuesto, los padres de los niños hicieron todo lo posible para mandarlos a otro lugar o esconderlos de los soldados del zar. Pero estos irrumpían de tanto en tanto en los pueblos para atrapar a los niños. Los asustados pequeños eran arrancados violentamente de los brazos de sus padres quienes gritaban pidiendo clemencia infructuosamente, y eran encerrados cruelmente en carros especialmente preparados para eso. Los gritos, los golpes de los niños en las paredes del carro y las súplicas y llantos de los padres eran ignorados por los helados corazones de los soldados. A quien veía esta escena se le contraía el corazón de dolor.

En una de esas irrupciones corrió una mujer –a la que le recién le habían raptado a su pequeño hijo– a la sinagoga de la comunidad y comenzó a gritar con todas sus fuerzas y terribles lloros hasta que, por todo su dolor y sus alaridos, cayó muerta...

Por supuesto, se produjo un gran alboroto en todo el pueblo y alrededores. Cuando llegó esta historia a Rabí Natan de Nemirov quien solía rezar mucho para conseguir la abolición de ese decreto, dijo: "Si esa pobre mujer se hubiera dirigido a mí, le hubiera aconsejado que se fortaleciera y rezara cada día en horas fijas al Creador para lograr la vuelta de su hijo. Si lo hubiera hecho, hubiera logrado no sólo la vuelta de su hijo, sino también la de tantos y tantos otros niños, todo por el mérito de sus puras plegarias...

Vemos como hasta en casos de crisis duras y dolorosas, como la de niños inocentes que fueron raptados para el servicio del ejército ruso, es necesario hacer todo lo posible para guardar la claridad mental, y creer que no hay calamidad que no tenga solución por medio de la plegaria. Porque por la perseverancia y persistencia de la plegaria día a día, se puede cambiar todo Decreto; lograr éxitos, y hasta ayudar también a los demás.

La vida sigue

Ésta es una regla concerniente a todas las penas – por difícil que sea – nada justifica que el hombre destruya su vida. ¿Qué utilidad tiene eso?, como en el antedicho caso. ¿En qué le ayudó a esa mujer su histeria que le produjo la muerte? Ahora por supuesto ya no puede ayudar a su hijo. E incluso si el niño volviera a su casa, ya no tendría una madre que lo atienda... Por lo tanto, un progenitor cuyos hijos están viviendo con el otro, debería consagrar todos los días media hora para rezar y pedir por su problema, y después debería estar alegre todo el día sin pensar en él. Sólo esto promete la continuación de una vida normal, y la dicha necesaria.

Por lo tanto, los padres cuyos hijos no están bajo su autoridad y no reciben el cuidado adecuado, aunque tengan razón en su inquietud y en su pena, deben decidir: "Yo hago todo lo que está en mis manos para ayudar a mis hijos: económicamente, con voluntad, con fatigas. Trato de mantener la relación lo más posible normal con ellos. No hago más de lo que pueda hacer en forma sana, sin nervios y sin tristeza, salvo la plegaria". Estas personas deben determinar una hora fija cada día para rezar unos diez minutos por el éxito de los hijos. Fuera de esto hay que dejar de pensar en ese asunto completamente. Con mayor razón no se debe comenzar una lucha, involucrar abogados, etc., porque esto sólo le hará daño a él y a todos los que están envueltos en esta situación.

Hay que saber que éste es el mejor consejo – determinar un tiempo fijo cada día para rezar por los hijos, y esto los beneficiará más que cualquier otra cosa. El autor de este libro conoce muchas personas que provienen de hogares destruidos en los que los padres se han divorciado, y ellos resultaron personas exitosas y muy importantes, gracias a los rezos de uno de los padres.

280 | En el Jardín de la Paz

La regla es: "Por medio de la plegaria todo es posible", por lo tanto, hay que consignar a los hijos en las manos del Creador, y decirle así:

"¡Señor del Universo! También si mis hijos estuvieran bajo mi autoridad, debería aumentar mis rezos y mis peticiones de compasión para que crezcan como se debe. Pero ahora que no están en mis manos, los pongo en las Tuyas, y tengo la fe que también en el lugar donde se encuentran, los estás cuidando para bien. Por favor, ten piedad de ellos y guíalos por el buen camino, aléjalos de malas compañías y bríndales bueno amigos. Acerca mis hijos a Ti, inspírales a la simpatía y a la compasión frente a Tus ojos y a los ojos de toda persona. Llena sus corazones de fe pura y simple, y que crezcan virtuosos y justos".

Vemos que la *Emuná* es el remedio a toda angustia, en cualquier momento. ¡Dichoso es aquel que anda y vive su vida con fe completa!

Capítulo Once:
Un Hombre de Valor

Rabí Najman de Bresev enseña (*Likutey Moharán* II, 7) que con el fin de ganarse la vida para su familia, el hombre debe ser un 'hombre de valor'. Es decir que debe esforzarse y aceptar el desafío de conseguir el sustento para mantener a su esposa. Entonces, le es concedido desde el Cielo una medida de 'gobierno espiritual' que invoca la bendición de los ingresos.

En otras palabras, el marido no debe ser perezoso o sentarse de brazos cruzados y no dejarse hundir en la tristeza y la melancolía. Debe creer en sí mismo y saber que puede ganarse la vida. Luego, debe clamar al Creador que le ayude y realizar todo esfuerzo práctico que sea necesario para lograr la subsistencia de su familia.

Asumir responsabilidad

El deber y la responsabilidad de la subsistencia incumben sólo al marido; la esposa no debe ocuparse o preocuparse por ello. El hombre que se casa conforme a la Torá acepta esta responsabilidad firmando la *Ketubá* (el contrato matrimonial judío) que entrega a su esposa y donde está escrito explícitamente: "Trabajaré, te respetaré, te alimentaré, te sustentaré, te mantendré, te atenderé y te vestiré...". De hecho, el marido se compromete ante su esposa proveerle vestimenta, alojamiento, etc. Todas las necesidades de la mujer recaen sobre el marido, en tanto que ella no tiene responsabilidad alguna de mantener la casa.

Y esto es lo que enseñamos en nombre de Rabí Najman, que sólo cuando el marido se "aprieta el cinturón" y acepta que es *su* obligación mantener a su esposa, se une al atributo Divino de *Maljut* (reinado) que corresponde el gobierno espiritual, y puede entonces asegurar la subsistencia de su mujer. Sin embargo, cuando se desentiende de su responsabilidad y se siente desvalido y débil, resulta que carece de aquella unión con *Maljut* y le es imposible atraer el sustento.

Por lo tanto, el hecho de que el marido reflexione sobre este punto y acepte con firmeza que sobre él recae la plena responsabilidad de mantener a su esposa, será suficiente para que tenga éxito en traer el sustento a su hogar.

Es tu problema

Ésta es una regla básica para la vida matrimonial: Está prohibido que el marido cargue sobre la esposa el peso del sustento y la involucre y la preocupe con los problemas económicos. Debe darle de corazón todo lo que tenga en sus manos, y si no tiene – ¡tiene que saber que el problema es suyo y él debe ocuparse de ello! Y más aún si el marido tiene deudas deberá hacerse cargo, pero sin involucrarla y hacerla sufrir – ¡ya que no es el problema de ella, es su problema! Ella se casó con él sabiendo que él tiene la obligación de mantenerla. Por lo tanto, el marido no puede alegar frente a su esposa: "Tengo deudas y por eso no puedo mantenerte; primero pagaré mis deudas y después me ocuparé de ti", pues con ella tiene su *primera deuda,* la prioritaria, que es darle sustento y mantenerla como se debe.

La luz del alma de la esposa

Además, Rabí Najman enseña que la subsistencia es generada por la iluminación del alma de la esposa, como se menciona en (*Likutey Moharán* I, 69): "El dinero del hombre le llega por medio de su cónyuge (véase Zohar, *Tazría,* 52). Es el brillo y la expansión de las luces espirituales del alma de la esposa que provocan el sustento…". En otras palabras, cuando la mujer está feliz y alegre su alma se expande y alumbra, lo que atrae hacia el marido abundancia en el sustento.

Por lo tanto, no existe un error más grande que limitar a la esposa, discutir con ella sobre sus gastos, hacerla sentir que no puede utilizar el dinero conforme a su voluntad o comprar lo que necesita. En el momento en que ella se sienta presionada, la luz de su alma decrece y en consecuencia también el sustento.

Resulta que el marido que discute con su esposa sobre sus gastos, "corta la rama sobre la que está sentado". Al querer ahorrar algún dinero de hecho pierde grandes cantidades al reducir la iluminación del alma de su mujer. Limitando a su esposa por sus graves problemas económicos no será lo que le resuelva las cosas, sino por el contrario – sólo las agravará.

La verdadera solución es que empiece a vivir como un 'hombre de valor' y haga lo necesario para atraer el sustento, clamándole a HaShem, haciendo *Teshuvá* y rectificando su conducta y realizando todos los esfuerzos necesarios. Él se comprometió a darle sustento y debe cumplir su compromiso con todas sus fuerzas. Por lo tanto, no sólo le está prohibido esperar que ella lo comprenda o le ayude con la subsistencia, sino que además debe tratar de alegrarla, comprarle regalos, darle dinero para sus gastos, etc. Cuando así lo haga, se expandirá la luz del alma de su esposa y eso mismo atraerá el sustento.

Las joyas de la esposa

Dijeron nuestros Sabios (tratado *Bava Metzia* 59): "El hombre debe siempre honrar a su esposa, pues la bendición en el hogar es sólo en virtud de ella, tal como está escrito (Génesis 12:16): 'Y Abraham fue beneficiado por causa de ella'". Y como dijo Raba, el Sabio, a los ciudadanos de Mejoza: "Honren a sus esposas y enriquecerán".

Pero es posible que alguien diga: "Yo no deseo obtener riquezas así que no la honro". Al respecto dice el Talmud (tratado *Shabat* 62): "Tres cosas llevan el hombre a la pobreza,... una de ellas es que su esposa lo maldiga en su cara". Raba comenta que ella le maldice porque no quiere comprarle joyas, y el Talmud añade que se trata del caso que "él tiene el dinero pero es demasiado tacaño para comprárselas".

Los Sabios nos enseñan que para una mujer las joyas no son un lujo sino una profunda necesidad emocional. Sin ello, ella siente una angustia mental muy fuerte, que es lo único que puede explicar por qué una esposa normal puede llegar a maldecir a su marido por no estar dispuesto a comprarle joyas. También aprendemos de esto que si un marido no honra a su esposa lo bastante para comprarle joyas conforme a sus posibilidades y por eso ella lo maldice, no sólo que él no logra la bendición de la riqueza, sino también cae en la pobreza.

Pero el marido puede decir que el Talmud sostiene claramente que la maldición recae sólo cuando él tiene el dinero y no le compra joyas, pero si no lo tiene – no es afectado. Por lo tanto es necesario aclarar bien las cosas: Lo que dice el Talmud que "él tiene el dinero" no se refiere a dinero extra, sino que si tiene dinero para las otras necesidades como comida, renta, vestimenta, etc., y sólo es tacaño con respecto a las joyas, entonces la maldición recaerá sobre él.

Y esto es lo que enfatiza el Talmud, que es necesario que el marido comprenda que la necesidad de su esposa de tener joyas no es un lujo sino una verdadera necesidad existencial no menor que tener comida, un techo, ropa, etc. Por lo tanto, tendrá que incluir esta necesidad en sus cuentas y encontrar los medios para comprarle joyas, tal como encuentra con qué pagar la renta, o la luz. Todo hombre honesto consigo mismo sabe muy bien que cuando de verdad desea algo (la nueva cámara digital, el nuevo celular o quizá las entradas a un partido de futbol, etc.) él revolverá el mundo para obtenerlo. Si un marido eleva a su esposa a la cumbre de sus prioridades, indudablemente encontrará los caminos para proveerla de sus necesidades, en este caso, las joyas.

No seas mezquino

Hay maridos que discuten con sus esposas porque ellas gastaron, según su opinión, algunos centavos más de lo necesario, e incluso sumas grandes que ellos piensan que se podrían ahorrar. Rabí Najman enseña que tal hombre tiene la mentalidad del endeudado pues es poseedor de una "mente estrecha", lo que puede hacerle caer en deudas. Un hombre que hace todo tipo de cuentas sobre los gastos de su esposa, como si esto fuera lo que le ayudará a resolver sus problemas económicos, está muy equivocado. En cambio, debería ampliar y elevar su criterio más allá de esas cuentas infantiles hacia la Raíz del sustento que es el Creador Mismo que le ordenó sustentar a su esposa en forma honorable y alegrarla.

Por lo tanto, con la finalidad de salir de las deudas, el marido debe conducirse con una "mente amplia", evitar todo argumento y crítica sobre los gastos de su esposa y darle dinero generosamente, con todo el corazón y con la buena sensación que ella puede disponer del dinero a su agrado. Y tendrá la confianza que por el mérito de haber abierto a su esposa su corazón y su billetera , también el Creador le abrirá las puertas de la abundancia Divina para poder subvencionar las necesidades de su esposa.

Olvídate del dinero

Desde el momento en que el marido le entrega a su esposa el dinero que tenía en sus manos, debe olvidarse y desinteresarse de lo que ella haga con él. No investigará sus gastos, ni discutirá con su esposa sobre su uso. Éste es el sustento que él se comprometió darle y ella puede utilizarlo como desee. Si él ve que le falta, que sea fuerte y 'hombre de valor', y haga lo necesario para arreglar sus asuntos. Porque como ya hemos dicho, éste es su exclusivo problema, y si pudo casarse y comprometerse, debe saber que puede también cumplir.

Ve a trabajar

Las primeras palabras con las que inicia el marido la lista de responsabilidades de la *Ketubá* son: "Con la ayuda del Cielo". Al invocar la ayuda Divina en todas sus obligaciones, el novio se une a la *Emuná,* la pura y completa fe en el Creador, porque únicamente a través de ella él podrá cumplir con sus compromisos. Inmediatamente después el novio se compromete a trabajar. Nuestros Sabios nos enseñan que no es suficiente que el novio se responsabilice a satisfacer todas las necesidades de su futura esposa, sino que también está obligado a trabajar para ello. Esto para acallar a aquellos que reniegan de su responsabilidad, disfrazándose de "creyentes" que cuando no tienen con qué sustentar a sus esposas se encogen de hombros y les dicen: "Dios proveerá. ¿Qué, no tienes ni un poco de fe? ¡HaShem quiere que no tengamos sustento – recibe esto con amor! ¿¿No tienes fe de que todo es para bien?? etc.". Y así dan sermones sobre la fe, e incluso se enojan con la esposa por su falta de confianza en el Creador...

Nuestros Sabios previeron exactamente el comportamiento del marido perezoso convirtiéndose de pronto en un pseudo–piadoso y por lo tanto le hicieron *firmar* el compromiso escrito de trabajar. ¿No tienes con qué sustentar a tu esposa? ¡Ve a trabajar! No está escrito en la *Ketuvá*: "Yo me comprometo a instruirte en la fe" sino ¡"Yo me comprometo a trabajar"! ¡Aprender a creer y a confiar en HaShem es tu función! Por lo tanto no le sermonees ni le des conferencias a tu esposa sobre la fe... Si hubiesen querido Nuestros Sabios que la esposa se fortalezca en la fe y la confianza en el Creador entonces, en lugar de hacer firmar al esposo sobre su obligación de brindar subsistencia, hubiesen hecho firmar a la esposa su obligación de confiar en HaShem sin pedirle nada a su marido...

Y no discutas querido lector usando el hecho que a lo largo de las generaciones hubo muchos grandes Justos y Sabios, que no tenían ni un centavo y vivieron en la pobreza absoluta. Debes saber que ellos vivieron dentro de sus medios y no estaban endeudados con persona alguna. Ellos vivieron sólo con lo poco que tenían y estaban contentos, de verdad, con lo suyo. Así, les transmitieron a sus esposas la sensación de que vivían una vida de riqueza y no carecían de nada y por lo tanto ellas tampoco sentían falta alguna.

El manejo correcto

He aquí una historia de la que aprenderemos el enfoque correcto para el manejo de la situación económica:

Un hombre pidió mi ayuda para lograr la paz en su hogar. Me relató que su esposa se quejaba con frecuencia por la falta de sustento. Él venía de su casa después de una discusión por ese motivo. Le pregunté: "¿Qué le dijiste?". Me respondió: "Le dije que debía fortalecer su fe y confianza en HaShem que nos dará la subsistencia. Ella, no sólo que no aceptó sus palabras, sino que se desanimó y se enojo aún más.

Le respondí: "Seguramente piensas que tu esposa está lejos de la *Emuná* y por lo tanto tus palabras no la fortalecen – pero estás equivocado. La completa responsabilidad del sustento recae sobre ti. Deberías decirle a tu esposa lo siguiente: "Querida mía, tienes toda la razón. Con la ayuda de Dios Todopoderoso me fortaleceré yo mismo en la fe y la confianza en Él; voy a rezar por esto y haré también todos los esfuerzos posibles para resolver el problema".

"Tienes que entender", continué explicándole, "no sólo que no le hiciste saber que sabes que toda la responsabilidad del sustento recae exclusivamente sobre ti, sino que cometiste varios errores. Le diste a entender que la responsabilidad *también* recae sobre ella. Además le hiciste sentir que de tu parte nada impedía la subsistencia y le insinuaste que la falla está en ella pues debe fortalecer su fe para tener sustento. En otras palabras, le hiciste sentir que todo depende de ella y la lastimaste sin razón dándole la sensación que es la principal culpable de la situación. Pero de verdad, tú eres el único culpable y el dedo acusador se dirige sólo hacia ti ya que en la *Ketubá* es el marido quien jura darle a su esposa alimento, sustento y cubrir todas sus necesidades...

Recuerda que en el libro del Génesis la Torá dice (Génesis 3:19): "Con el sudor de tu rostro comerás pan". Adán, el primer ser humano fue castigado con la maldición para todas las generaciones, que deberá trabajar duro por su sustento. Incluso, la maldición fue dirigida a Adán y no a Eva, su esposa. Vemos aquí que el Creador puso la carga del sustento únicamente sobre los hombros del marido.

Nuestros Sabios dicen que el hombre debe saber que una esposa es como un peso sobre sus hombros. Esto significa que ganarse la vida es la responsabilidad de él. Aun si la esposa es una mujer de valor que contribuye al sustento del hogar o es incluso la única abastecedora, en el caso que surja un problema de sustento la responsabilidad entera recae únicamente sobre los hombros del marido.

Cierta vez, un estudiante de Torá se dirigió al renombrado Rabino Ben-Tzión Aba Shaul *zt"l*. El estudiante le dijo al rabino que no podía permitirse comprar a su esposa un nuevo vestido porque dedicaba todo su tiempo al estudio de la Torá y por lo tanto no tenía bastante dinero. "Si así son las cosas", le respondió el rabino, "cierra el Talmud, vete a trabajar y cómprale a tu esposa todos los vestidos que necesite. Te comprometiste a ello con juramento y firma, y el estudio de la Torá no justifica eludir un juramento". Vemos aquí la gran obligación del marido de asegurarle el sustento a su esposa.

El marido debe tener el cuidado en no hacer sentir a los miembros de su hogar que no es capaz de traer el sustento. Si su esposa le pide algo, le prometerá cumplirlo y el Creador lo proveerá. Recuerda, los ojos de tu esposa se dirigen hacia ti, y tus ojos deben ser dirigidos al Creador.

El libro *'Shevet Musar'* enseña: "No cuentes tus problemas financieros a los miembros de tu hogar, pues ellos no pueden apoyarte". La función de apoyar pertenece al esposo, él sostiene a su esposa y no ella a él. Ella no tiene los medios emocionales y espirituales de enfrentarse con los problemas financieros de su esposo, ya que no es su responsabilidad ganarse la vida. Ya que los ingresos son la preocupación del marido, él debería escuchar sus preocupaciones y aflicciones, apoyarla y animarla.

En lo referente al manejo del dinero en el hogar existen tres posibilidades. La primera: que el marido maneje solo el pago de los gastos. La segunda: que el marido y la esposa lo manejen juntos. La tercera posibilidad -- que la mujer maneje sola el pago de los gastos. Las dos primeras opciones a menudo llevan a discusiones y pleitos, ya que el marido supervisa y con frecuencia critica los gastos de su esposa. También, si falta algo en la casa la mujer culpa a su esposo.

Pero cuando el marido le cede a la esposa la administración de los gastos logra varios beneficios. El primero: ella se siente valorada por la confianza que a puesto su esposo en ella. El segundo beneficio: ella no tiene ninguna queja de que él le evita hacer algo. El tercero: Si sus ingresos son limitados, le será a ella más fácil comprender la situación. Y el mayor beneficio de todos: se evitarán todas las discusiones, las quejas y las interminables riñas sobre el tema económico.

No seas tacaño

Uno de los peores y más crueles defectos que más perjudican la paz del hogar es el de la avaricia. El hombre avaro ama el dinero a tal punto que su corazón está sellado al sufrimiento de su prójimo. Por causa de esta terrible característica, él se conduce con crueldad y no tiene ni piedad ni compasión por los demás y por supuesto que no se da cuenta de su avaricia y sólo justifica su conducta. El amor al dinero literalmente lo enceguece, tal como está escrito (Deuteronomio 16:19): "Pues el cohecho enceguece los ojos de los sabios y pervierte las palabras de los justos". Por eso el avaro es generalmente odiado, lo que no agrega mucha bendición a su vida y ciertamente no a su dinero...

¡Esto me pertenece!

El defecto de la mezquindad tiene su raíz en la herejía de que "Mi propia fuerza y el poder de mi mano lograron para mí este éxito" (Deuteronomio 817:). Esa persona piensa que el sustento depende de ella misma. Tal herejía se manifiesta en dos formas:

La primera: Cuando el hombre tacaño tiene dinero, piensa que lo consiguió con sus propios esfuerzos. Por lo tanto, está convencido que le pertenece en forma exclusiva y lo quiere guardar para sí mismo. Él no reconoce que fue el Creador Quien le ha dado ese dinero no sólo para él sino también para las personas que de él dependen. Cuando HaShem vea que no lo comparte con los suyos – simplemente se lo quitará, ya que Él es el que empobrece y enriquece.

El avaro desconoce que todo el tiempo que HaShem quiere que él tenga dinero –aunque lo gaste–, siempre tendrá más. Con más razón no perderá nada de lo que gaste para cumplir con los Preceptos y en particular con el Precepto de la caridad. Si el Creador no quiere que tenga dinero, entonces nada le ayudará, ninguna estrategia y ningún esfuerzo por mantenerlo le servirá en absoluto – aun guardando el dinero en cien cajas fuertes, Él se lo quitará si así lo decidió.

La segunda forma: Cuando el hombre tacaño no tiene dinero, piensa que está exento de ayudar a otros, y de preocuparse de las necesidades de los miembros de su hogar. Él no sabe que HaShem lo supervisa y que maneja el mundo según la regla espiritual de 'Medida por Medida'. El Creador recompensa generosidad con generosidad, aunque él no lo merezca. Tal como dijeron los Sabios: "Un pobre caritativo no ve los signos de la pobreza".

Los avaros pueden ser catalogados en cuatro tipos:

1) Hay algunos que lo son hacia los extraños, pero no hacia su entorno próximo.

2) Existen los que, por el contrario, hacia afuera son generosos porque gustan de honores, pero en sus casas son mezquinos.

3) Hay quienes son avaros con todos los demás e incluso con sus seres queridos, pero no con ellos mismos. Para su beneficio y gozo personal pueden gastar dinero muy fácilmente.

4) Y hay quienes son mezquinos con todos e incluso con ellos mismos. No se permiten disfrutar del dinero y lo único que hacen es atesorarlo. ¿Y qué pasa al final? Todo se pierde o queda para que otros lo disfruten.

Un buen marido

Uno de los tipos de mezquindad más detestable es cuando el hombre es avaro con su propia familia. Su tacañería no le permite sentir las necesidades de su esposa y de sus hijos. Es cruel con ellos y no les da lo que necesitan. Todo gasto en su casa le parece innecesario y se enoja con los miembros de su familia, disputa con ellos y amarga sus vidas.

No existe un sufrimiento mayor para la esposa que cuando el marido es avaro. Ella por naturaleza necesita que su marido la ilumine y, en términos prácticos, que le dé el dinero que necesita. Incluso en el caso de un hombre pobre que no tiene lo que dar y su esposa lo entiende, esa situación le es difícil para ella y se quejará. Tanto más cuando el marido tiene el dinero y no se conduce con generosidad, y con mucha más razón si se conduce con generosidad pero sólo consigo mismo y con los demás pero no con su esposa. Ciertamente no hay amargura mayor para esa mujer.

Si el marido sólo creyera en las palabras del Talmud que el que honra a su esposa se enriquece, con certeza se apuraría a honrarla y a comprarle ropas y joyas. Y por supuesto no la criticaría ni se enojaría por sus gastos, aunque sean innecesarios, ya que sabría que el enojo hace perder el sustento.

Además, el Talmud enseña que "El hombre debe siempre comer y beber por debajo de sus medios, vestirse y cubrirse según sus medios, y honrar a su mujer y a sus niños *por encima* de sus medios" (tratado *Julín* 84b).

El matrimonio es uno de los pocos Preceptos que encontramos en el que el Creador le exige al hombre gastar más de lo que tiene. Incluso en el Precepto de la caridad, HaShem nos limita la cantidad que nos permite gastar (no más que el 20% de nuestros ingresos). Pero cuando se refiere a la esposa, ¡se nos requiere gastar más de lo que podemos permitirnos! Esto demuestra cuán importante es para HaShem que respetemos y honremos a nuestras esposas.

Un hombre con poco dinero no se libera de su compromiso de honrarla, sino que debe hacer todos los esfuerzos posibles:

aumentar sus plegarias, esforzarse y hacer horas extras, e incluso pedirá prestado en alguna forma que lo pueda reembolsar, aunque le cueste un gran sacrificio.

Si el marido tendrá una muy fuerte voluntad de honrar a su esposa y a sus hijos aun con más recursos de los que dispone, entonces el Creador seguramente lo ayudará y le dará los medios para hacerlo, ya que Él Mismo lo ha ordenado. Pero con el resto de los Preceptos, no hay garantía que HaShem lo hará. ¿Por qué? Porque aunque una persona quisiera mucho cumplir uno de ellos con más dinero del que dispone —como construir escuelas para el estudio de la Torá o apoyar a estudiantes de Torá, que es muy importante— HaShem no le ordenó al hombre hacer caridad con más dinero del que posee.

Por lo tanto, aunque te encuentres en una difícil situación económica, no le muestres tus bolsillos vacios a tu esposa y nunca le digas "No tengo". Dile: "Sí querida mía, lo que tú quieras te compraré. ¡Voy a rezar por eso y no voy a ahorrar esfuerzo alguno para lograrlo! Con la ayuda del Creador lo que tú deseas – recibirás". Cuando el Creador vea la auténtica voluntad del marido, lo ayudará y tendrá el mérito de honrar a su esposa y a sus hijos con más de lo que dispone.

Capítulo Doce:
En el Jardín del Edén

Para completar el tema de la paz conyugal, he aquí una selección de temas importantes tomados de mi libro anterior sobre la paz en el hogar: 'En el Jardín del Edén'.

Tiempos difíciles

Hay momentos en los que los juicios severos debilitan la fuerza espiritual de la persona y ésta no puede enfrentar la vida cotidiana. Por ejemplo, cuando uno sufre enfermedades, deudas, problemas en el trabajo, o discusiones y enfrentamientos con otras personas. Esos son momentos en los que el cónyuge debe tener una dosis extra de paciencia y darle a su pareja más ayuda y más apoyo. Son momentos en los que se pone a prueba la dedicación de uno al otro y su grado de *Emuná*. Al miembro de la pareja que está pasando por el mal momento se lo pone a prueba a ver si cree que todo lo que le ocurre es para bien y si se fortalece con alegría, con fe, con plegaria y con arrepentimiento. A su pareja se la pone a prueba a ver si actúa con bondad, consideración y una dosis extra de paciencia para con su cónyuge.

Cuando la mujer está ritualmente impura o está embarazada son momentos especialmente difíciles. Otro período muy estresante para la mujer es el lapso que va desde el casamiento hasta que queda embarazada por primera vez. Cuanto más se extiende este lapso, más se aflige. Esto lo aprendemos de nuestra Matriarca Raquel, que le dijo a Jacob, nuestro Patriarca (Génesis 30:1): "Dame hijos, que si no, [como una mujer] muerta soy yo". Najmánides explica que ella tenía la esperanza de que Jacob, dado su gran amor hacia ella, ayunaría, se cubriría con un saco y cenizas y rezaría constantemente para que ella pudiera tener el mérito de tener hijos, para que no se muriera en su aflicción.

En una situación como esa, el marido debe proporcionarle una dosis extra de atención a su esposa, sintiendo su dolor, dándole aliento, fortaleciéndola y orando con gran esfuerzo y en forma constante por ella. Elcaná, el padre del Profeta Samuel, fue el ejemplo perfecto. Cuando su esposa aún era estéril, él la reconfortó diciéndole (Samuel I, 1:8): "¿Acaso yo no soy mejor para ti que diez hijos?" – y Rashi explica: "Yo te doy más amor que el amor que le doy a los diez hijos que me dio Peniná". El *'Metzudat David'* explica: "Yo te amo igual que si me hubieras dado diez hijos". Pero cuando Jacob le respondió a Raquel diciendo (Génesis 30:2): "¿Acaso en lugar de Dios estoy yo, que te ha privado el fruto de tu vientre?" y no oró por ella – HaShem lo reprendió diciéndole: "¿Acaso ésa es la forma de responderle a una mujer afligida? Por tu vida que tus hijos [las otras tribus] en el futuro se pararán ante el hijo de ella [Yosef el Justo]" (*Midrash Raba*).

También hay momentos que son especialmente propicios para las peleas. El Jida escribe: "El viernes a la tarde, antes de que comience el Shabat, es un momento muy peligroso, ya que es propicio para las peleas y los enfrentamientos entre el marido, la esposa y los sirvientes. El "Lado Oscuro" se esfuerza denodadamente por causar enfrentamientos en ese momento. La persona que tenga temor al Cielo deberá acallar a la Mala Inclinación y no dejarse provocar ni dejarse llevar a las riñas y los enfrentamientos. Por el contrario: deberá buscar únicamente la paz".

Lo que sigue es un excelente consejo para evitar los enfrentamientos: cada vez que le pidas algo a tu esposa, primero fíjate si ella está ocupada, porque si la interrumpes, eso va a provocar fricción entre ambos. La mujer no debe pedirle a su marido que la ayude cuando él está apurado por irse. Y el marido no debe pedirle a su mujer que le prepare comida cuando ella está ocupada dando de comer a los niños. Solamente pídele cosas en el momento apropiado.

No empieces una conversación con tu pareja cuando está apurada o tiene que salir. Es posible que tú quieras conversar de un tema durante un buen rato, pero tu pareja está apurada por irse y es posible que se enoje por el atraso que le estás causando. Deja el tema para otra ocasión, cuando tenga más tiempo.

El primer año de matrimonio

La Torá nos ordena (Deuteronomio 24:5): "Cuando tome un hombre una nueva esposa, no saldrá al ejército ni se le impondrá ninguna otra obligación; libre estará para su hogar durante un año, y él alegrará a la mujer que ha tomado (en matrimonio)".

El primer año de matrimonio es el cimiento sobre el cual se construye toda la vida matrimonial de la pareja porque "todo va tras el comienzo". Por eso la Torá nos manda que el hombre recién casado quede "libre para su casa" durante este primer año, para alegrar a su esposa. Éste es el momento de que la pareja forje un vínculo de amor y de espiritualidad el uno con el otro. Cuanto más bueno sea el marido con su mujer y cuanto más la alegre, más fuerte será el lazo entre ambos. Si el marido tiene éxito en ese sentido, podrá crear un lazo de amor, de unidad, de camaradería y de unión con su esposa; un lazo que durará toda una vida.

A fin de tener éxito, el marido debe saber cómo honrar a su esposa y cómo alegrarla. Cuando el marido es consciente de cuáles son las cosas que la hacen sentir mal, puede tratar de evitarlas. Nunca deberá hacerle comentarios insidiosos y nunca deberá enojarse con ella. Los errores que se cometen en el primer año, cuando el lazo de la pareja aún no se ha fortalecido, pueden causar un daño que durará toda una vida.

Incluso el hombre educado que posee grandes cualidades debe aprender qué es lo que le causa alegría a la mujer y qué es lo que la hace sentir mal, si quiere tener éxito en su primer año de casamiento. Rabí Ben-Tzion Aba Shaúl *zt"l* escribe: "Hay hombres que, inmediatamente después de casarse, se dan cuenta de que sus mujeres no se comportan como ellos querrían y creen que está bien "bombardearlas" con todas las enseñanzas éticas que escucharon en la *Yeshivá*". Ésa no es la forma.

El libro *'Sefer HaJinuj'* dice: "Se nos ordena que el novio celebre con su esposa durante un año. Esto significa que no debe salir de la ciudad para ir a la guerra y que por ningún motivo puede vivir en otro lugar sin ella. Por el contrario: el marido deberá quedarse con su esposa un año entero a partir del día de la boda. El motivo de este Precepto es que HaShem quiso que Su mundo estuviera poblado por seres morales, es decir, los hijos de hombres y mujeres que se unieran en forma moral, ya que para Él la inmoralidad es algo aborrecible.

Por eso HaShem nos mandó vivir junto a nuestra esposa, la mujer más especial, durante un año ininterrumpido a partir del momento del casamiento. De esa forma nos acostumbramos a ella, la deseamos solamente a ella y grabamos su imagen y sus actos en nuestro corazón. Al final del año, las otras mujeres y todo lo que hacen son para nosotros algo completamente ajeno. De esa manera el hombre se mantiene alejado de otras mujeres y concentra todos sus pensamientos en la que le fue indicada. Y los hijos que ella le dará serán buenos hijos y de esa manera el mundo es un lugar placentero para HaShem".

Durante el primer año, la pareja no deberá tener muchos invitados. Y ciertamente no deberán invitar a otras parejas de recién casados, porque esto siempre lleva a hacer comparaciones entre los dos maridos o las dos esposas, lo cual puede causar un gran daño a su aún frágil relación.

Algunos consejos para el hombre recién casado: toma el teléfono por lo menos una vez al día y pregúntale a tu esposa que está haciendo y cómo se siente. Al hacerlo le estás demostrando que estás pensando en ella y de ese modo la haces sentir feliz y querida. Rabí Ben-Tzion Aba Shaul *zt"l*, dijo que en el primer año de matrimonio el marido siempre debe llevarle un regalo a su esposa cuando vuelve a casa, aunque sea algo dulce que a su mujer le gusta. De ese modo está cumpliendo el Precepto positivo de: "alegrar a la mujer que ha tomado".

Si alguien te enojó o si estás preocupado por algo, no vayas así a casa. Porque si lo haces, afligirás a tu mujer. Por eso, lo que debes hacer es esperar unos minutos y tranquilizarte y dejar todos los problemas atrás. Incluso puedes pedirle a HaShem que te ayude a dejar las preocupaciones fuera de casa. Después entra a tu casa sonriendo. Éstas son prácticas muy buenas que conviene realizar durante toda la vida matrimonial.

Saber la diferencia

Dice el Talmud (tratado *Shabat* 62) que las mujeres son un "pueblo en sí mismas". Las mujeres tienen un carácter muy diferente del de los hombres y quieren distintas cosas. El hombre que no toma conciencia de este punto se relaciona con su mujer igual que se relaciona con los hombres. Y ésa es la ruta que conduce directamente a las peleas y los problemas.

Cuando la mujer comete un error, tanto en las tareas domésticas como en su relación con su marido, y éste ve que ella no reconoce su error ni lo admite, él se enoja con ella, pensando que es la única mujer que se comporta así. Pero en verdad todas las mujeres se conducen de esta manera.

300 | En el Jardín de la Paz

Cuando nació Yosef (José), su madre Raquel dijo (Génesis 30:23): "¡Dios quitó mi oprobio!". El simple significado de esta frase es que Raquel ya no tenía que sufrir más la vergüenza de ser estéril. Pero Rashi explica que esto tiene también una interpretación adicional: "Mientras la mujer no tiene hijos, no tiene a quién culpar por sus errores cometidos. Sin embargo, una vez que tiene un hijo – puede echarle la culpa a él... Cuando su marido le pregunta: '¿Quién rompió el plato?', ella puede decirle: 'Tu hijo...'".

La necesidad y la esperanza más grande que tiene la mujer es que su marido la aprecie y la valore. Por ese motivo, lo que ella más teme es que no sea así. Ese miedo oculto le impide admitir sus errores y es lo que hace que les eche la culpa a los otros. Para ella, admitir que tiene la culpa de algo es como admitir que tiene un defecto y que no se merece el amor de su marido.

La necesidad que tiene la mujer de que su esposo la valore es el motivo por el cual muchas mujeres no pueden soportar comentarios negativos o quejas por parte de sus maridos. El marido que reprende a su mujer y le señala sus faltas le está causando un sufrimiento indescriptible, porque al hacerlo está reforzando el temor de la esposa que él no la respeta.

Esta necesidad de sentirse valorada y respetada también es la causa por la cual a la mujer le importa tanto el tema de la honra. Cuando el marido honra a su mujer, es una señal de que la valora. El honor es la fuente de la alegría y la vitalidad de la mujer. Y la más mínima falta a su honor le quita toda su alegría y toda su vitalidad. Es por eso que a la mujer le resulta tan difícil perdonar al esposo cuando éste le falta el respeto. El dolor que siente ella es muy profundo y perdura mucho tiempo. El marido no entiende por qué su mujer no puede simplemente dar vuelta la página y olvidarse del pasado, como hace él.

Esa necesidad que tiene la esposa de sentirse valorada y respetada es una de las principales causas de peleas hogareñas. El marido debe saber que esta necesidad es parte de la naturaleza de la mujer que HaShem le implantó al crearla y que ella no puede elegir ser de otra manera. Al ser consciente de esto, el marido le tendrá compasión, entenderá su dolor, la juzgará en forma favorable y le proveerá todo lo que ella verdaderamente necesita.

La esencia de la mujer

Rabí Ben-Tzion Aba Shaul *zt"l* escribe: "No pienses que el hombre y la mujer fueron creados con las mismas características, porque en verdad existe una diferencia básica entre ambos. Y al saberlo te ahorrarás mucho enojo innecesario. Lo que rige el comportamiento de la mujer son sus sentimientos, mientras que lo que rige el comportamiento del hombre es su intelecto. Esta diferencia hace que sean diferentes en todo lo que hacen. Por ejemplo, cuando compran ropa. El marido no puede entender por qué su esposa le da tanta importancia al tema, pero tiene que entender que para la mujer, la forma en que luce es algo de enorme importancia".

Dice el *Midrash*: "La mujer quiere que su casa esté decorada y quiere llevar ropa bonita mucho más de lo que quiere comer terneros cebados". Las mujeres tienen preferencias muy diferentes a las de los hombres. El hombre tiene que tomar conciencia de esto, entender a su mujer y respetar sus deseos. La mujer ansía enormemente tener una casa bien arreglada. La decoración interior, el diseño de la casa, los muebles y la forma en que están arreglados, las pinturas y los adornos – todo esto le resulta de enorme importancia. Cuando el marido no interfiere en estas cosas y simplemente alaba el buen gusto de su mujer, ella siente gran satisfacción por su casa y entonces se siente motivada a seguir ocupándose de ella. Esto a su vez trae tranquilidad a todos los miembros de la casa. Y a un nivel más profundo, la forma en que la mujer decora su casa representa un adorno de la Presencia Divina, ya que el hogar de una mujer feliz es como el Santuario de la Presencia Divina.

La mujer no puede funcionar bien cuando tiene limitaciones de tiempo. Un estudio llevado a cabo sobre el tema revela que es muy común que la mujer llegue a las citas con un retraso de hasta cuarenta y cinco minutos. El marido que no es consciente de esto puede dejarse llevar a peleas innecesarias, porque cada vez que su mujer llega tarde él se enoja y se queja: "¿Cuánto tiempo tardas en estar lista? ¡Siempre llegas tarde!". Pero cuando el marido entiende que así es ella por naturaleza, entonces él se encarga de tomar en cuenta este punto cuando conciertan una cita, dándole tiempo extra. Él es capaz de arreglarse en dos minutos pero la mujer necesita mucho más tiempo. Por eso el marido no debe quejarse de que a ella le lleva mucho tiempo estar lista. Esta característica femenina de hacer las cosas despacio y en forma exhaustiva ya es mencionada por el Meiri, el comentarista talmúdico de la época medieval, quien escribe: "Las mujeres hacen su trabajo despacio", e incluso el Profeta Isaías (32:9) se refirió a las mujeres diciendo que actúan "sin prisa".

Muchas mujeres, en especial en las primeras etapas del matrimonio, están muy apegadas a la casa de sus padres. Al joven marido le da la impresión de que ella no quiere estar a solas con él, pero no es así. Simplemente ella es así por naturaleza. Dice la Torá (Génesis 2:24): "Por eso dejará el hombre a su padre y a su madre, y se unirá con su mujer" – no dice que la mujer abandone a sus padres. El marido nunca deberá tratar de separar a su mujer de sus padres o discutir con ella debido a que quiere pasar tiempo con ellos. Todos los intentos por alejarla de sus padres pueden causar un enorme daño a su relación y pueden destruir la paz hogareña. Al contrario, él debe hacer todo lo posible por fomentar las buenas relaciones entre su esposa y sus suegros. Esto trae paz, amor y unión entre él y su esposa. Si los padres de ella están alejados de la Torá y los Preceptos, entonces él deberá consultar con un rabino competente que tiene experiencia en ese campo, para saber cómo actuar.

Otro punto que debemos tener en cuenta es que la mujer no puede soportar ninguna clase de comentarios acerca de la forma en que cocina. Éste es un tema de gran sensibilidad para ella. Cuando el marido se entromete y le hace comentarios sobre el tema, le está quitando toda la vitalidad y toda la alegría que siente al preparar comida para su familia.

El marido debe entender, aceptar y conciliarse con el hecho de que su mujer tiene una naturaleza completamente distinta a la suya.

Alegrar a la mujer

La Torá nos ordena (Deuteronomio 24:5): "Y él alegrará a la mujer que ha tomado". Pero la Torá no le ordena a la mujer que alegre a su marido. Tampoco dice que el marido debe deleitarse "con" su mujer. Rashi comenta: "El que explica que el marido debe deleitarse con su mujer está equivocado". El Precepto es que el marido le cause alegría a su mujer, no que se alegre junto con ella.

Este Precepto nos enseña que la felicidad de la mujer proviene de su marido. Vemos que a veces ocurre que la mujer lo tiene todo −éxito, belleza, dinero, popularidad, poder, prestigio e influencia− pero si su marido no la valora y no la aprecia, entonces ella siente que no tiene nada. Esto se debe a que toda su dicha depende por completo de la medida en que su marido la respete. Por el otro lado, vemos que hay mujeres simples que no son muy exitosas, ni muy brillantes ni muy bellas. Pero si sus maridos las valoran y las aprecian, sienten que están "volando en una nube"...

El '*Meam Loez*' escribe sobre el versículo de Rut (1:9): "Que el Eterno les dé paz, cada una en la casa de su marido": La interpretación de los Sabios es que la mujer siente gratificación únicamente en la casa de su marido. Incluso aquella cuyo padre le da riquezas, ropa elegante, joyas y los manjares más deliciosos, no va a gozar de gratificación fuera de la casa de su marido. Por eso Noemí no les dijo a sus nueras que el Eterno les dé paz, cada una en la casa de su *padre*, sino "en la casa de su *marido*", porque ése es el lugar en el que la mujer halla la genuina felicidad.

La esposa es comparada a la luna y el marido es comparado al sol. La luna no posee luz propia, sino que brilla acorde con la luz que recibe del sol. Así también la mujer solamente "brilla" con la luz que recibe de su marido. Por eso, el marido debe irradiar una cálida luz de amor y alegría para su mujer, a fin de poder iluminarla. Si él se encuentra sumido en la oscuridad y la depresión y necesita que otra persona lo ilumine a él, entonces no va a poder hacerlo con su mujer. Por eso es fundamental que el marido adquiera el rasgo de la alegría.

El '*Sefer Jaredim*' escribe que el Precepto de alegrar a la esposa continúa durante toda la vida matrimonial. Muchas veces, al alegrar a su esposa, el marido está reviviendo su espíritu; nuestros Sabios dicen que es como si estuviera sosteniendo al mundo entero.

Estimado marido: tu mujer no tiene a nadie en el mundo fuera de ti. Toda su vitalidad y toda su alegría dependen de ti. Cólmala de amor y de honor y hazle sentir que la alegría de ella es tu prioridad número uno en la vida. Recién entonces ella se sentirá feliz. Y en el mismo grado en que la hagas feliz, en ese mismo grado tú, a tu vez, recibirás alegría y bendición de HaShem.

El corazón

HaShem quiere el corazón. El valor de cada acto en el servicio al Creador depende completamente de cuánto corazón uno puso en él, tal como está escrito (Proverbios 23:26): "Dame, hijo mio, tu corazón". Asimismo, en lo que concierne a los Preceptos entre el hombre y su prójimo, lo principal es el corazón. Rabí Yojanán ben Zakai le dijo a sus discípulos (tratado *Avót* 2:10): "Salgan y busquen cuál es el buen rasgo al que debe aferrarse el hombre. Rabí Eliezer dijo: 'Tener un buen ojo'. Rabí Yehoshúa dijo: 'Un buen amigo'. Rabí Yosi dijo: 'Un buen vecino'. Rabí Shimon dijo: 'Aquél que previene las futuras consecuencias [de sus acciones]'. Rabí Elazár ben Araj dijo: 'Tener un buen corazón'. Les dijo [Rabí Yojanán]: 'Yo prefiero las palabras de Rabí Elazár ben Araj a las de ustedes, pues dentro de sus palabras están incluidas las de todos ustedes'". Y explica Rashi: "Porque todo depende del corazón".

Adquirir un 'buen corazón' requiere trabajo. Cada mensaje que el marido le transmite a su esposa debe ser con el corazón. El marido debe hacer todo lo posible por sentir que su mujer es parte de él mismo. Tal como se cuenta del Rabino Arie Levín *zt"l* que cierta vez acompañó a su esposa al médico y le dijo: "Nos duele la pierna". Cuando el médico se sorprendió y preguntó a quién le dolía la pierna, a él o a ella, Rabí Arie le explicó: "Cuando le duele la pierna a mi esposa – también me duele a mí".

Hay hombres que les dicen palabras muy bellas a sus esposas, pero con frialdad, sin sentimiento. Uno puede poner en práctica todos los consejos para vivir en paz con la esposa, pero si lo hace sin sentimiento, ella lo va a sentir dentro de su corazón. Tal vez ella no logre determinar con precisión qué es lo que la está molestando. La "simpatía–amabilidad" superficial no hace feliz a la mujer, porque le molestan las palabras y los hechos que carecen de sinceridad. Si de veras uno quiere hacer feliz a su esposa, debe darle con todo su corazón. La mujer necesita que su marido le preste atención en forma constante. El Jazón Ish *zt"l* escribe: "Por naturaleza, la mujer se deleita cuando le cae bien a su marido, y a él ella eleva los ojos". El Rabí Wolbe *zt"l* escribe: "Ella se pone un vestido y espera que él le diga un cumplido. Ella se cubre con un chal y espera que a él le guste". Si el marido no se da cuenta o no demuestra interés, porque le da exactamente lo mismo si el chal es verde o azul, entonces ella se sentirá muy decepcionada. La mujer se esfuerza mucho por preparar una comida que le guste a su marido, si él después se lo traga en un segundo y apenas se acuerda de lo que se metió en la boca, sin darle las gracias por su esfuerzo, entonces ella se va a sentir muy deprimida.

La gran mayoría de las cosas que hace la mujer, las hace pensando en su marido. Si cuelga un cuadro o pone un florero sobre la mesa, todo es para complacer a su marido. Pero si éste constantemente ignora una y otra vez sus esfuerzos, entonces ella llega a la conclusión de que a él no le interesan todas esas pequeñas cosas que para ella son tan importantes y con el tiempo se produce una ruptura entre ambos y empiezan a vivir vidas separadas.

Cuando uno se casa y se responsabiliza a encargarse de su esposa, también está haciéndose responsable de prestarle atención y reaccionar en forma positiva a todo lo que ella hace y dice. Uno tiene que reconocer todos los esfuerzos de ella, sin dar nada por sentado y sin demostrar ingratitud. Tiene que mostrarle que está muy impresionado con todo lo que ella logra hacer en la casa, incluyendo la comida, la limpieza, la costura, el lavado de la ropa y el mantenimiento general de la casa. Tiene que demostrar interés en las cosas que le importan a ella, incluso si en realidad no le interesan. Tiene que recordar el aniversario de casamiento y el cumpleaños de ella.

Cuando el marido le hace un regalo a su esposa, a ella no le interesa el precio que pagó, sino cuánto pensamiento, cuánto de sí mismo él puso en ese regalo. Una chuchería que cuesta muy barata pero ofrecida con sentimiento puede hacerla muy feliz, pero un automóvil último modelo puede causarle gran disgusto si siente que él se lo regaló con poco o nada de sinceridad, o si compró el modelo que le gusta a él en lugar del que ella quería. Ella, al igual que HaShem, quiere el corazón.

Un oído atento

Enseñan nuestros Sabios: "Diez medidas de habla bajaron al mundo: de esas diez, nueve las tomaron las mujeres". Nuestros Sabios no nos están enseñando solamente que las mujeres hablan más que los hombres. Acá hay oculto algo mucho más profundo.

En efecto, nuestros Sabios nos están dando una clave muy importante para entender las necesidades espirituales de la mujer. La mujer tiene necesidad de expresar a los demás todo lo que tiene en la mente. "La preocupación que mantiene el hombre en su corazón – debe hablarla [con otros]" (Proverbios 12:25). Nuestros Sabios explican que tanto los hombres como las mujeres deben hablar de sus preocupaciones con los demás, para poder sentirse mejor. Pero en el caso de las mujeres, esto es mucho más valedero. La mujer tiene una genuina necesidad de contar a los demás no sólo aquello que le preocupa sino todo lo que tiene lugar en su vida; ésa es la forma de ser de la mujer. Ella espera que su marido llegue a casa porque quiere compartir con él todo lo que le pasó ese día, desde las cosas más grandes hasta los detalles más pequeños. Lo único que él tiene que hacer es escucharla.

Si el marido no le presta atención a su esposa, le está causando un disgusto indescriptible y la está forzando a que busque a otras personas para hablar. Por eso ella después se pasa horas enteras en el teléfono o se va a visitar a sus amigas y sus familiares. Y entonces, además de no dispensarle la atención que ella necesita, él se queja de que habla demasiado tiempo por teléfono o sale demasiado de la casa. *Pero no se da cuenta de que él mismo es el responsable de todo esto.* Además, el hecho de hablar con otras personas no le causa a la esposa verdadera satisfacción. Lo que ella en verdad necesita es un oído paciente y toda la atención que sólo su marido puede darle; eso es lo único que puede calmarla y satisfacer su alma.

La Ley Judía establece que está prohibido que el huésped duerma en la misma habitación en que duermen el marido y la mujer, inclusive cuando ellos no pueden mantener relaciones. Esto parece muy sorprendente, porque si la pareja igualmente no puede tener relaciones, entonces ¿qué problema hay con que el huésped duerma en la misma habitación? La respuesta es que él los está molestando, porque con una persona extraña en el mismo cuarto, la esposa no puede contarle a su marido todo lo que siente en el corazón y eso perjudica muchísimo la relación entre ambos. Dijo el Profeta Miqueas (2:9): "A las mujeres de mi pueblo las arrojan de sus cómodas casas", refiriéndose al huésped que duerme en la habitación de la pareja, evitando así que la mujer hable con su marido. Esto equivale a echarla de su "cómoda casa", porque si ella no puede hablar con su marido, entonces su casa ya no es un lugar en el cual puede sentirse cómoda.

Muchas veces la mujer tiene necesidad de hablar de todas las dificultades y las cargas que soporta, y de todas las incertidumbres que tiene consigo misma y a veces hasta declara que no tiene más fuerzas para seguir adelante. Pero el marido debe saber que incluso cuando ella menciona problemas relacionados con él –tanto con su carácter como con su comportamiento– eso no significa que ella tenga la intención de echarle la culpa o de criticarlo, sino que solamente siente una tremenda necesidad de desahogarse, de dar rienda suelta a sus sentimientos. Ella solamente necesita que él la escuche y sepa cómo se siente sin ponerse a la defensiva y sin que la juzgue o le dé consejos. Solamente quiere que su marido la escuche con amor y que haga todo lo posible por sentir y comprender la situación en que ella se encuentra. Ella quiere que él valore sus esfuerzos y sus logros y que se lo haga saber. Por eso el marido tiene que demostrarle todo el dolor que siente cuando ella sufre y debe hacerla sentir que él es su mejor amigo en todo el mundo y que siempre puede confiar en él.

El marido debe reservar por lo menos media hora todos los días para escuchar a su mujer y hablar con ella. Esta media hora tiene que estar completamente dedicada a ella –sin comer, sin beber, sin atender el teléfono, sin que los hijos estén presentes– solamente él y ella. Ésta es una oportunidad diaria para ponerse al tanto el uno con el otro sobre todo lo que les ha pasado durante el día, en una atmósfera cómoda y relajada.

Tal vez el hombre que lea esto piense que sentarse a escuchar a su mujer media hora todos los días es una pérdida de tiempo. Pero tiene que saber que está muy equivocado. Todos tenemos que cumplir con el Precepto de realizar actos de benevolencia con los demás, constituye un gran acto de bondad escuchar el dolor del prójimo. Por lo general, con gusto uno está dispuesto a sentarse a escuchar los problemas de un amigo y hasta se considera a sí mismo una persona muy justa por hacerlo, pero en su propia casa, con su propia mujer, de pronto siente que es una pérdida de tiempo. Éste es un clásico ejemplo en el que la Mala Inclinación se viste de ángel a fin de hacernos caer en sus redes. La mujer siempre está primero:

310 | En el Jardín de la Paz

sus sentimientos y su felicidad son nuestra primera prioridad, antes que todo lo demás. Al escucharla estamos aliviando su estrés y sus preocupaciones y le estamos proporcionando la fuerza necesaria para seguir adelante.

El honor de la esposa

En las bodas hay el Precepto especial de decirle al novio –lo suficientemente cerca de la novia, para que ella también lo oiga– que ella es "bella y agraciada". Aunque no sea ni lo uno ni lo otro, nuestros Sabios permiten alterar la verdad a fin de aumentar la dicha de los recién casados. Parecería que si la novia sabe que esto no es más que una costumbre, entonces esa clase de alabanzas no le sirven de nada. Pero en realidad no es así, porque nuestros Sabios entendieron cuánto les gusta a las mujeres ser alabadas frente a sus maridos y no importa si los que las alaban lo hacen porque se lo pidieron o no. Obviamente, la persona de la que la mujer quiere escuchar más alabanzas es su marido. El marido tiene que ser muy generoso en ese sentido y alabar a su mujer a menudo. Cuanto más la alabe, más digno será de alabanza.

¿Cómo les expresamos honor a los demás? Con nuestras palabras. Si quieres honrar a tu esposa, dile cumplidos y alábala y nunca le digas nada negativo. No seas holgazán en ese sentido. Cada palabra de aliento, de apoyo, de consuelo, de alabanza o de honra es un regalo de bondad que le estás dando a tu esposa. Cada una de ellas le infunde el sentimiento de que la valoras y la respetas y esto literalmente le da nueva vida. De esa manera le estás construyendo su auto-estima y la estás llenando de vitalidad y alegría, lo cual la ayuda mucho a enfrentar los desafíos de la vida.

Todos los elogios que le dices en forma constante le siguen resonando en el corazón. Y cada vez que piensa en ellos, se llena de alegría. Eso fortalece el hogar espiritualmente, convirtiéndolo en un lugar sereno, feliz y dichoso. Los elogios le dan la fuerza y la voluntad para ordenar, limpiar la casa y criar a los hijos en forma efectiva. Por eso, dile siempre lo contento que estás con ella y con lo que ella hace y que ella es verdaderamente una 'mujer virtuosa' (véase Proverbios 31). Dile lo impresionado que estás con sus habilidades, con su prontitud y con su ingenio. Exprésale todo esto con palabras cargadas de emoción: hazla sentir que ella es tu más grande tesoro en la vida.

Sé consecuente con tus cumplidos y nunca te vuelvas atrás. Si ella no los acepta, es solamente porque quiere demostrarse a sí misma que se los dices en serio. Por eso, siempre que puedas, en los momentos oportunos, repítele una y otra vez todos esos elogios. El 'Reshit Jojmá' enseña que incluso está permitido adular falsamente en aras de la paz hogareña.

Pero cuando el marido insulta a su mujer, es como si le introdujera un cuchillo en el corazón. Los insultos le retumban en el corazón con más fuerza que los elogios y cada vez que ella recuerda las palabras que él le dijo, vuelve a experimentar el mismo dolor. Por eso, es como si la matara varias veces al día. Ella siente que a su marido no le importa de ella y que incluso la odia y entonces se desvanece toda su autoestima. No hay nada que le cause a la mujer más sufrimiento que eso.

La mujer no es capaz de ignorar los comentarios desagradables que recibió de su marido. Rabí Ben-Tzion Aba Shaul *zt"l* escribió: "Es cosa de todos los días que las parejas discutan, se peleen y lleguen al divorcio, y todo eso porque una vez él le dijo a ella algo muy cruel y ella no puede olvidarlo". Si el marido solamente hubiera pensado un momento, no habría dicho algo así y literalmente habría salvado su matrimonio.

Por el contrario, el marido también puede ganarse el corazón de su mujer con un solo elogio sincero, hasta el punto

de que ella está dispuesta a trabajar y esforzarse todo el día
por la alabanza que le espera. La paz en el hogar depende de
las palabras que elijamos decir.

El amor

La Torá nos manda (Levítico 19:18): "Y amarás a tu prójimo
como a ti mismo". Dice Rabí Jaim Vital que la esposa también
se considera "el prójimo" del hombre. Nuestros Sabios
interpretan este Precepto en el sentido de que "Aquello que
te resulta aborrecible, no se lo hagas a tu prójimo". Dijo Rabí
Akiva: 'Ésta es una gran regla de la Torá'". Rabí Akiva quiso
decir que este Precepto contiene todos los otros Preceptos
referentes al hombre y a su prójimo. Significa que debemos
tratar a los demás de la misma manera que nosotros mismos
queremos ser tratados. Si quieres que los demás te amen y
respeten tus deseos y tus bienes, entonces compórtate de la
misma manera con ellos. Si no quieres que ellos te fastidien,
te hieran ni te engañen, entonces ten mucho cuidado de no
hacerles eso a ellos. "Que el honor de tu prójimo sea tan
preciado para ti como el tuyo propio" (tratado Avót 2:10). La Torá
define el amor a los demás en términos de ser bueno con
ellos, tratarlos bien y evitar causarles cualquier forma de pena
o aflicción.

Están los que dicen que aman a sus esposas, pero si
evaluáramos su "amor" frente a esta definición, veríamos
que muchas veces su comportamiento está muy lejos de ser
afectuoso.

El autor del libro 'Kehilat Yaakov', escribe lo siguiente: "El
más grande deseo de la mujer es que su marido la ame. Si
ella ve que eso no ocurre, entonces el dolor y la pena que
siente son tan grandes que hasta casi implican una amenaza
de muerte. La mujer se siente absolutamente sola, como una
viuda con marido vivo". Para la mujer, el amor de su marido

es todo el mundo, lo único que le importa y si su marido no le da una confirmación de su amor, entonces ella siente que el mundo se oscureció por completo.

Nuestros Sabios no exageran en sus enseñanzas. Si ellos dicen que cuando la mujer siente que su marido no la ama, eso es "casi como una amenaza de muerte", entonces así es en realidad. Cuando vienen a consultarme parejas por problemas maritales, por lo general la mujer está emocionalmente destrozada y deprimida, lo cual la deja vulnerable a toda clase de enfermedades.

Dijo el Rey Salomón (Proverbios 27:19): "Como en el agua, el rostro corresponde al rostro – así el corazón del hombre al del hombre". Y explica Rashi: "Cuando un hombre mira al agua y ve su propio reflejo –si él sonríe, la imagen reflejada sonríe, y si él está triste, la imagen reflejada también está triste– así también el corazón de una persona refleja el corazón de la otra persona. Si uno ama, será amado; si odia, será odiado". Cuando la esposa sabe que su marido la aprecia, ella lo ama también a él. Y de esa manera le resulta más fácil perdonarlo cuando él se equivoca, porque "el amor cubre todos los pecados" (Proverbios 10:12).

Para que la mujer se convenza de que su marido verdaderamente la ama y la aprecia, ella tiene que oír las palabras "te amo" todos los días. Al principio, tal vez ella diga que no le cree, pero esto se debe generalmente a que le gusta tanto escucharlo que quiere que el marido se lo repita una y otra vez. O tal vez él la insultó o hirió sus sentimientos de alguna forma y ella está convencida de que él no la ama. Sea como fuere, él debería repetírselo cada día, y decírselo en cada oportunidad oportuna. También conviene que busque otras formas de expresarle afecto, amor y cariño. (En los días en que ella está ritualmente impura, está prohibido decir cosas que pueden conducir a la intimidad, pero no obstante, puede decirle cuánto la valora y cuánto la aprecia, y cuánto le da las gracias por todo lo que ella hace).

Rostros resplandecientes

La Torá nos manda emular los rasgos de HaShem (Deuteronomio 28:9): "Y andarás por Sus caminos". El Jafetz Jaim explica: "Se nos manda emular los rasgos del Creador, que son todos buenos. Así como Él es compasivo – así también el hombre debe ser compasivo. Así como Él es paciente – uno debe ser paciente. Lo mismo ocurre con todos los "rasgos" de HaShem: el hombre siempre debe emularlo". Y escribió Rabí Moshé Cordovero zt"l, que el rostro del hombre debe siempre resplandecer e iluminar, es decir estar sonriente y reflejar cordialidad, recibiendo a los demás con amabilidad, tal como está escrito sobre el Creador Mismo (Proverbios 16:15): "En la Luz del Rostro del Rey – está la vida".

"Dice Shamai (tratado Avót 1:15): 'Recibe a toda persona con expresión agradable'". Explica Rabenu Yona: "Muéstrales un rostro dichoso. Si alguien nos da todos los regalos del mundo pero con el rostro abatido, es como si no nos hubiera dado nada. Pero si nos saluda con el rostro alegre, aunque no nos dé nada, sentimos como si nos hubieran dado el más grande regalo del mundo". El rostro de la persona muestra lo que siente dentro del corazón. En hebreo, la palabra "rostro" se dice 'paním', que se relaciona con la palabra 'pnim', "adentro", porque el rostro de la persona refleja su estado interior. Dice en el libro de Nejemías (2:2): "Y el Rey me dijo: '¿Por qué tu rostro está amargo, siendo que no estás enfermo? Esto no es sino la amargura del corazón'".

Para la mujer, el rostro resplandeciente de cariño y alegría de su marido significa muchísimo más que todos los bienes materiales que él pueda darle. Por eso, el hombre debe hacer una pausa antes de cruzar el umbral de su casa y debe prepararse para saludar a su mujer con alegría, para que ella sienta que él está feliz de verla. Debe dejar afuera toda angustia que pueda haber sentido.

El Rabino Shlomo Zalman Oierbaj *zt"l* al elogiar a su difunta esposa, declaró que no tenía necesidad de pedirle perdón, como se suele hacer con los difuntos, porque nunca la había herido ni le había causado aflicción durante todos los largos años que habían vivido juntos. Dijo un gran sabio que nunca había logrado entender cómo era posible alcanzar tal nivel – nunca causarle aflicción a la esposa. Entonces un joven le contó que una vez había acompañado al Rabino Oierbaj cuando éste se dirigía a su casa en un día muy ventoso. El viento era tan fuerte que el Rabí Oierbaj lucía desaliñado, pero antes de entrar a su casa, se arregló la ropa y se aliñó la barba. El joven le preguntó si estaba esperando invitados en su casa, y si por eso se arreglaba tanto, pero el Rabí Oierbaj le explicó que no esperaba a ningún invitado, sino que cuando él entraba a su casa y se reunía con su mujer, para él eso era igual a recibir la Presencia Divina. Por eso se arreglaba tanto en honor a ella. Y añadió: "La mujer no tiene que ver a su marido todo desaliñado y desprolijo. Cuando el hombre entra a la casa, debe lucir prolijo y ordenado y debe tener una expresión afable en el rostro". Tras más de cincuenta años de matrimonio, él seguía cuidándose de mostrarle a su mujer una sonrisa feliz y resplandeciente. Qué grandeza...

La mujer nunca debería ver a su marido con el rostro enojado ni con el ceño fruncido. Las emociones negativas afectan negativamente el semblante de la persona. Cuando el hombre entra a su casa con el rostro enojado y el ceño fruncido, está causándole un disgusto a su mujer, porque lo primero que piensa es que él está enojado con ella. Cuando un amigo nos mira con el rostro enojado, lo primero que pensamos es que está enojado con nosotros. La mujer es especialmente sensible a la forma en que la trata su marido.

La alegría y el semblante alegre no se adquieren de la noche a la mañana. Uno tiene que trabajar y rezar mucho para poder conseguirlos. La mejor forma de alcanzar la alegría en forma constante es fortalecer la fe en el Creador y en Su Supervisión Individual, que está hecha a medida y que es señal del inmenso amor que Él siente por nosotros.

Dijo Rabí Najman de Breslev: "Hay personas que tienen sufrimientos tremendos, absolutamente terribles, Dios nos salve. A estas personas les resulta imposible contar lo que sienten en el corazón o tal vez no tienen a quién contárselo. Están consumidos por sus aflicciones y sus preocupaciones. Pero si alguien se acerca a ellos con el rostro alegre, puede literalmente devolverles la vida". Darle vitalidad a una persona es algo de enorme importancia. Si tu mujer tiene el corazón lleno de dolor y tú vas y la saludas con el semblante alegre y con afecto, literalmente le estás inyectando nueva vida y le estás curando el alma.

Dar una mano

Dice Rabenu Yona: "Se nos enseña que debemos quitar el rasgo de la crueldad de nuestras almas y debemos implantar el rasgo de la compasión".

En términos generales, el mundo define la crueldad en términos de actos manifiestos de daño, pero hacer la vista gorda al sufrimiento de los demás y no ofrecerles ayuda también es una forma de crueldad.

Dice el '*Sefer Jaredim*': "Cuando una persona ve que el animal que le pertenece a su amigo se cayó por la pesada carga que llevaba, tiene el deber de ayudarlo. Si no lo ayuda, está transgrediendo el Precepto Positivo de 'Si ves el asno de tu prójimo o su toro caídos en el camino, no los ignores'" (Deuteronomio 22:4). Cuando el asno de nuestro prójimo cayó bajo su carga, tenemos la obligación de ayudarlo. Así también, cuando el prójimo mismo cae bajo su pesada carga, ciertamente debemos hacer todo lo posible por ayudarlo". Esto significa que si el hombre ve que su esposa se está cayendo por el peso de las tareas domésticas, él tiene la obligación de la Torá de ayudarla. Tiene la obligación de ayudarla más que a cualquier otra persona, porque ella se considera su propia carne y el Profeta Isaías dijo58:7)): "Y no ignores a tu propia carne".

Dice la Torá respecto a Moisés (Éxodo 2:11): "Y sucedió en aquellos días que creció Moisés y salió [a ver] a sus hermanos, y observó sus aflicciones". Rashi explica que "Puso sus ojos y su corazón para sentir el sufrimiento de ellos". Éste es el rasgo de soportar la carga del prójimo, demostrar empatía por su situación y sentir sus dificultades, sus miedos y su dolor. De esta manera, el marido debe sentir compasión por su esposa y debe darle una mano con los quehaceres domésticos y ayudarla en la crianza de los hijos, cuando ve que ella necesita ayuda. La mujer tiene que sentir la confianza de que su marido siempre está disponible y dispuesto a ayudarla cada vez que lo necesite. Al saber que a su marido le importa de ella y está dispuesto a ayudar se llena de fuerzas y es capaz de llevar a cabo sus tareas.

Cuando la mujer se encuentra en las primeras etapas del embarazo, tiene que tener mucho cuidado de no esforzarse demasiado. Si su marido no le brinda suficiente apoyo y ayuda en este período, ella puede acabar sufriendo un aborto. También después del nacimiento del bebé, ella necesita muchísima ayuda. El código de Ley Judía afirma que en el primer mes después del parto, la mujer tiene el status de una persona enferma. Ella tiene que descansar mucho hasta poder recobrar las fuerzas y su esposo es responsable de ayudarla a recuperarse.

Si el marido trata a su mujer como una esclava y la fuerza a realizar duras labores, está transgrediendo la prohibición de la Torá de forzar a otra persona a realizar labores agobiantes.

Rabí Najman de Breslev nos advirtió que debemos honrar y apreciar mucho a nuestras esposas. Así dijo: "Las mujeres soportan grandes sufrimientos y tribulaciones a causa de sus hijos. El dolor del embarazo y del parto seguido por el tremendo esfuerzo de la crianza... todo el mundo sabe el enorme dolor, pena y aflicción que todo esto implica. Por eso es apropiado que el hombre sea indulgente con su mujer, que la valore y que la honre".

Todos queremos que el Cielo nos tenga compasión, pero el Cielo solamente le tiene compasión a la persona compasiva con los demás. Cuando el marido tiene piedad por su esposa, está abriendo las puertas de la compasión Celestial para sí mismo.

El que compadece a su esposa y también la ayuda se beneficia aún más, porque se le concede sabiduría que lo salva del pecado. Rabí Najman explica en *Likutey Moharán* (I, 116): "Cuando el Tribunal Celestial ve que el hombre es compasivo, decide también ser compasivo con él. Pero dado que el Talmud afirma que está prohibido tener piedad por quien no tiene sabiduría, el Tribunal Celestial primero le confiere sabiduría, para que pueda llevar a cabo su decisión de ser compasivo. Ahora que la persona tiene sabiduría, se salvará del pecado, ya que el hombre peca solamente debido a que le entró un espíritu de necedad. Esta persona que mereció adquirir sabiduría ya no podrá tolerar la necedad y por lo tanto no pecará". Feliz de aquél que siente compasión por su esposa.

La escala de méritos

El Creador nos manda (Levítico 19:15): "Con rectitud juzgarás a tu prójimo", lo cual significa que tenemos el deber de juzgar favorablemente a los demás. Cuando vemos que alguien hace o dice algo que puede interpretarse en forma positiva o negativa, siempre tenemos el deber de juzgarlo en forma favorable y suponer que tenía las mejores intenciones. Al fin y al cabo, así es como querríamos que los demás nos juzgaran a nosotros.

Esto se aplica a todas las personas, pero en el caso de marido y mujer, este tema adquiere una dimensión diferente. El marido que no juzga favorablemente a su mujer y le confiere el beneficio de la duda está transgrediendo los Preceptos de "con rectitud juzgarás a tu prójimo" y de "amarás a tu prójimo como a ti mismo". Además, le está causando un sufrimiento indescriptible. De todas las personas del mundo, ella espera específicamente de su marido que encuentre sus buenos rasgos y que juzgue favorablemente sus acciones, porque son señales del amor que él siente por ella. Pero cuando él no hace eso, el mensaje que ella recibe es que él no la valora, ni la ama ni la aprecia.

Muchas veces los maridos no juzgan favorablemente a sus esposas debido a que toman como algo personal los errores y los defectos de ellas. Él piensa que a su mujer no le importa de él o que hizo algo en forma intencional para fastidiarlo, cuando en realidad esto no ocurre casi nunca. Por ejemplo, pongamos por caso un marido que llega a casa y la encuentra hecha un completo desorden, o ve que su mujer no cocinó; o que no está en casa o que ese día no envió a los hijos al colegio.

En vez de precipitarse y llegar a la conclusión de que ella lo hizo en forma intencional y que actuó a propósito en forma negligente, él debería cumplir con el Precepto de juzgarla

320| En el Jardín de la Paz

favorablemente y darse cuenta de que evidentemente debe haber una buena razón por la cual hizo o no hizo tal cosa. Debe actuar en forma compasiva y recordar que ella es solamente un ser humano con fuerzas y recursos limitados. Es evidente que algo ocurrió. Su mujer espera que él sea compasivo y que la tranquilice diciéndole que no hay ningún problema, que ella hizo lo mejor que podría haber hecho y que él sigue queriéndola. El marido debe concentrarse en brindarle su apoyo y buscar alguna forma de ayudarla.

El guía espiritual de la *Yeshivá* de Kamenitz señaló que esto lo aprendemos de la forma en que Adán trató a Eva. Inmediatamente después de que trajo al mundo el decreto de la muerte para toda la humanidad y el decreto de "Con el sudor de tu rostro comerás pan" (Génesis 3:19), Adán le puso de nombre "Javá" (vida), lo cual significaba que ella era la madre de toda la humanidad. Él no se enojó con ella, ni la reprendió ni se alejó de ella, sino que fue compasivo. Él sabía que ella había cometido una gran equivocación, y ella también lo sabía. Pero él entendió que una vez que había ocurrido el hecho, era el momento de fortalecer el espíritu de ella, no de quebrantarlo todavía más. Por eso él le puso un nombre que proclamaba que ella era la que le había dado vida a toda la humanidad. Nuestros Sabios afirman que Adán era una persona extremadamente piadosa. Y en esta situación tan difícil, logró encontrar en Eva sus buenos puntos y revitalizar su espíritu. Eso es lo que se llama grandeza de alma y verdadera piedad.

La *Emuná*

Está escrito en el *'Sefer HaJinuj'*: "El hombre debe saber y considerar seriamente que todo lo que le ocurre, tanto bueno como malo, proviene directamente de HaShem y que sucede con un motivo. Nadie puede ponerle al hombre la mano encima si HaShem no lo desea. Cuando los demás le causan daño, debe saber que, a causa de sus transgresiones, HaShem le decretó tal o cual sufrimiento. No debe pensar en vengarse de aquel que lo lastimó porque esa persona no es la verdadera causa de su sufrimiento, sino que sus propios pecados son la causa de su sufrimiento. El Rey David, cuando otros quisieron detener a Simí ben Guerá, que lo estaba maldiciendo, les dijo: 'Déjenlo que maldiga – porque así HaShem se lo ha dicho'. Él atribuyó su sufrimiento a un decreto Divino causado por sus propios pecados y no se lo atribuyó a una persona que era mero agente de sus sufrimientos".

La paz hogareña es el barómetro auténtico de la *Emuná* que tiene el marido. Un hombre poseedor de *Emuná* sabe que detrás de todo lo que le ocurre en la vida se oculta la afectuosa mano de HaShem, tanto en lo que sucede dentro del hogar como afuera. Él sabe que su esposa es su reflejo y el vehículo a través del cual HaShem se comunica con él enviándole mensajes. A través de la esposa, HaShem le muestra al marido cuáles son sus puntos débiles en los que tiene que fortalecerse. Por eso, si su mujer está enojada y agresiva con él, y si le grita o hasta lo maldice, debe atribuirle esos mensajes al Creador. Si ella es descuidada con el dinero, no cuida la higiene como a él le gustaría, si es desorganizada o se comporta mal con él, debe aceptar la situación con amor, recordando que todo proviene de HaShem. Con *Emuná*, la persona sabe que su sufrimiento es en realidad un regalo diseñado para purificar su alma de las impurezas de las transgresiones, para que después no tenga que sufrir en el Mundo Venidero. La mujer no es más que una vara en las manos de HaShem para incitarlo a que se despierte y se arrepienta o expíe sus pecados. Por lo tanto, el marido que tiene *Emuná* no se queja de su mujer y la trata como una reina, pase lo que pase.

El hombre con *Emuná* no conoce el significado del concepto "mala esposa", sino que le da las gracias por todo lo que hace, incluso cuando ella le causa sufrimientos. Él no pierde la calma porque sabe que los sufrimientos que ella le causa en realidad provienen de HaShem. En vez de contraatacarla, él se esfuerza por corregirse a sí mismo y la trata a ella con amor y con respeto; le dice al Creador (Nejemías 9:33): "Tú Eres Justo en todo lo que nos ha sobrevenido; pues Tú has obrado con verdad y nosotros hemos procedido mal". Cuando nuestros Sabios dijeron que "el que tiene una 'mala esposa' no va a ver el infierno" (tratado *Eruvín* 41b), ellos estipularon que esto se aplica solamente cuando la persona acepta su situación con amor y no elude sus sufrimientos. Si el hombre se enoja con su mujer y la contraataca, no sólo que el sufrimiento no expiará sus pecados sino que su cuota de sufrimiento aumentará mucho más a causa del dolor que le causa a ella.

El Rabino Shaj *zt"l* escribe: "A veces el hombre que se enfrenta a graves dificultades siente tanta pena que su mundo se oscurece y su espíritu se quebranta dentro de él. Cuando la persona alcanza ese estado, eso se debe a la falta de *Emuná* y confianza en HaShem. El que Le teme y cree en Su Supervisión nunca se deja vencer por sus problemas y no hay nada que logre oprimirlo o molestarlo. Tal como dijo el Rey David (Salmos 23:4): "Aun si yo anduviere por el valle de la sombra de la muerte – no temeré mal alguno, ya que Tú estás conmigo".

Rabí Najman de Breslev escribe: "Toda la Torá y los Preceptos dependen de la *Emuná*". La *Emuná* es el cimiento y la fuente de toda la Torá y el servicio Divino.

Dos mujeres en casa

El papel del marido es dar y el papel de la mujer es recibir – así es como HaShem creó el mundo. Todos los intentos por invertir el orden conducen al desastre. El papel del marido es darle a su mujer y ser un pilar de fuerza para ella. La mujer tiene la necesidad de sentirse segura tanto del amor que su marido siente por ella como de la capacidad que tiene él de ocuparse de ella. Cuando el marido exhibe muestras de debilidad y necesita que *ella* le refuerce el ego *a él* y lo honre, ahí es cuando se desmoronan los cimientos del hogar.

El marido que busca que lo honren pierde su status de hombre, ya que está buscando recibir y está como pidiendo limosna. Esto crea una situación en la que hay dos mujeres en un mismo hogar, lo cual es un estado imposible de resolver. Su mujer espera de su esposo que la honre, como es debido, pero como él está tan ensimismado en su propia búsqueda de honor, no está dispuesto a darle honor hasta que ella lo honre a él, y entonces se llega a un punto muerto. Esa clase de marido tiene que entender dos cosas: primero, que tiene la obligación de honrar a su esposa y no al revés y segundo, que si él la honra a ella como es debido, ella le devolverá el honor.

El Rabino Shlomo Wolbe *zt"l* escribe: "Hay maridos que afirman: Nuestros Sabios enseñaron: '¿Quién es una buena esposa? La que cumple con la voluntad de su marido'. Siendo así, mi esposa debería hacer lo que yo le pido, porque únicamente entonces puede llamársela 'buena esposa'. Cuando ese marido ve que su mujer no hace lo que él quiere, piensa que ella está actuando mal y entonces la fuerza a hacer su voluntad. Esa forma de pensar surge de una visión distorsionada del mundo, y conduce a la destrucción del hogar. Obviamente esa no era la intención de nuestros Sabios.

Si el marido le dice a su mujer: 'No cumplas el *Shabat*', ella no tiene que hacerle caso. Lo que dijeron los Sabios "La que cumple con la voluntad de su marido" se refiere solamente a cuando la voluntad del marido está en conformidad con la voluntad de HaShem, parte de lo cual exige que él trate a su mujer con honor y con respeto. Nuestros Sabios del Talmud dijeron que el marido está obligado a honrar y amar a su mujer;

sus palabras son la expresión de la voluntad de HaShem. HaShem quiere que el hombre cumpla con el juramento que hizo en la noche de bodas de que honraría, respetaría y valoraría a su mujer".

El marido tiene la obligación rabínica de honrar a su mujer. En la noche de bodas presta juramento en presencia de dos testigos y el rabino que conduce el servicio, de que cumplirá todo lo que está escrito en la *Ketubá*, que es el contrato matrimonial judío. Una de las cláusulas del contrato afirma: "Honraré a mi esposa como los hombres que verdaderamente honran a sus esposas". El rabino Yeshaiahu Pinto *zt"l* escribe que el más grande honor de la mujer es cuando su marido hace de ella su primera prioridad. Ésa es la señal más grande de que él verdaderamente la aprecia y la valora.

Cuando el marido cumple con su obligación de honrar a su mujer, ella le devuelve la honra. Cuando ella ve que él la trata con amor, con honor y con respeto, se siente obligada y motivada a devolverle la bondad.

El Gaón de Vilna explica la diferencia entre un rey y un gobernante del siguiente modo: el rey es elegido por el pueblo, que quiere que él los reine; el "gobernante" es el que conquistó una provincia y la gobierna sin consultar al pueblo. El novio es comparable al rey, ya que su mujer lo aceptó para que fuera su marido, pero ella sin duda espera que él "gobierne" como los reyes judíos: con fuerza, con compasión y con sensibilidad.

La pereza

Rabí Najman enseña que la mordedura de la 'Serpiente Primordial' –que representa la Mala Inclinación– es la depresión y la pereza *(LikuteyMoharán* I, 189). La Mala Inclinación domina al hombre haciéndolo caer en estos dos estados. La pereza del marido puede conducir a la ruina de su hogar, porque a la mujer le resulta muy difícil ver que su esposo se levanta tarde, incluso si ella misma también se levanta tarde. Y mucho peor es cuando la mujer se levanta temprano para atender la casa y mandar a los niños al colegio mientras su marido sigue durmiendo. Ella es incapaz de respetar a un marido perezoso y está muy resentida con él por el hecho que no hace absolutamente nada mientras ella trabaja y se esfuerza tanto por atender a su familia. Este resentimiento crea mucha tensión en la relación entre ambos, la cual se irá deteriorando progresivamente hasta que él decida cambiar su comportamiento.

Por el contrario, cuando el marido es diligente y se levanta temprano, su mujer y sus hijos lo miran con respeto. Hay un refrán marroquí que dice: "Sé ágil y la gente te amará", y en verdad, así es. Mi maestro, Rabí Levi Itzjak Bender *zt"l*, solía decir que la persona tiene que ir a dormir temprano, poner la alarma para levantarse temprano y empezar el día temprano. Él dijo que además tiene que rezarle a HaShem para que lo ayude a cumplir y con presteza. Esto ejerce un efecto muy positivo en todo el resto del día.

La mujer no puede soportar que su marido no tenga una estructura organizada de trabajo y/o estudio. No puede tolerar ver que su marido está sentado sin hacer nada. Si el esposo está inactivo entonces no debe quedarse en casa. Debe levantarse temprano, rezar y estar fuera de la casa el resto del día, y volver recién al anochecer. Durante el día, debe hacer todo lo posible por buscar un trabajo fijo y establecer un programa determinado de estudio y de plegaria. Mientras tanto, puede dedicarse a proyectos a corto plazo. Pero pase lo que pase, deberá estar fuera de la casa. A la noche también deberá ocuparse de tareas constructivas, como por ejemplo estudiar Torá, dedicarse a la plegaria personal y dedicarle tiempo a su mujer.

El marido que es adicto a la televisión no puede de ninguna manera mantener una relación sana con su esposa. Al estar en casa todo el día, se entromete en sus cosas y muchas veces deja oír comentarios sobre lo que está haciendo. Esto a ella la fastidia mucho y entonces empiezan las peleas y las discusiones y se pierde la paz hogareña. Pero cuando él sale y no está en casa todo el día, mantienen espacio el uno del otro y esperan verse nuevamente a la noche.

A veces vemos que parejas mayores se divorcian. Esto parecería muy sorprendente porque si no se llevaban bien hasta ahora, ¿por qué no se divorciaron antes, ahorrándose muchos años de sufrimiento? ¿Por qué recién ahora? Una vez que los hijos ya crecieron, por lo general tienen menos gastos y no se endeudan. Pueden dormir, descansar, estudiar, ir de paseo y en términos generales vivir más cómodamente y disfrutar el resto de sus vidas, libres de servir al Creador sin obstáculos. ¿Qué es lo que los lleva a una situación tan difícil hasta el punto de querer divorciarse?

La respuesta es muy simple: El hecho que están pasando mucho tiempo juntos es lo que los está separando. Dicen nuestros Sabios: "El abuelo en casa es un obstáculo en el hogar", porque el anciano abuelo en casa se ve a sí mismo como el cacique de la tribu que se sienta todo el día dando instrucciones y consejos. Pero la matrona de la tribu no puede soportar esta situación mucho tiempo más y si esto no termina, tal vez el divorcio sea la única opción que le quede. A pesar de muchos años de felicidad de vida compartida, casando a los hijos y a los nietos, ella estará dispuesta a abandonarlo si él empieza a criticarla constantemente y hacer comentarios sobre cada cosa que hace.

Lo opuesto de la pereza es la presteza. Algo que se hace con presteza es muchísimo más valioso que lo que se hace con pereza. Rabí Moshe Jaim Luzato *zt"l,* dijo que cuando alguien hace algo con presteza, eso es señal de que es una persona entusiasta. Si la mujer le pide al marido que le traiga algo o que lleve a cabo alguna tarea en la casa y él de un salto va a hacer lo que ella le pide, él le está demostrando que la valora y que con gran entusiasmo está dispuesto a ayudarla. Pero si él se demora y a duras penas hace lo que le pide, ella sentirá que hubiera sido mejor que no hubiera hecho nada. "... Sé ligero como el águila y ágil como el ciervo... para hacer la voluntad de tu Padre Celestial" (tratado *Avót* 5:20). ¿Y cuál es Su voluntad? Que tengas una verdadera paz y armonía con tu esposa.

Afligir a la esposa

Dice la Torá (Levítico 25:17): "Y no afligirá un hombre a su prójimo". La Torá describe dos formas de afligir a otros: en forma monetaria, cuando uno estafa a otra persona, y en forma verbal, cuando uno hace sentir mal al otro con sus palabras. Las faltas monetarias son relativamente fáciles de rectificar: hay que pedir perdón y devolver el dinero. Las faltas verbales a veces son imposibles de rectificar. Las palabras dichas no pueden ser devueltas ni borradas de la memoria del otro. E incluso si la otra persona nos perdonó, es muy posible que el dolor que siente en el corazón y en el alma nunca se cure del todo.

Por naturaleza, la mujer es sensible y emocional y por eso es muy vulnerable al abuso verbal. Dice el Talmud: "El hombre debe tener mucho cuidado de no afligir a su esposa, porque las lágrimas de ella están listas a derramarse". La sensibilidad emocional de la mujer hace que sienta el aguijón de cualquier comentario o crítica. Por lo tanto, la Ley Judía establece en forma específica que el marido tenga especial cuidado con los sentimientos de su esposa.

El Talmud cuenta que Rabí Rajumi era extremadamente justo. Con el consentimiento de su esposa, él volvía de la Academia Talmúdica solamente una vez al año, en la víspera de Yom Kipur. Una vez ocurrió que en ese día él estaba tan sumido en sus estudios que se olvidó de volver a su casa. Su mujer lo esperaba ansiosa, pero al ver que él no venía, derramó una lágrima de tristeza y desilusión. En ese mismo instante, la galería en la que estaba estudiando Rabí Rajumi se vino abajo y él se cayó y murió. En este extraordinario relato, el Talmud no dice que su mujer sufrió enormemente o durante un extenso período de tiempo. *Ella derramó una sola lágrima.* Y eso fue suficiente para que se promulgara el decreto de muerte para su marido, si bien él no tenía ninguna mala intención ni quería herirla en lo más mínimo.

Rabí Jaim Shmuelevitz *zt"l* pregunta: "¿En qué ayudó a su esposa este castigo? Ciertamente la muerte de su marido le causó solamente más sufrimiento y dolor, ya que ahora se había quedado viuda". Él explica que nuestros Sabios querían enseñarnos lo grave que es afligir a otra persona. Incluso en tales circunstancias, el castigo es muy grave y llega enseguida. Este rabino solía decir: "Afligir a otra persona es como un fuego ardiente". El Talmud afirma que todos los castigos son ejecutados a través de un mensajero, excepto el castigo de afligir a otros, que el Propio HaShem ejecuta.

El *'Sefer HaYereim'* dice así: "Así como uno puede afligir a otra persona con palabras, también puede afligirla con una expresión de amargura". Muchas veces el marido llega a casa después de un día difícil con la cara larga y una expresión de amargura en el rostro. Esto es muy problemático, porque la mujer percibe eso como un mensaje de que su marido está enojado con ella. Ella no piensa que el ceño fruncido de su marido se debe a las diez personas que lo fastidiaron y lo volvieron loco antes de que llegara a casa, o a la hora pico del tránsito, cuando todos están impacientes por llegar a casa.

Aunque a veces es muy difícil evitar afligir a la mujer, el marido debe dejar su fastidio afuera y entrar a su casa con una sonrisa en el rostro.

Otra forma de afligir al prójimo es cuando uno no cumple con una promesa. Cuando el marido dice que va a llegar a casa a una cierta hora, debe cumplir su palabra. Si no lo hace, su esposa se sentirá insultada, porque lo toma como una señal de que a él no le importa nada de ella. Incluso en aras de un Precepto, está prohibido llegar tarde. Si él ve que va a retrasarse debido a circunstancias imprevistas, entonces deberá llamarla por teléfono antes de que llegue la hora en que tendría que haber llegado a casa, y decirle que, por cuestiones que no dependen de él, no va a poder llegar a casa a tiempo. Deberá pedirle disculpas en tono amable y dejar bien en claro que lo lamenta mucho.

Discusiones y más discusiones

El camino a la paz hogareña se ve obstaculizado por toda clase de pruebas, barreras e impedimentos. Uno no debe engañarse a sí mismo pensando que va a encontrar una mujer que se adapte a él con tanta perfección que siempre vivirán en paz y armonía. Todas las parejas tienen sus desacuerdos de tanto en tanto y con respecto a una variedad de temas. Los desacuerdos son algo inevitable. A fin de evitar esto e impedir que dichos desacuerdos se transformen en altercados, el marido debe familiarizarse con las áreas en las que su mujer entiende las cosas en forma diferente y los temas que les resultan especialmente sensibles a todas las mujeres. De ese modo podrá hacer todo lo posible para no entrar en discusiones con ella.

La Mala Inclinación se pone a bailar de contento cada vez que hay una discusión y por eso debemos evitar los enfrentamientos a toda costa. Si ya empezó una discusión, el

330 | En el Jardín de la Paz

marido debe aplacarla de inmediato, y en forma pacífica. Si no lo hace, es muy posible que las discusiones y las peleas vayan en aumento. Por naturaleza, una pelea conduce a otra y así sucesivamente. Escribe el Shela: "Al principio dice: 'Y hubo un enfrentamiento entre los pastores de los rebaños de Abraham y los pastores de los rebaños de Lot'. Pero cuando Abraham le habló a Lot, le dijo: 'Que no haya disputa entre nosotros'. Dijo 'disputa' en femenino, en vez de 'enfrentamiento' en masculino. ¿Por qué? Lo que Abraham le estaba diciendo a Lot era: "El enfrentamiento que comenzó entre los pastores, que quede como un enfrentamiento y no dé nacimiento a más enfrentamientos, como una mujer que da a luz'". Cuando el marido se arraiga en las discusiones y se niega a concederle la razón a su esposa, está transgrediendo lo que dice en la Torá: "No seas como Koraj y su congregación".

Dice el Rey Salomón (Proverbios 16:2): "Todos los caminos del hombre son puros ante sus propios ojos". La persona cree que lo que hace y lo que piensa es correcto. Es algo natural. En cada diferencia de opiniones, si uno siente que tiene razón y que el otro está equivocado defenderá obstinadamente su punto de vista. La gente tiene un deseo muy poderoso de vencer a los demás. Pero excepto en casos en que el tema es muy grave, triunfar en una discusión no suele valer la pena. El concederle la razón al otro ayuda a conservar las fuerzas y la paz con él. Y ésa es la verdadera victoria. Y en especial con la propia esposa, cuando el marido le concede sus deseos y la coloca en primera prioridad. Ésa es la más grande muestra de poder y la más grande victoria.

Rabí Natan de Breslev escribe que la adicción a la disputa es el peor rasgo de carácter. Todos los otros defectos y malos deseos pueden tener algún propósito positivo, si uno los canaliza de acuerdo con la voluntad de HaShem. Pero el hecho de discutir todo el tiempo no sirve para nada positivo y es algo que puede arrancar a la persona de este mundo y también del otro.

Rabí Jaim Palachi *zt"l*, atestiguó que con sus propios ojos había visto que cada familia en la que había discusiones nunca se había salvado de graves daños de salud, riqueza, o de ambas cosas. La paz es el recipiente para recibir todas las bendiciones. Allí donde hay disputas, no hay bendiciones. En la historia de la disputa de Koraj y sus seguidores, vemos que la tierra se los tragó vivos junto con todas sus riquezas. Los enfrentamientos le causan a la persona enojo, estrés, depresión, alta presión y enorme dolor; no hay nada que cause tanto daño a la salud física y emocional.

Las riñas entre los padres causan un tremendo daño en el bienestar físico y espiritual de los hijos, la disputa en el hogar destruye su capacidad de concentrarse en sus estudios, les daña el alma y hasta puede afectarlos negativamente por el resto de sus vidas. Es posible que la mujer cometa muchas equivocaciones en la educación de sus hijos, pero las peleas con su marido por ese motivo van a hacer muchísimo más daño que cualquiera de los errores que ella pueda haber cometido.

Si la mujer es demasiado estricta con sus hijos y el marido se entromete para protegerlos, el daño que sufre el hijo por la tensión entre los padres es mucho más grande que la severidad de la madre. En el caso de una disputa entre la madre y uno o más hijos, el marido primero tiene que darle a su esposa su incondicional respaldo. El Ben Ish Jai *zt"l* escribe que cuando uno entra en una situación explosiva, debe darse cuenta de que la Mala Inclinación está trabajando, tratando de causar enfrentamientos y disputas.

En muchos casos, las parejas discuten por temas que casi no tienen ninguna importancia. La Mala Inclinación incita al marido a que sea obstinadamente insistente acerca de algo, y entonces viene la pelea. Por ejemplo, la mujer le pide al marido que limpie o que organice algo, lo cual no debería llevarle más de media hora. Pero él se siente resentido por el pedido y por el tiempo que le está "robando", y entonces no hace lo que ella le pidió. La pelea resultante puede durar hasta bien entrada la noche, cuando todo el episodio podría haberse evitado con facilidad. Si él le hubiera concedido apenas media hora de su tiempo, le habría ahorrado mucho disgusto y se habría ahorrado a él mismo mucho dolor de cabeza y varias horas desperdiciadas...

Muchas veces, la mujer necesita la ayuda de su marido durante solamente un momento, para mostrarle o preguntarle algo. Tal vez el marido esté ocupado y no le responda. Tal vez le diga solamente "¿Qué?" y continúe con lo que estaba haciendo. Cuando ella nuevamente le pide un momento de atención, él responde con mayor impaciencia "¡¿Qué?!". Esta falta de atención conduce a un enfrentamiento. Ella tal vez quería que le tomara en cuenta sólo un minuto, pero ahora él va a necesitar horas para calmarla.

El Talmud enseña que es muy difícil calmar la ira de las mujeres. En esta situación, los maridos no entienden qué es lo que sucede y sienten que sus mujeres son unas malcriadas o son vengativas. Ellos no quieren jugar el papel de humillarse ante ellas para reconciliarse, así que deciden no tratar de calmarlas. Ellos piensan que sus mujeres actúan con maldad y entonces deciden aplicar una mano fuerte sin afecto ni cariño. En realidad, lo que sus mujeres están deseando es la reconciliación y volver a sentirse cerca de ellos, pero no saben cómo ponerle fin al círculo vicioso de hostilidad que se creó. Pensando en esto, el marido debe tener cuidado de ser cariñoso y paciente no importa lo que pase. Su calma va a neutralizar cualquier enfrentamiento que pudiere surgir en el hogar.

Un tirano en casa

Dice el *'Sefer HaBrit'*: "Hay personas que tienen cuidado de no causarle daño a nadie, de amar y honrar a todo el mundo, pero con sus propias mujeres se comportan en forma totalmente contraria. Y afirman que esto no es ningún pecado. No entienden que su pecado es aún peor que si hubieran hecho lo mismo con un extraño, porque la mujer es la esencia misma de su marido. Además, ¿por qué las mujeres no van a estar incluidas en el Precepto de 'No odies a tu hermano en tu corazón' y 'Ama a tu prójimo como a ti mismo'?

Hay un antiguo refrán judío que dice: "Así como sus rostros no son iguales, sus opiniones tampoco son iguales". Marido y mujer siempre tienen distintas preferencias y objetivos, pero eso no significa que no puedan construir un hogar feliz y compartan una vida dichosa. Ellos saben cuando se casan que va a haber diferencias de opinión entre ambos y tienen la intención de que, cuando surjan esas diferencias, se respeten sus mutuos deseos y lleguen a un compromiso que satisfaga a ambos.

El marido que siente que ser el hombre de la casa le confiere el derecho de decir la última palabra y el poder de veto sobre los deseos de su mujer es un tirano. Esa era la actitud del malvado Hamán (Ester 1:20 22): "Y todas las mujeres honrarán a sus maridos... para que fuese cada hombre quien domine en su casa". Él quería que su mujer y sus hijos se inclinaran ante él, que lo sirvieran como esclavos y que aceptaran todo lo que les dijera. Esa persona siente que tiene derecho a insultar a su mujer y a sus hijos y hacer que le teman.

El Talmud dice que todo el que implanta demasiado temor en su familia al final acabará cometiendo tres pecados capitales: las relaciones sexuales prohibidas, el derramamiento de sangre y el incumplimiento del *Shabat*. ¿Cómo? De la siguiente manera:

Las relaciones sexuales prohibidas: si llegó la noche en que su mujer tiene que sumergirse en la *Mikve,* el baño ritual, pero por algún motivo no pudo hacerlo, ella va a tener demasiado miedo para decírselo y al final van a tener relaciones mientras ella aún está ritualmente impura.

El derramamiento de sangre: es posible que ella se escape de tanto que le teme y, debido al difícil estado emocional en que se encuentra, acabe involucrada en una situación fatal.

La transgresión del *Shabat* – si su esposa se olvida de encender la plancha caliente del *Shabat* para mantener la comida, ella teme tanto la reacción de su marido que al final va a encenderla después de que comenzó el *Shabat,* y entonces él comerá lo calentado en *Shabat* y por lo tanto esa comida está prohibida.

Cada vez que uno de sus hijos se porta mal, la mujer, aterrorizada, tiene miedo de contarle a su marido, porque los maridos tiránicos suelen ser también padres tiránicos que castigan a sus castigos con crueldad. El hijo, a su vez, se vuelve cada vez más indisciplinado y más difícil de manejar. Si no fuera por el reinado de terror que impone el marido, ella podría haberle contado lo ocurrido y él podría haberla ayudado con su hijo antes que se descarriara por completo. En la casa en la que todos tienen miedo del padre, todos mienten para salvarse de los ataques de ira del marido y padre despótico.

El hombre nunca debe insultar o maldecir a su mujer y tanto más golpearla, Dios no lo permita. El código de Ley Judía afirma: "El hombre que golpea a su esposa comete una transgresión, y el tribunal está autorizado a castigarlo, a excomulgarlo y a golpearlo, ya que ésa no es la forma en que los hombres judíos deben tratar a sus esposas".

Rabí Jaim Vital explica que cuando nuestros Sabios dijeron que la ira equivale a la idolatría, nos estaban enseñando que la persona que tiene *Emuná* no debería enojarse. Un hombre de *Emuná* sabe que todo lo que le ocurre –incluso a manos de los otros– proviene del Creador. Como tal, no hay ninguna causa para enojarse. La ira demuestra una falta de *Emuná*, y por lo tanto equivale a la idolatría.

Dijo el Rey Salomón (Eclesiastés 7:9): "La ira reside en el seno de los necios". El necio no mira debajo de la superficie de lo que ve, y por eso nunca llega a discernir la Mano de la Providencia que se oculta en todo lo que le ocurre. Por eso se enoja con todo el que le causa aflicción y se pone furioso cuando las cosas no salen como él quiere. Por el contrario, la persona sabia sabe que cuando la gente le causa aflicción, eso se debe a sus propios pecados. Sabe que hay un mensaje en ese sufrimiento. Y confía en su afectuoso Padre en el Cielo que es Quien guía su vida, pues si algo no sale como a él le gusta, sabe que es todo para bien.

En los preparativos de las comidas del *Shabat* y demás festividades uno invierte mucho tiempo y mucho esfuerzo. Por lo general también ocurre alguno que otro contratiempo, como por ejemplo cuando a uno de los niños se le cae al suelo una botella de vidrio, la esposa quema la comida o tal vez la carne está dura e incomestible. Todos estos contratiempos son pruebas a la *Emuná* de la persona, para ver si tiene paciencia y entendimiento. ¿Acaso recordará que todo proviene desde lo Alto o se enojará y les echará la culpa a los demás? Si pasa la prueba, él y su familia continuarán gozando de una feliz comida festiva, pero si no la pasa, se enoja y le grita a su familia, entonces toda la comida se arruinó. Qué lástima que tanto se pierda a causa de tan poco...

La Torá nos prohíbe tomarnos venganza. En el libro *'Sefer HaJinuj'* está escrito acerca de este Precepto: "La costumbre de la mayoría de la gente es perseguir a la persona que les causó aflicción hasta que al final se vengan de ella y le devuelven con la misma moneda. HaShem nos prohíbe esto cuando dice: "No te vengarás". Incluso si el marido siente que su mujer lo aflige a propósito, no debe pagarle con la misma moneda. Si en forma voluntaria él se abstiene de hacerle algún bien a causa de la forma en que ella lo trató, se dice que se está vengando de ella. En lugar de eso, él debe hacer todo lo posible por corregirse a sí mismo y tratar a su mujer con amor y con respeto. El Rey Salomón escribe (Proverbios 17:9): "El que cubre el delito busca amor". Rashi explica: "Si un hombre peca contra otro y este último pasa por alto el tema, no mencionándolo y no mirándolo con mala cara, esto hace que el que pecó al final acabe amándolo". Cuando uno no se venga de su mujer sino que, por el contrario, la trata con respeto, ella finalmente acabará correspondiendo a su amor.

Disputas sofocantes

El libro 'Kojvei Or' cuenta acerca de un hombre que fue a ver a Rabí Najman de Breslev y le dijo que sufría mucho a causa de su hija, a quien alguien la había convencido de que abandonara el Judaísmo y que había desaparecido. El Rebe le dijo que ella se encontraba en la casa del clérigo local y que él debía enviar a dos hombres en una carreta a la casa del clérigo. Allí encontrarían a la hija del hombre parada junto a la puerta y cuando los viera, ella iba a querer volver a casa con ellos. Y así fue. Ella retornó a su familia y al Judaísmo y el Rebe hizo que ella se casara con un joven. Antes de la boda, él le dijo al novio: "Si alguna vez te enojas o te peleas con ella, ten mucho cuidado de no recordarle lo que hizo. Si tienes cuidado, te prometo que tendrás muy buenos hijos con ella". Efectivamente, el joven obedeció al Rebe y tuvo hijos que llegaron a ser excepcionales eruditos de Torá.

Rabí Najman de Breslev escribe en *Likutey Moharán* que todo el mundo tiene ansias de triunfar. Esto es lo que hace que la victoria sea tan dulce y la derrota, tan amarga. La Mala Inclinación sabe esto y lo aprovecha para su propia ventaja.

Cuando la gente discute, la Mala Inclinación alienta a ambas partes a que usen todos los medios disponibles para ganar la disputa, no importa lo dolorosos o lo solapados que puedan ser. La gente sabe que está mal dar golpes bajos y traer la suciedad del pasado, pero en el acaloramiento de la discusión, cuando uno está centrado en ganar la batalla, el daño que se hace puede resultar irreparable y hasta puede conducir al divorcio.

A fin de evitar problemas, uno debe establecer límites claros y hacer un firme compromiso de que nunca los sobrepasará, por más enojado o dolido que pueda estar. Por ejemplo, pase lo que pase, uno nunca debe mencionar la palabra "divorcio". Hay gente que se pasa años pagando el precio de un *lapsus linguae*. Si el marido conquista su Mala Inclinación y no excede estos límites, su recompensa será inmensa, como en el caso del joven de la historia que contamos. Nuestros Sabios afirman que el mundo se sustenta gracias al mérito de aquellos que se controlan a sí mismos durante una disputa y se abstienen de decir lo que podrían decir...

El hombre cuya esposa se acercó al verdadero judaísmo o pasó por una crisis o un trauma, debe tener mucho cuidado de no recordarle nunca sus errores, sus transgresiones o la crisis del pasado. Si lo hace, está transgrediendo la prohibición de la Torá de *onaat devarim*, o sea, afligir a los demás. Incluso si tiene la intención de ayudarla, no deberá mencionar su vergonzoso pasado a menos que ella misma mencione el tema y quiera hablar de él. Si él de veras quiere ayudarla, deberá mostrarle su amor y su atención y hacer todo lo posible por hacerla feliz, porque la felicidad y la alegría son las mejores curas para el alma, tal como dice el Profeta Isaías (35:10): "Regocijo y alegría alcanzarán, y la angustia y el gemido huirán".

Escribe Rabí Jaim Vital: "Si la esposa reprende al marido acerca de temas relacionados con el Cielo, él debe aceptar sus palabras. Eso significa conducirse por el camino de la humildad...". La verdadera humildad consiste en que el hombre sea modesto con los que están bajo su responsabilidad, como los miembros de su hogar, sus sirvientes, etc. Escucharlos y aceptar sus palabras de reprimenda y de consejo es una señal de que uno respeta sus opiniones y está dispuesto a aprender de cada uno. Cuando el hombre acepta las reprimendas y las humillaciones con amor, se expían sus pecados. El dolor de las humillaciones reemplaza al sufrimiento que le correspondía. El verdadero arrepentimiento es soportar los insultos y quedarse callado (*Likutey Moharán* I, 16).

A nadie le gusta recibir una bofetada; en la mayoría de los casos, el orgullo es lo que le impide a la persona oír una reprimenda, por más justificada que sea. Uno tiende a encontrarle defectos a quien lo está criticando y busca la forma de vengarse. El orgullo herido de la persona es un obstáculo en su camino a la *Teshuvá* y la corrección de su mal comportamiento. El Rabí de Brisk dijo: "cuando una persona escucha que la otra le da una reprimenda, a veces ocurre que su orgullo le impide admitir que pecó, incluso cuando sabe que va a sufrir, y efectivamente, sufre. Su orgullo no le permite admitir su pecado". Cuando los residentes de Sodoma trataron de capturar y sodomizar a los huéspedes de Lot, fueron atacados con la ceguera y demás aflicciones, pero aun así continuaron gritando y tratando de encontrar la puerta de la casa de Lot y tirarla abajo.

La última persona en el mundo de la cual el hombre quiere escuchar una reprimenda es de parte de su esposa.

Lamentablemente, la mayor parte de la reprimenda cae en oídos sordos y no surte ningún efecto. Y es una lástima, porque el marido pierde dos veces:

Primero, la reprimenda de su esposa es una oportunidad de crecimiento para él. El viejo adagio dice que no hay humo sin fuego. En ese sentido, incluso si él siente que las acusaciones de ella son exageradas o injustificadas, si se pone a contemplar el tema en serio, ciertamente va a encontrar fundamentos en las palabras de ella. La reacción que le proporciona la esposa es algo invalorable, porque ayuda al marido a crecer y progresar rumbo a la corrección de su alma, que es la misión para la cual vino al mundo.

Segundo, el hecho de desahogarse frente a un marido que escucha atento ejerce un efecto casi mágico en la mujer. Con cada palabra que ella dice, van disminuyendo el dolor y la amargura para ser reemplazados por un creciente sentido de calma y tranquilidad. Si ella de veras siente que sus palabras son escuchadas y aceptadas, entonces cuando la conversación llega a su fin, o más tarde ese mismo día, ella misma va a dirigirse a su marido con renovado cariño y afecto. El hecho de saber que él valora la opinión de ella y que quiere mejorar le produce a su mujer una inmensa satisfacción.

El marido que por orgullo rechaza la reprimenda de su mujer finalmente acabará cerrando el canal de comunicación con ella. La mujer ya no va a tratar de decirle nada y entonces la pérdida de él será tremenda. Perderá la oportunidad de aprender más de sí mismo y de crecer, y su mujer se volverá más y más frustrada. Se distanciarán el uno del otro y su relación progresivamente se irá deteriorando.

Queridos maridos: Nuestras esposas necesitan sentirse seguras contándonos todo lo que tienen en el corazón, y confiadas en que las escucharemos y haremos caso de su mensaje sin enojarnos. No es fácil tragarnos nuestro propio orgullo, pero la recompensa por hacerlo ciertamente vale la pena.

Sin presionar

En el libro *'Sefer HaJinuj'* está escrito que es imposible enumerar todas las cosas que a una persona le causan dolor, porque cada una es diferente. La gente tiene distintos niveles de sensibilidad. Lo que a una persona le resulta ofensivo tal vez a otra persona no le moleste en lo más mínimo. Por eso uno tiene que demostrar sensibilidad y empatía con los sentimientos de los que lo rodean y cerciorarse de que con sus palabras no está hiriendo a nadie.

Hoy en día la gente está en un estado de mucho estrés. La gente se preocupa por la seguridad nacional, por el sustento, por su posición social, por el futuro. Hay quienes viven preocupados por el hecho de que tienen que cumplir con sus deberes para con HaShem y hay quienes son nerviosos de nacimiento. Sea como fuere, al actuar con paciencia estamos garantizándoles a todos que no vamos a causarles aflicción y además calma los nervios.

Las mujeres son especialmente susceptibles al estrés. El mantenimiento de la casa, junto con la crianza de los hijos, hacer las compras, tener que ir al banco, preparar la comida, mantenerse en forma para el marido y, muchas veces, además de todo eso, ir al trabajo, no es para nada fácil. El marido al que le importa de su mujer hace todo lo posible por aliviar sus exigencias y hacer que ella viva con el menor estrés posible. Al crear una atmósfera feliz y tranquila en el hogar, el esposo está creando un ambiente que de por sí reduce el estrés que siente su mujer.

El marido sensible reconoce el estrés que sufre su esposa y hace todo lo posible por aliviarle la carga. Si él es lo suficientemente inteligente como para ser paciente y aceptar la situación cada vez que ella no da abasto, él es la mejor píldora tranquilizante. Al centrarse en lo que ella sí logra hacer, alabándola y expresándole su gratitud, él le recarga las baterías y le da la fuerza que necesita para poder continuar.

Por el contrario, el marido insensible no hace más que agregar estrés al que ella ya tiene. Si a ella le cuesta organizarse para todo lo que tiene que hacer y encima él le pide que haga más, o hace comentarios acerca de lo que todavía no hizo, la está destruyendo. En vez de demostrarle interés, le pregunta cortante: "¿De qué estás tan estresada?". Esto hace que ella se sienta culpable por su estado. Si se siente presionada por cosas que a él no le afectan, entonces hace que se sienta una tonta por sentirse así, en vez de entender las dificultades que ella está pasando. En vez de ofrecerle su ayuda, el marido insensible y egocéntrico se centra en sus propios intereses.

El marido tenso debe hacer todos los esfuerzos posibles por mostrarse calmo y relajado. Y debería aprender de nuestro patriarca Abraham. Cuando Abraham llegó a Egipto, estaba preocupado por la posibilidad de que lo mataran para poder llevarse a Sara como esposa para el Faraón. El *Jizkuni'* escribe que a pesar de esto, él le pidió a Sara con calma (Génesis 12:13): "Di, por favor, que eres mi hermana, para que yo sea beneficiado por tu causa, y vivirá mi alma gracias a ti". A pesar de sus temores, él le habló a Sara con calma para evitar que ella entrara en pánico o se sintiera angustiada. Dicen nuestros Sabios: "El hombre piadoso mantiene sus preocupaciones dentro del corazón y se muestra alegre por afuera".

El hombre es el que marca el tono de toda la casa. Si él es calmo y tolerante, entonces su mujer y sus hijos van a sentir que su hogar es un lugar relajado y feliz. Pero si él es estricto y de mal carácter, entonces no van a querer estar en su presencia. Los maridos de mal carácter no entienden por qué sus mujeres y sus hijos nunca están en casa...

A fin de sobreponerse a la preocupación y el estrés, uno debe confiar en HaShem y no cargar a su familia con sus propios miedos. Ellos dependen de él y él tiene que depender de HaShem. Si él es una persona preocupada e insegura, como si no tuviera de quién depender, entonces ellos van a perder su confianza en él. Y como resultado, su esposa y sus hijos van a sentir un estrés aún mayor.

Nuestros Sabios enseñan que los viernes a la tarde el hombre debe cerciorarse de que su mujer ya completó determinados preparativos para el *Shabat*. Uno de esos preparativos es encender las velas de *Shabat*. Obviamente, él puede fijarse si están encendidas o no. Si todavía no están encendidas, él debe decirle a su mujer que las encienda. Sin embargo, nuestros Sabios se toman el cuidado de advertir que esto debe hacerse con calma y con suavidad. Encender las velas después de la puesta del sol constituye un pecado de enorme gravedad, pero no por eso el marido tiene permiso de hablarle a su mujer de mala manera. Por lo tanto, mucho menos puede hablarle de mala manera cuando habla de temas cotidianos.

Al final de un día de trabajo, el marido debe encontrar tiempo para pasar con su esposa. Al entrar y salir corriendo, él está creando una atmósfera de tensión. Su mujer y sus hijos quieren verlo y sentarse a hablar con él. Ellos compiten por su atención, porque saben que en un rato otra vez va a desaparecer. Esto es muy estresante para todos los miembros de la familia. Lo ideal sería que llegara a casa preparado para darles a todos un poco de tiempo de calidad y una dosis de atención. Si esto no es posible en forma diaria, el padre debería apartar un poco de tiempo semanal para reunirse en forma individual con cada uno de sus hijos. Sin embargo, la mujer necesita tiempo de calidad todos los días, preferiblemente una media hora por lo menos. El solo hecho de saber que va a tener su propio tiempo especial junto con él a la noche, la ayuda a arreglárselas durante el día y sentirse más calma y relajada.

Uno de los Sabios del Talmud siempre empezaba sus charlas con un chiste o algo humorístico. Él sabía que sus alumnos sentían gran temor y reverencia por él, pero también sabía que para poder abrir la mente para estudiar tenían que tener la cabeza relajada. Los chistes servían para hacer que se relajaran y y se les tranquilizara el corazón y la mente para entender el estudio. El Talmud también cuenta que el Profeta Elías iba acompañando a Rabí Beroka en el mercado. Elías les señaló a dos hombres que se habían hecho merecedores del Mundo Venidero. Rabí Beroka se acercó a ellos y les preguntó qué Precepto tan especial habían llevado a cabo. Ellos respondieron que eran personas muy cómicas y que iban por el pueblo buscando personas tristes y oprimidas y les levantaban el ánimo. El Maharsha explica: "Se hicieron merecedores del Mundo Venidero, porque al alegrar a los oprimidos, también le causaron alegría a la Presencia Divina, pues Rabí Meir enseña que cuando los hombres están tristes, la Presencia Divina está triste junto con ellos".

La mujer es comparable a la *Shejiná*, la Presencia Divina. Al hacer que ella esté feliz y relajada, el marido también le causa alegría a la Presencia Divina y también se hará merecedor del Mundo Venidero. La Torá nos manda (Deuteronomio 24:5): "Y él alegrará a la mujer que ha tomado"– la alegría de la mujer es responsabilidad de su marido. La felicidad de ella es la inversión más rendidora, tanto en este mundo como en el Mundo Venidero. Cuando ella está feliz, él prospera y le va bien en todo lo que hace.

Las mentiras

Rabí Najman escribe (El Libro de los Atributos, tema 'Verdad' I, 22): "Allí donde hay verdad hay paz". La paz es posible únicamente cuando el hogar se caracteriza por la verdad y la honestidad. Allí donde hay falsedad y mentiras, la Presencia Divina se aleja, pues el Talmud afirma: "Los mentirosos no recibirán la Presencia Divina, tal como está escrito (Salmos 101:7): 'El que habla mentiras no permanecerá ante Mis ojos'". La Torá enfatiza que debemos alejarnos de la deshonestidad y dice (Éxodo 23:7): "Y de palabras de mentira – ¡Aléjate!".

A veces ocurre que el hombre se enfrenta a un dilema: quiere hacer algo que sabe que su mujer no quiere que haga. Si él renuncia a la idea a fin de evitar reñir con ella, se sentirá frustrado y enojado. Si hace lo que quiere hacer, ella se va a enojar con él. Entonces puede ocurrir que él decida hacerlo en secreto, porque piensa que mientras ella no se entere, van a estar los dos contentos y felices. En teoría esto funciona, pero en la práctica, el engaño acaba descubriéndose. Cuando su mujer se da cuenta de lo que hizo, la confianza que tenía se hace pedazos y una vez que ella siente que no puede confiar en él, tampoco puede sentir cercanía junto a él, y su relación sufre un daño irreparable. Cuantas más mentiras ella descubre, peor.

Tal vez el marido haya pensado que estaba justificado en mentirle, confiando en el permiso rabínico de que está permitido desviarse de los hechos en aras de la paz, pero está equivocado. Este permiso fue promulgado solamente para situaciones de gran complejidad en las que la verdad selectiva facilita que reine la paz. Pero uno tiene prohibido decir una mentira a fin de evitar confrontación con los demás. No hagas nada malo y entonces no te vas a meter en problemas.

Dice el Gaón de Vilna: "La mentira y la falsedad (dos palabras distintas en hebreo) tienen dos significados diferentes.

La falsedad consiste en hacer una promesa, tener la intención de cumplirla y al final renegar de ella. La mentira es pronunciar una promesa que uno no tiene la intención de cumplir, que son palabras que ya desde el comienzo van en contra de la verdad". Si ya hiciste una promesa, entonces haz todo lo posible por cumplirla. De otro modo, serás culpable de falsedad. Y en el futuro, antes de prometer nada, piensa muy bien si podrás cumplir con esa promesa o no. Al hacerlo, estarás cumpliendo el Precepto "Cuida lo que sale de tus labios" (Deuteronomio 23:24).

Muchos hombres me contaron que se embarcaron en inversiones financieras y les mintieron a sus mujeres diciéndoles que solamente estaban invirtiendo dentro de sus posibilidades, porque se dijeron a sí mismos que sus mujeres no entendían nada de negocios. Pero en el transcurso del tiempo, se endeudaron enormemente y tuvieron que admitir que si hubieran escuchado el consejo de sus esposas, no sólo que no se habrían metido en una situación tan complicada sino que incluso habrían tenido éxito.

Uno de los desafíos más grandes y difíciles es cuando la mujer le dice a su marido que no tenga contacto con su familia. Esto lo coloca a él en una situación muy incómoda. Por un lado, él quiere vivir en paz con su esposa, pero por otro lado, quiere honrar a sus padres. Ir de visita a la casa de sus padres a espaldas de ella no hará más que profundizar aún más el problema. Él debe tratar de aclarar con ella cuál es la razón por la que no quiere que él los visite o hable con ellos. Es muy posible que sea por culpa de él mismo, porque les cuenta a sus padres todo lo que ocurre en su casa con su mujer. Esto no es nada que les incumba a ellos. Lo que tiene lugar en su propia casa es algo privado de los dos. El hecho de que él expone la privacidad de ella la ofende y la insulta, y en especial cuando él les cuenta a sus padres lo que tiene lugar detrás de la puerta de su casa. En ese caso no deberá sorprenderse entonces cuando ella se niegue a que vaya a visitarlos...

La mujer no puede soportar que los suegros se entrometan en sus cosas, así como no puede soportar que su marido la critique y le haga comentarios. A nadie le gusta sentirse como bajo un microscopio. Si la mujer ve que cuando su marido vuelve de la casa de sus suegros la actitud de él hacia ella empeora, entonces está segura de que ellos le hablaron mal de ella y por eso después le dice que no vaya a visitarlos.

El marido nunca debe compartir sus problemas matrimoniales con sus padres. Tanto él como ellos van a acabar transgrediendo la prohibición de hablar calumnias y no resultará nada positivo de sus conversaciones. Los padres de él sin duda se pondrán de su lado y profundizarán aún más la controversia entre ambos. Lo que el marido tiene que hacer es no contarles a sus padres nada de eso y en cambio buscar aconsejarse con un rabino competente. Si el marido alguna vez ve que sus padres tratan de interferir en asuntos que les incumben solamente a él y a su mujer, deberá detener de inmediato tales intromisiones y ponerse del lado de su mujer. Su primera lealtad es hacia ella.

Cuando está prohibido mentir, la Mala Inclinación nos alienta a que lo hagamos. Cuando hay que ocultar la verdad, la Mala Inclinación nos incita a que seamos celosamente verídicos. Siempre que el marido regresa de una visita a su familia, deberá decir que le mandan a ella sus más cálidos saludos, aunque en realidad sea todo lo opuesto. El marido debe alabar a su esposa cuando se encuentra con sus propios padres, aunque para eso tenga que exagerar. Al hacerlo, está emulando a Aarón el Sumo Sacerdote, que siempre buscaba fomentar el amor entre las personas. Hacer las paces es un deber de enorme importancia, y nuestros Sabios nos mandan

Capítulo Doce: En el Jardín del Edén | 347

(tratado *Avót* 1:12): "Sean de los discípulos de Aarón, el que ama la paz y la persigue".

Ésta es la piedra angular del hogar. Maharam Shik en su comentario del tratado *Avót* escribe: "'Ama la verdad y la paz' – ¿Por qué la verdad figura antes que la paz? Porque la paz es imposible cuando no hay verdad; cuando hay verdad, hay paz". Rabí Najman escribe en 'El Libro de los Atributos' que la verdad redime a la persona de todos los males.

Auto-corrección

La auto-corrección es nuestro deber más grande y nuestro más grande desafío. Al mejorar nuestro carácter, nos hacemos merecedores de una vida mejor tanto en este mundo como en el venidero. Y merecemos la paz matrimonial y el éxito en la crianza de los hijos.

A lo largo del Talmud y el Zohar, nuestros Sabios enfatizan la importancia de mejorar el carácter. Dicen nuestros Sabios (tratado *Avót* 3:10): "Todo aquel en que el espíritu de los seres se complace, también el Creador se complace con él". Nuestros Sabios equiparan el enojo con la idolatría, y la arrogancia con la negación de la existencia de HaShem. Ellos enseñan que los rasgos de humildad y modestia invocan la inspiración Divina haciendo que ésta se pose sobre la persona. Elías el Profeta dijo: "La Torá sólo puede ser enseñada por alguien que no es irascible y estricto, y han dicho los Sabios: '¿Quién es merecedor del Mundo Venidero? Aquél que es humilde'".

En el libro 'Tana deBei Eliahu', se encuentra una 'regla de oro' que ilumina el camino correcto para que el hombre se conduzca con su familia. Proviniendo de la boca del Profeta Elías, esta regla equivale a una directiva Divina. Dice él: "Sé humilde con toda persona y con los miembros de tu familia más que con cualquier otro". Se nos dice que seamos "humildes con todos", lo cual significa que debemos soportar los insultos sin contraatacar, y escuchar cuando los demás nos reprenden. Debemos hacer todo esto aún más con nuestras esposas que son las personas más cercanas que tenemos.

Rabí Jaim Vital, cuyas enseñanzas provienen del Arizal, escribe en su obra 'Las Puertas de Santidad': "El mal carácter es todavía peor que las mismas transgresiones". HaShem quiere que seamos más cuidadosos en mejorar nuestro carácter que lo que lo somos con el cumplimiento de todos los Preceptos positivos y negativos. Porque con buenos rasgos de carácter, es fácil cumplir con los Preceptos.

Para adquirir un buen rasgo de carácter hay que dar varios pasos. Primero, hay que aprender acerca de la naturaleza del rasgo en cuestión, los senderos que conducen a su adquisición y los factores que le restan valor. También se debe sopesar los beneficios de adquirir tal rasgo versus las pérdidas en que uno incurre al no hacerlo. Luego se debe evaluarse a diario en relación con ese rasgo en particular. Se deberá agradecer a HaShem por todo progreso y rezarle a Él para que ayude verdaderamente a cambiar y adquirir el rasgo deseado.

El viaje a la corrección de apenas un rasgo de carácter es largo y arduo, y está lleno de éxitos y fracasos, pruebas y trampas. Uno tiene que ser increíblemente tenaz para poder completar tal viaje. Pero cuando trabajamos, vemos resultados. Como enseñan nuestros Sabios: "Si te esforzaste y lograste – ¡créelo!".

Fin.
¡Con infinita gratitud al Todopoderoso!

Apéndice I:
La Búsqueda de Pareja

Un hombre soltero que piensa que puede confiar en su *propio* juicio para encontrar a su pareja -- está muy equivocado.

Incluso si lograra toda la información posible sobre la mujer que le interesa, nunca podrá saber si el alma detrás de la máscara de carne y hueso, es la verdadera "alma gemela" que le corresponde.

Sólo a los más grandes Justos, la élite de las generaciones, se les había revelado todo sobre las almas, como sus previas reencarnaciones y la rectificaciones espirituales requeridas. Tal como el Arizal, que con sólo mirar una vez a una persona sabía quién era el alma que tenía frente a él, cuál era la rectificación espiritual que necesitaba y cuáles eran las reencarnaciones que había tenido. Sólo ellos podrían ver si dos almas se complementan verdaderamente una con la otra. Debido a que tal conocimiento no está disponible para la gente de nuestro nivel espiritual, de ninguna manera podemos confiar en nuestros propios ojos mundanos. Por lo tanto, todas las pruebas, comprobaciones, los exámenes y todas las investigaciones dependientes de nuestro juicio, nuestra visión y comprensión intelectual, son simplemente pura imaginación.

¿Entonces, qué se puede hacer?

A partir de cómo le encontraron pareja a Isaac, nuestro Patriarca, podremos recibir varios consejos valiosos para la búsqueda de pareja:

¡Vaya con Dios!

Cuando Abraham, envió a su siervo Eliezer a que encontrara pareja para su hijo Isaac, le dijo (Génesis 24:7): "HaShem,

Dios del Cielo,... enviará Su ángel delante de ti...". Es decir, Abraham le prometió a Eliezer que recibiría ayuda Divina en la búsqueda de una buena y digna esposa para Isaac. Ya que dado que el Creador es el Único que sabe con certeza quién es la pareja indicada para cada persona, lo más importante al buscar pareja es pedirle a Dios que ayude a encontrarla.

Anteceder la plegaria a la acción

Cuando Eliezer fue a cumplir con su mision, primero oró y recién entonces empezó a actuar. Del mismo modo, la Matriarca Lea rezó con tanto fervor, emoción y lágrimas para que HaShem le conceda un esposo piadoso que la Torá declara que sus ojos "eran blandos" rojos y sensibles– de tanto llanto. Los rezos de Lea fueron contestados, y ella mereció, no sólo casarse con Jacob nuestro Patriarca, sino engendrar a la mayoría de las tribus de Israel.

A partir de esto aprendemos que hay que anteceder la plegaria a la acción, es decir que antes de llamar a los casamenteros o a los amigos y conocidos para que nos ayuden a encontrar pareja, debemos orar y pedirle a HaShem –que es Quien elije a todas las parejas– que nos confiera la mejor según la raíz de nuestra alma.

"El hombre ve a los ojos"

Ya que para encontrar nuestra pareja no podemos confiar en nadie más que en HaShem, el hombre debe entregarse completamente a Él, con plena confianza, y no depender de sus propias impresiones o juicio pues "El hombre ve a los ojos (es decir, el exterior), mientras que HaShem ve el corazón" (Samuel I, 16:7). Por lo tanto, debe recurrir al Creador y pedirle que le guíe y le conduzca por el correcto camino hacia su boda y aún más allá.

Por eso debería rezar así: *"¡Amo del Universo! Sólo Tú sabes quién es mi verdadera pareja, y yo confío sólo en Ti. Por favor, permíteme encontrar a mi destinada pareja sin confusiones ni complicaciones..."*. Sin duda, con una plegaria de este tipo, HaShem llevará fácilmente hacia la verdadera pareja. Y sobre esto dijo el Rey David: "¡Dichoso es el hombre que ha puesto su confianza en HaShem!..." (Salmos 40:5), y lo repite en muchos versículos más.

Antes de cada encuentro o cita con una candidata potencial, hay que pedirle a HaShem –el Casamentero Principal– que ayude y que ilumine los ojos para poder reconocer al cónyuge y tomar la decisión correcta sin la menor duda ni miedo. Y así dirá: *"Padre Misericordioso, por favor, compadécete de mí y ayúdame a alcanzar la correcta impresión de esta cita. HaShem, Tú sabes que yo carezco de los medios para tomar una decisión tan crucial. Por lo tanto, me dirijo a Ti para dirección y protección. ¡Por favor, HaShem – no me dejes solo! Ayúdame y muéstrame qué es lo correcto para mí, qué debo decir y cómo comportarme, e infunde en mi corazón la decisión correcta..."*. Y así, se debe añadir más plegarias personales detalladas que ayudarán a lo largo de la búsqueda.

Preparando el terreno

La primera cosa que se debe saber es que no hay límite a las plegarias, cuantas más – mejor. El hombre soltero debe empezar a rezar por todos los detalles que rondan el tema de encontrar pareja, que todo el proceso de los encuentros vayan sobre ruedas y en forma rápida, que no haya necesidad de demasiados encuentros – lo cual implica una gran confusión y un gran sufrimiento. Y debe rezar también por todos los aspectos de su futura vida matrimonial: la boda, la paz conyugal, la economía de la casa, la residencia; que

las familias se lleven bien la una con la otra, que reine la paz
entre ambos toda la vida, que siempre se respeten y se ayuden
uno al otro y que siempre se amen más y más, que no sean
infértiles – ni él ni ella, y que tengan niños justos y piadosos...
Ésta es la enseñanza primordial que aprendemos de nuestros
Patriarcas – La plegaria. Es ella la que prepara el terreno para
todo el futuro.

Buenos rasgos de carácter

La segunda enseñanza que aprendemos es la importancia
de los buenos rasgos de carácter. El Rabino Eliezer Menajem
Shaj *zt"l*, escribe que cuando Eliezer, el siervo de Abraham,
consideró a Rebeca como una pareja potencial para Isaac,
se concentró en sus rasgos de carácter. En particular, en
el atributo de la misericordia. Aunque vio que Rebeca era
merecedora de milagros ya que el agua en el pozo se elevó
hacia ella no se convenció de su valía hasta que ella se
comportó bondadosamente con él.

El Rabino Yejezkel Levinshtein *zt"l*, explica que aunque
Rebeca, como esposa de Isaac, tenía que seguir el ejemplo de
nuestra Matriarca Sara, difundiendo la *Emuná* en el mundo y
acercando a la gente a HaShem, Eliezer no se concentró en su
ideología y filosofía de vida. Él buscó a una mujer generosa,
desinteresada y compasiva. Tal mujer es un receptáculo
espiritual apropiado para la verdad y es por lo tanto capaz de
difundirla en el mundo.

Comienza el trabajo

Más allá de chequear las características más elementales
y realizar un básico examen de fondo de la candidata
potencial, el hombre soltero no debe pensar que se puede
realizar una investigación más profunda e intensiva. Ninguna
investigación revelará como la mujer soltera de hoy reaccionará

y responderá a la vida matrimonial de mañana. Se llega a conocer al cónyuge –de verdad sólo después de la boda. Es sólo entonces que comienza a construirse y entablarse una relación auténtica, por medio de mucho trabajo, indulgencia, paciencia, y una verdadera voluntad de construir una vida mutua. . Es sólo entonces que comienza a construirse y entablarse un verdadero lazo basado en el compromiso y mucho trabajo, indulgencia, paciencia, esfuerzo concentrado y auténtica voluntad de construir una vida mutua.

Por lo tanto, aunque el hombre debe hacer todo lo posible para casarse con una mujer de buen carácter, no debe por otra parte engañarse pensando que se casa con la "mujer perfecta", ya que ésta simplemente no existe. Hay que saber que cada persona posee todo tipo de fallas y carencias. Así como cada uno sabe que no es perfecto, del mismo modo tampoco su cónyuge lo es. Y justamente en esto consiste el propósito del matrimonio – aprender a convivir con amor y a ayudarse el uno al otro a perfeccionarse.

Mejorar el carácter no es algo que sucede de un día para otro. Y aunque uno invierta mucho esfuerzo, plegarias y estudio, éste es un proceso lento y gradual que exige mucho esmero, tal como afirmó el Gaón de Vilna, el gran genio y erudito del Talmud y uno de los más grandes líderes espirituales del Judaísmo del siglo XVIII, que es más fácil aprender el Talmud entero con todos sus tratados, y hasta saberlo de memoria, ¡que cambiar un solo mal rasgo de carácter!

Por lo tanto, lo primero que el marido debe aprender es a convivir con los defectos de su esposa. Siempre debe concentrarse en sus virtudes y en el hecho de que sus defectos no tienen ningún valor en comparación con las maravillosas virtudes que posee. Y la conclusión es que debe amar a su mujer profundamente tal como es.

El futuro marido debe recordar que casarse implica un gran esfuerzo. Hasta ahora vivía en la casa de sus padres, que no le exigían mucho. Al contrario: lo mimaban y lo entendían. O tal vez vivía en un marco muy diferente, como por ejemplo en una residencia universitaria, lo cual no exige demasiado apego emocional o responsabilidad mutua. En ese marco, cualquier persona con mínima capacidad de ajuste social puede arreglárselas. Pero después del casamiento el verdadero trabajo de la vida comienza. **Te casaste para comenzar a trabajar sobre ti mismo – ¡nunca lo olvides!**

Sin fantasías

El conocimiento que la meta del matrimonio es un verdadero trabajo, constituye la mejor preparación para la vida conyugal. Una vez que sabemos este hecho primordial, alcanzamos la fuerza y la paciencia para soportar las dificultades que aparecen en el camino que debemos andar para construir una durable unión matrimonial, de la que saldrán maravillosos frutos.

No tengan ninguna duda: todos los buenos hogares de los cuales salieron generaciones rectas y hasta los grandes Justos y líderes espirituales de nuestra nación, se construyeron con mucho trabajo duro y esfuerzo constante y serio. No existe ninguna pareja en el mundo, incluso las de los grandes Justos, a la que le fue todo fácil desde el principio, y la que haya gozado inmediatamente de la paz doméstica. Ellos, el hombre y la mujer, trabajaron duro sacando fuerza del lúcido conocimiento de lo que les espera y de lo que quieren conseguir juntos. Sólo así afrontaron todas las dificultades y pruebas con éxito. ¡Qué afortunados!

El arrogante sólo pierde

Es fundamental que el soltero no sea ni orgulloso ni demasiado quisquilloso, ya que este tipo de gente pierde finalmente a su autentica pareja. Tal como dijo el gran rabino, el Staipler *zt"l*: "Vi con mis propios ojos a aquellos que perdieron con sus propias manos sus auténticos cónyuges, a causa de su orgullo".

El hombre soltero con el ego "inflado" piensa que él es algo especial y que necesita una mujer igual a él, que posea todas las virtudes existentes. Entonces lo que ocurre es que cada una de las candidatas que conoce no es suficientemente buena para él. El tiempo pasa y él desperdicia los mejores años de su vida buscando a esa mujer que sea realmente "digna" de él, aunque ella es el mero producto de su imaginación. Los años siguen pasando y él se transforma en un manojo de nervios hasta que al final, sin ninguna otra mejor opción, se casa con cualquiera...

El Staipler *zt"l* añadió con gran emoción y dolor: "Muchos hombres ya avanzados de edad vienen a verme con lágrimas en sus ojos preguntando: '¿Dónde está mi media naranja?', y yo les respondo: 'Ya la conociste, hace muchos años, cuando empezaron a hacerte proposiciones de parejas, pero tú la rechazaste. Ella no te cayó bien por algún motivo sin importancia. Hace ya mucho que se casó con otro...'". Ése es el destino del corazón arrogante y retorcido.

Esos solteros pierden a sus "futuras" cuando rechazan una propuesta de matrimonio sin consultar con un guía espiritual confiable que ciertamente le habría aconsejado no rechazar cierta propuesta, o sea, la pareja que le habían reservado desde lo Alto.

La elección está en tus manos

El Staipler enseñó también que "cuando nuestros Sabios afirman que cuarenta días antes de la concepción del niño, una Voz Celestial proclama que 'la hija de fulano está designada para el hijo de mengano', eso no es un decreto que necesariamente tiene que concretarse. Más bien, la Voz Celestial proclama que ése es el camino indicado y que ella es adecuada para él, y él tendrá la Ayuda Celestial necesaria para encontrarla con facilidad. Pero incluso entonces está vigente el libre albedrío. A través de sus actos, la persona puede hacer que no merezca a la pareja destinada y ella no se transforme en su cónyuge...".

La circunstancia presente es la que cuenta

A la luz de lo antedicho, se desprende que uno puede desanimarse pensando que perdió a su "alma gemela" y que está todo perdido, y en especial si sabe que cometió muchas transgresiones. ¡Pero no es así! Este hombre tiene que saber que la *Teshuvá* **siempre** ayuda y que el Creador es Todopoderoso, tiene suficientes parejas y le puede dar una buena compañera también a él, a pesar de todo.

Por lo tanto, debe rezarle a HaShem y pedirle perdón por haberse conducido hasta hoy con arrogancia, rechazando las buenas propuestas que Él le había enviado y que es muy probable que una de ellas era la indicada. Debe arrepentirse de lo que hizo y pedirle al Creador que tenga compasión de él y abra una nueva página en su vida y le dé una pareja. Con certeza HaShem le tendrá compasión y escuchará su pedido.

Tal como dijo el gran Justo, el Rabino Eliyahu Lupian *zt"l*, que la pareja adecuada del hombre depende del estado espiritual en el que se encuentra en aquel momento —no según su pasado y no según su futuro—, sino sólo según su situación actual. Y de verdad, hemos visto con nuestros propios ojos, hombres solteros que hicieron *Teshuvá* y tuvieron el mérito de encontrar muy buenas esposas y engendrar hijos justos y piadosos. ¡Felices de ellos!

Apéndice II:
Instrucciones para el Futuro Esposo

La vida más bella

¡Mazal Tov! ¡Felicitaciones! Estás a punto de iniciar una nueva vida: vida de matrimonio, de amor, de paz y alegría. El paso que estás a punto de dar y el lazo que estás a punto de formar son las cosas más bellas que existen en este mundo. No hay nada que pueda compararse a la belleza del amor entre marido y mujer.

Para poder prepararte en la forma debida para recibir toda esta gran dicha que te aguarda, es muy recomendable que leas los siguientes importantes consejos, a través de los cuales podrás obtener fácilmente un auténtico éxito en tu futura vida matrimonial.

Prepárate para la vida

El primer y principal consejo para una exitosa y bella vida matrimonial con verdadera paz conyugal, es la preparación. Ésta es una regla que se aplica a todos los ámbitos de la vida: una buena preparación es la mejor garantía para el éxito y en especial cuando se trata de algo tan importante que tu vida depende de ello, como es el tema de la paz en el hogar.

Hay que entender muy bien, cualquiera puede levantarse un buen día y decidir casarse. No hay que ser un genio para alquilar un salón de fiestas, enviar las invitaciones, etc. Lo principal es lo que ocurre después de la boda, o sea, cómo lograr vivir juntos en paz y tener una relación de amor durante toda una vida. Eso ya no es tan fácil que digamos... La realidad misma demuestra que son muy pocos los que logran vivir así de verdad. Problemas de paz hogareña, dificultades de comunicación, falta de entendimiento y demás problemas son característicos de la mayoría de las parejas casadas. Por lo tanto, lamentablemente, el porcentaje de divorcios es muy grande.

Piénsalo un momento: ¡Uno está a punto de fundar una familia! No se trata de unas vacaciones ni de un paseo por el parque. El hombre y la mujer tienen que vivir juntos en paz durante muchos años; además, con la ayuda del Creador, van a tener hijos a los que tendrán que criar y educar. Estos son temas muy complejos que exigen un estudio concienzudo además de una gran ayuda Divina.

En cualquier campo en el que el comportamiento de una persona afecta a su prójimo –como por ejemplo, conducir un automóvil, practicar la abogacía o la medicina, o incluso ser peluquero– uno tiene que estudiar la teoría, adquirir la práctica y obtener experiencia como interno o suplente. Luego uno tiene que demostrar sus conocimientos aprobando una serie de exámenes, por lo general tanto prácticos como teóricos. Recién entonces uno puede recibir una licencia que le permite conducir un automóvil, practicar la ley o la medicina, o cortarle el cabello a otra persona. ¡Qué sorprendente que precisamente cuando se trata del matrimonio, que es un tema tan importante y que tiene tantas repercusiones tanto en el individuo como en toda la sociedad, la gente simplemente vaya y se case! Que se case sin estudiar antes cuáles son las obligaciones que eso implica y a qué desafíos va a tener que hacer frente y sin orar antes para vivir en paz con su cónyuge. En verdad, es muy sorprendente...

Si bien aún no se ha decretado una ley que obligue a la persona a estudiar antes de casarse, de todos modos cualquier hombre con un mínimo de inteligencia entiende perfectamente que se necesita una preparación adecuada para la vida matrimonial. Al haberse preparado en la forma debida, no sólo ganará él sino también todos los que de él dependen y, en forma indirecta, el mundo entero.

El día de la boda

Es conocida la regla que enseñaron Nuestros Sabios: "Todo va tras del comienzo". Cuando el comienzo es bueno, ciertamente lo que siga también será bueno. Nos enfocaremos entonces en el comienzo de la vida matrimonial – el día de la boda.

El Rebe de Kotzk solía decir: "¡El día de la boda es el día más importante en la vida del hombre! Qué lástima que fue entregado a manos de niños...". Lo que quiere decir es que las parejas jóvenes no son conscientes del inconmensurable valor del día de la boda, y por eso no saben aprovecharlo. En efecto, es un día tan importante en el cual uno puede obtener salvaciones para toda la vida matrimonial.

Por eso, antes de llegar al palio nupcial, es muy importante que sepas exactamente qué es lo que está a punto de sucederte, cómo debes conducirte, en qué tienes que poner el énfasis, cuál es el orden de los ritos de la boda y qué significa cada uno ellos. Porque todas las costumbres de la víspera de la boda contienen una profunda significación.

A fin de facilitarte la comprensión del tema, hemos redactado una síntesis de los rituales de ese día tan importante: la víspera de la boda.

Primera etapa: La *Ketubá* – El Contrato Matrimonial

Cuando el novio llega al salón de fiestas, el rabino se sienta junto a él y anota sus datos personales en la *Ketubá*.

Cuando el novio firma el documento de la *Ketubá*, tiene que saber que está firmando un contrato, y que su firma lo obliga a cumplir con todo lo que está allí escrito.

Siempre, antes de firmar cualquier documento, uno lo lee en forma minuciosa, consulta con su abogado, averigua muy bien a qué se está comprometiendo con su firma, y piensa dos veces antes de firmar, para comprobar si está a la altura del compromiso. Nadie firma algo antes de cerciorarse qué es lo que está firmando, con más razón antes de firmar la *Ketubá*. Después de todo, éste es un documento que lo compromete durante toda su vida a cumplir las obligaciones en él escritas tanto con el Creador como con su esposa, ante la presencia de testigos, rabinos y familiares. Es evidente que se debe saber perfectamente qué es lo que se está firmando y a qué se está comprometiendo.

Cuando el novio sabe cuáles son sus obligaciones como marido, eso le ahorra muchísimas dificultades y problemas en la vida matrimonial. **Muchos de los sufrimientos que tiene la gente casada se deben a que no cumple con lo que está escrito en la *Ketubá* y en el Cielo son muy estrictos en ese sentido, ya que el novio firmó ese documento comprometiéndose a cumplir con ciertas obligaciones y luego no las cumple y hasta ni siquiera es consciente de cuáles son.**

Por consiguiente, se entiende la gran importancia de que el novio aprenda a fondo lo que está escrito en la *Ketubá* para poder saber a qué se está comprometiendo. Además, cuando nuestros Sabios redactaron el texto de la *Ketubá*, resumieron e introdujeron en él indicaciones para el correcto orden en que debe ser llevada la vida matrimonial. Por lo tanto, al estudiar la *Ketubá*, el novio podrá aprender consejos sabios y guías claras sobre cómo alcanzar una hermosa vida con paz hogareña.

El texto de la *Ketubá* está escrito en arameo. A continuación presentaremos el texto traducido, acompañado de comentarios y explicaciones a partir de las cuales podrá el novio aprender cuáles son las obligaciones que se compromete cumplir en su vida matrimonial y cómo tiene que conducirse en su vida conyugal:

Texto de la *Ketubá* (en traducción libre)

"Con Ayuda del Cielo,

En el día _____ de la semana, el día __
del mes de ___, en el año _____ según
calculamos el tiempo aquí en la ciudad de _____

Somos testigos (de) cómo el novio _____ hijo de
__ ___ le dijo a la novia _____ hija de _____
'Sé mi esposa de acuerdo con la Ley de Moisés e Israel, Y yo -con la voluntad y la ayuda del Cielo- trabajaré, te respetaré, te alimentaré, te sustentaré, te mantendré, te atenderé y te vestiré, como es la costumbre de los hombres judíos que trabajan para sus mujeres, las honran, las alimentan, las sustentan, las mantienen, las atienden y las visten, de verdad. Y te daré un dote de   que eres digna de recibir y sobre mí recaerá tu alimentación y tu vestimenta y tus derechos conyugales conforme a la costumbre aceptada'.

Y la novia estuvo conforme y aceptó convertirse en su esposa.

Las condiciones que establecieron entre ellos son vigentes y válidas... Y él no se casará, ni se comprometerá con ninguna otra mujer... Y no venderá, ni hipotecará ninguna de las propiedades de ella, a menos que cuente con su absoluta autorización y buena voluntad. Y no la inducirá y no

364 | En el Jardín de la Paz

la convencerá a que le perdone y renuncie a la suma indicada en la Ketubá, ni total ni parcialmente, ni a ninguna de las condiciones que contiene la Ketubá. E incluso si ella renunciara por sí misma, esa renuncia resulta anulada desde ahora y es como algo insustancial. Y no saldrá del país sino con su permiso y consentimiento.

Y así dijo el novio mencionado: 'La responsabilidad, la severidad y la validez de esta *Ketubá* yo he aceptado sobre mí y sobre mis herederos después de mí, para ser pagada de lo mejor de las propiedades que ahora poseo o que pueda adquirir después, reales y personales. A partir de este día en adelante, conforme a los estatutos de nuestros Sabios de bendita memoria, todas mis propiedades, incluso la camisa que llevo sobre mis espaldas, todo será hipotecado y garantizado completamente para el pago de esta *Ketubá*, tanto durante mi vida como después'.

La obligación de esta *Ketubá* fue aceptada por el novio con la severidad establecida para las *Ketubót* y las sumas adicionales acostumbradas para las hijas de Israel, en conformidad con los Decretos de nuestros Sabios, de bendita memoria. Esta *Ketubá* no debe considerarse una mera formalidad o un somero formulario legal, sino que tiene la seriedad y la fuerza de todo documento *Kashér* (legítimo según la *Halajá*) y no podrá ser anulada ni invalidada...

(Según la costumbre sefaradí se agrega:) Y también se compromete con juramento severo ante HaShem, Bendito Sea, de confirmar y cumplir con todo lo escrito en este documento de la *Ketubá*, sin ningún cambio, modificación, o subterfugio, de manera alguna.

Hemos establecido la aceptación por parte del novio _____ hijo de _____ a la novia __ ___ hija de _____, de este contrato, todo lo cual está establecido y especificado más arriba, con un artículo apto para ese propósito.

Y todo lo escrito será vigente y claro y auténtico y firme y correcto y permanente".

El poder de dar

La primera característica de la *Ketubá* que nos llama la atención es que es un contrato unilateral, porque el novio no recibe nada, sino que solamente da. La novia, por su parte, recibe *todo* –el anillo, la *Ketubá* con el compromiso monetario, y la promesa del novio de proveerle todas sus necesidades (honra, sustento, alimentos, ropa, vivienda, etc.) sin ninguna obligación de parte de ella. Vemos que, de hecho, toda la *Ketubá* está llena solamente de promesas y compromisos del marido hacia su esposa, que le proveerá todas sus necesidades físicas y espirituales de buena gana, con generosidad y gentileza.

En la *Ketubá* se pone de manifiesto uno de los más grandes principios de la Cabalá: que el hombre siempre es el que da y la mujer es siempre la "receptora". En esto, de hecho, el contrato matrimonial judío nos enseña uno de los fundamentos más importantes de una sana vida matrimonial.

Por ejemplo: El marido tiene que honrar a su mujer, halagarla, traerle regalos, darle dinero, en tanto que la mujer, por su parte, no tiene obligación alguna de dar alguna de esas cosas a su marido.

Si el marido tendrá la inteligencia de recordar la regla de que él y sólo él es el que debe dar e influir, gozará de paz en toda su vida matrimonial. Pero si invertirá el orden de la

Creación y descuidará su papel de "dador", y mucho más si tiene deseos de recibir de su mujer (como por ejemplo, recibir de ella honores, atención, goce, etc.), entonces toda la casa se da vuelta. Porque el deseo de recibir es un deseo femenino, y si el marido es una hembra, entonces en la casa no hay unión de hombre y mujer sino de dos mujeres que viven juntas – y esto es un gran lío...

¡Ponte a trabajar!

Las primeras palabras con las que se inicia la *Ketubá* son "Con la voluntad y la ayuda del Cielo". Al invocar la ayuda Divina en todas sus obligaciones, el novio se une a la *Emuná*, la pura y completa fe en el Creador, porque únicamente a través de la *Emuná* podrá cumplir con todo lo que prometió. Pero inmediatamente después se compromete a trabajar, en el sentido literal de la palabra. Así nos enseñan nuestros Sabios que el marido está obligado a proveerle a su esposa todas sus necesidades en forma honorable, incluso si tiene que trabajar duramente para lograrlo. Y ésta es la respuesta a los holgazanes, a los irresponsables y a los "santos creyentes" que no sólo no mantienen a sus esposas tal como se comprometieron a hacerlo en la *Ketubá* en presencia de rabinos y testigos, sino que todavía la acusan "en nombre" de la *Emuná*: "¡¿Qué?!, ¡¿no sabes que es HaShem Quien provee y da sustento?!, ¡pídele a Él dinero!"; ¿Dónde está tu fe? ¡Dios es el que no quiere que tengamos sustento! – ¡acéptalo con amor! ¿No sabes que todo es para bien?"... Este "santo y justo" no sólo que no le da dinero a su esposa para pagar las cuentas sino que además la sermonea e incluso se enoja con ella por su "bajo nivel espiritual"...

Sin embargo, nuestros Sabios ya conocían a esta clase de gente y se encargaron de hacerle firmar al novio que se comprometa a trabajar. ¿No tienes con qué honrar y mantener a tu mujer? ¡Ponte a trabajar! En la *Ketubá* no dice: "Yo te enseñaré a tener fe" – ¡está escrito: "trabajaré para ti"! No trates de enseñarle *Emuná* a expensas de ella... Ése es tu trabajo. Tú aprende a tener *Emuná* y a confiar en el Creador que te ayude a honrar y a mantener a tu esposa.

Lo importante es que le des su sustento en forma honorable y no sermones sobre *Emuná*... Si nuestros Sabios hubieran querido que la mujer fortaleciera su fe y confianza en HaShem, no habrían obligado al novio a firmar que se comprometía a trabajar para sustentarla, sino que le habrían hecho firmar a ella que no iría con exigencias a su marido...

El respeto a la esposa

A pesar de que el marido se compromete a trabajar y a sustentar a su esposa, nuestros Sabios le dieron prioridad al tema del respeto que el marido le debe a la esposa por sobre el sustento, tal como dice la *Ketubá*: "trabajaré para ti, te respetaré y recién después– te sustentaré". Así es como nuestros Sabios nos enseñan que la principal necesidad de la mujer, que también es la primera necesidad, es que su marido la respete. Se trata de una necesidad básica que es para ella tan fundamental como el aire que respira. Cuando el marido no respeta a su mujer, entonces por más que le compre regalos y le dé todo el dinero que quiera, la mujer no va a tener ninguna vitalidad ni alegría y tampoco tendrá deseo alguno de vivir con su marido.

Por consiguiente, es de la mayor importancia que el marido se comporte con su esposa con sumo respeto. ¿Qué significa esto? Que no la critique, y con más razón que no la humille, que no discuta con ella, que respete sus deseos y sus sentimientos, que se interese por todo lo que ella hace y que la alabe por eso; que se cuide mucho de no decir cosas que puedan interpretarse como críticas o como defectos que él encontró en ella o en su comportamiento.

Al darle prioridad al tema del respeto por sobre todo lo demás, nuestros Sabios también nos indican que el marido debe darle a la esposa el sustento y los alimentos en forma respetuosa y honrosa, porque incluso si le da todo lo bueno del mundo, pero en forma humillante, no vale nada...

Todo y "de verdad"

Una vez que el marido se comprometió a respetar a su esposa, llegan entonces las demás obligaciones: los alimentos, la ropa, los zapatos, la vivienda, las relaciones matrimoniales, etc. Respecto a todo esto el novio firma y afirma que será "de verdad", es decir que no va a cumplir sus obligaciones sólo de boca para afuera, sino que hará todo de verdad y con amor. También significa que no se comportará con su esposa como si le estuviera haciendo un favor, ya que es su obligación y ella se casó con él en base de aquellos compromisos firmados.

Pero, de hecho, según la *Ketubá,* el primer requisito que todo depende de él y que tiene que cumplir, es ser un hombre de *Emuná,* ya que se compromete a cumplir todas sus obligaciones "con la voluntad y la ayuda del Cielo" – que es ésta la *Emuná.* Siendo un hombre de *Emuná,* él puede cumplir con todos sus deberes –comida, vestimentas, necesidades y derechos conyugales– *de verdad.*

Todo marido debe fortalecer su *Emuná* en forma constante. La *Emuná* le posibilita hacer frente a las difíciles pruebas que se le presentan en la vida, a fin de fortalecer y darle aliento a su mujer, prometerle cumplir sus deseos y asumir plena responsabilidad sobre todo, nunca haciéndole sentir que existe de su parte debilidad alguna, desesperanza o evasión de sus obligaciones.

Por ejemplo: Aun si el marido se enfrenta –de verdad– con dificultades de sustento, nunca debe decirle no a su mujer: "No tengo dinero para pagar eso" o "No podemos enfrentar semejante gasto", y por supuesto no deberá delegarle la responsabilidad a ella. Aunque él no tenga ni un solo centavo, deberá reconfortarla, alentarla y prometerle que cumplirá con sus deseos apenas pueda. Cuando ella vea que su marido hace todo lo posible por cumplir con lo que desea y necesita, siente que su alma resplandece de dicha. La iluminación del alma de la mujer es un receptáculo maravilloso para recibir las bendiciones de un excelente y abundante sustento.

Lo mismo ocurre respecto a la bendición de tener hijos. Nuestra matriarca Raquel se quejó ante su marido Jacob, nuestro Patriarca, de que no tenía hijos y él le respondió (Génesis 30:2): "¿Acaso en lugar de Dios estoy yo?". HaShem se enojó con Jacob por su respuesta cortante. ¿Por qué? ¿Acaso Jacob es Dios que puede comprometerse a darle hijos? La respuesta es que él tendría que haberla calmado y consolado y no eludir su responsabilidad, prometiéndole hacer todo lo que estuviese en su poder, tanto en plegarias como en esfuerzos, y alentarla diciéndole que seguramente tendría el mérito de tener hijos.

Cuando el marido introduce la *Emuná* y la confianza en el Creador dentro de su esposa, ella se convierte en el receptáculo para lograr la bendición que necesita. E incluso si aún no se ven los resultados y los deseos de ella no se cumplen por el momento, el aliento y el entendimiento que su esposo le brinda le dan tanto consuelo que ella no sentirá más el dolor de la falta.

El Precepto de los derechos conyugales

Los derechos conyugales constituyen un Precepto importante al que el marido se compromete. Él debe estar a disposición de su esposa la noche en que ella se sumerge en la *Mikve* (el baño ritual) y por lo menos una vez por semana durante los días en que ella está ritualmente pura. El marido que desaíra a su mujer en ese aspecto le está causando una angustia indescriptible, no porque ella sienta necesidad de la relación física sino porque es una necesidad emocional que fortalece la creencia que su marido le ama. Ésta es una de las mejores oportunidades para expresiones de cercanía y cariño, palabras de amor, etc.; todo lo que fortalezca y consolide el vínculo entre ellos.

La Ley Judía establece que las relaciones conyugales sólo están permitidas con el consentimiento de la mujer. Si ella está enojada o disgustada por algún motivo, está prohibida la relación hasta que el marido haga las paces con ella.

Las relaciones conyugales exigen un comportamiento recatado y una absoluta privacidad. Está prohibido que los niños se encuentren en el mismo dormitorio que los padres o en una situación en la que pueden llegar a oírlos o verlos. La *Halajá* sí permite que el bebé que aún no sabe hablar esté en su cuna en la misma habitación.

Testigos legales según la *Halajá*

Los dos testigos deben ser elegidos de acuerdo con los requisitos halájicos, no según consideraciones de prestigio y cosas por el estilo. El testigo debe ser un hombre recto y observante de *Shabat*, y que no tenga lazos familiares ni con el novio ni con la novia. Muchos cometen el error de conferir este honor a familiares o personas que no son adecuadas para ser testigos según la *Halajá*, y por lo tanto, no sólo que es un mero error sino que invalida la ceremonia de casamiento.

Ketubá Kashér (legal según la *Halajá*)

Para poder casarse, la pareja debe contar con una *Ketubá Kashér*. Una vez sucedió que una pareja no logró tener hijos durante muchos años. Resultó que su *Ketubá* no era válida y, poco después de que un juez rabínico les redactara una *Ketubá* correcta, fueron bendecidos con un hijo.

A un nivel esotérico, podemos afirmar que cuando aún se encuentra en el Mundo Superior, el alma de cada uno firma un solemne compromiso de observar todos los Preceptos de la Torá. Sin embargo, en lo relacionado a la *Ketubá*, el novio es requerido a firmarla también en este mundo, y comprometerse a cumplir con todos los Preceptos escritos en ella.

¿Ya estás casado?

Incluso si ya estás casado, si todavía no estudiaste el texto de la *Ketubá* y todas sus obligaciones como se debe, no hay un momento mejor para empezar que ahora mismo...

Segunda etapa: Ponerle el velo a la novia

Antes de la ceremonia de la *Jupá*, el palio nupcial, el novio cubre el rostro de la novia con un velo. De acuerdo con la tradición esotérica, esta costumbre es propicia para que sean bendecidos con hijos. Como tal, constituye una oportunidad excelente para que el marido rece en su corazón para tener hijos. La tradición establece que el velo transparente no posee esta virtud tan propicia, por lo que la novia deberá usar un velo opaco.

Debemos recordar que la *Jupá* no es solamente una ceremonia de rituales técnicos, sino que todo lo que se lleva a cabo bajo el palio nupcial tiene profundas raíces en la antigua tradición judía. El hecho de que Jacob, nuestro patriarca, no supiera que Raquel había sido reemplazada por Lea bajo la *Jupá,* atestigua que Lea no llevaba puesto un velo transparente.

El novio santifica a la novia diciendo: "He aquí que me eres consagrada en matrimonio de acuerdo con la Ley de

Moisés e Israel" y no de acuerdo con las leyes del fotógrafo o del responsable del evento. La pareja que vive con *Emuná* no deberá dejarse convencer a renunciar a las bendiciones que invoca la tradicional ceremonia de la *Jupá*. Éste es un evento de una vez en la vida y es por eso que la pareja debe ignorar todas las consideraciones externas, tales como la presión social, y tratar de aprovechar ese gran día para hacer las cosas como es debido.

Cada una de las costumbres que se observan bajo la *Jupá* es importante. Por lo tanto, uno no debe permitir que los que no le son fieles a la "Ley de Moisés e Israel", es decir a la tradición judía, sean "los encargados". La tradición judía no puede torcerse o deformarse según los caprichos y las consideraciones de los mozos, los fotógrafos, la orquesta, el dueño del salón de fiestas o cualquier otra persona.

¡**Querido novio**! Tal vez tú y tu pareja no se rijan por las leyes judías de recato. Sin embargo, dado que la noche de tu *Jupá* es algo de enorme santidad que ha de influir en el resto de sus vidas bajo un mismo techo, deberán tratar de evitar costumbres foráneas como besarse bajo la *Jupá* o vestirse en forma provocativa. Éste es el día más importante de toda la vida y por eso es esencial que empiecen con el pie derecho, con méritos y bendiciones y no con pecados y transgresiones.

Las costumbres del Pueblo de Israel ponen de manifiesto su santidad siendo el 'Pueblo Elegido' por el Creador, y es exactamente lo que lo distingue de los que están alejados del camino de la Verdad, que a la hora de la boda hacen un "espectáculo" inmodesto y lascivo, a ojos de todos, y al final acaban divorciándose poco después...

Y ésta es la explicación de la costumbre de cubrir por completo el rostro de la novia bajo el palio nupcial. Esto simboliza el hecho de que a partir de ese momento y por el resto de su vida, mirar su rostro es únicamente el privilegio de su marido. Es por eso que el novio se dirige hacia la sección de las mujeres para cubrir el rostro de la novia, en vez de que ella vaya a la sección de los hombres donde otros hombres podrían llegar a verla.

A partir del momento en que se le cubre el rostro, la novia deja de considerarse soltera. Nadie tiene derecho a mirarla –ni el rabino que oficia la ceremonia ni los testigos ni mucho menos los invitados – Ahora la belleza de la novia pasa a ser el tesoro especial de su marido. A partir de este momento ella debería evitar todo deseo de embellecerse y ser atractiva para otras personas fuera de su marido. Ella le pertenece a él y él le pertenece a ella exclusivamente.

Los padres de ambos y los dos testigos acompañan al novio cuando éste va a cubrir el rostro de la novia. Los dos testigos deben ver con sus propios ojos que el novio le cubre su rostro. El novio solo debe cubrirle el rostro a la novia sin la ayuda de nadie.

Después regresan y los hombres acompañan al novio a la *Jupá* mientras la novia, escoltada por las madres de ambos, los siguen. El novio, al subir al palio nupcial, debe hacerlo con el pie derecho, ya que el lado derecho simboliza la benevolencia Divina.

Tercera etapa: Bajo la *Jupá*

En realidad, el novio es quien debería recitar las bendiciones nupciales, sin embargo, nuestros Sabios prescribieron que otra persona lo haga para no avergonzar al novio que no sabe hacerlo como es debido.

Las bendiciones nupciales son sumamente importantes, pues invocan bendiciones que han de acompañar a los recién casados durante toda su vida común. Por consiguiente, las bendiciones deben ser recitadas únicamente por aquellos que saben pronunciarlas como corresponde y decirlas con la debida intención. Aquél que recita las bendiciones también debe tener la intención de pronunciarlas por los novios y en nombre de ellos.

Es preferible que el rabino calificado que oficia la boda recite todas las bendiciones, a menos que haya entre los invitados hombres rectos y eruditos de la Torá que sean capaces de hacerlo con la debida intención. Sea como fuere, los novios deberán escuchar las bendiciones con atención y con la intención de cumplir con su obligación como si ellos mismos las estuvieran recitando. De otro modo, las bendiciones son dichas en vano.

La bendición del vino

Ésta es la primera bendición que se pronuncia bajo la *Jupá*:

"Bendito eres Tú, HaShem, Dios nuestro, Rey del Universo, Quien crea el fruto de la vid".

Nuestros Sabios enseñaron (tratado *Berajót* 35): "Canciones de alabanza al Creador deben ser recitadas en presencia de vino". Es por eso que las ocasiones festivas en el Judaísmo comienzan con una bendición sobre el vino, ya que éste posee una especial importancia. Tal como cuando comenzamos las comidas del *Shabat* haciendo *Kidush,* que es la santificación del sagrado día sobre el vino. La Torá nos manda "recordar y observar" el *Shabat,* y los Sabios enseñaron que la "recordación" debe hacerse con algo importante, o sea, con una copa de vino, ya que es la bebida más prestigiosa en la tradición judía.

La bendición del compromiso matrimonial

Inmediatamente después de la bendición del vino viene la bendición del compromiso:

"Bendito eres Tú, HaShem, Dios nuestro, Rey del Universo, Quien nos ha santificado con Sus Preceptos y nos ha ordenado respecto a las relaciones prohibidas; que nos prohibió las mujeres comprometidas y nos permitió las mujeres que se casan con nosotros a través del palio nupcial y la consagración. Bendito eres Tú, HaShem, Quien santifica a Su pueblo Israel a través del palio nupcial y la consagración".

Ésta es una bendición por el Precepto que prohíbe las relaciones que no están permitidas. Aquí el marido acepta el solemne compromiso de que ahora su mujer es la única en el mundo que le está permitida e incluso eso a condición de que se lleve a cabo una consagración ritual como es debido. Porque si ella no es consagrada de la forma debida, entonces también le está prohibida.

El marido acepta aquí el compromiso de abstenerse de mantener relaciones prohibidas como así también el compromiso de guardar el 'Brit', el 'Pacto Sagrado' al abstenerse de mantener relaciones ilícitas. Es sabido que todo adulterio comienza por los ojos. Es por eso que nuestros Sabios advirtieron que observar a otras mujeres es equivalente a cometer adulterio. Por lo tanto, en su compromiso de guardar el 'Brit', el novio se compromete a no mirar a otras mujeres fuera de su esposa.

En el momento en que el rostro de la novia fue cubierto con el velo, ella se comprometió a revelar su belleza solamente a su marido y a abstenerse de mantener relaciones personales con otros hombres. Ahora el marido acepta el compromiso recíproco con la solemne bendición que se pronuncia con el Sagrado Nombre del Creador. A través de dicha bendición, el

376| En el Jardín de la Paz

marido se compromete a no mirar a ninguna otra mujer fuera
de su esposa, y ciertamente a evitar toda conexión personal
con otras mujeres.

La consagración y la entrega del anillo

Ahora el novio coloca el anillo en el dedo índice de la novia
y dice: *"He aquí que me eres consagrada en matrimonio de
acuerdo con la Ley de Moisés e Israel".*

La expresión "me eres consagrada" significa "me eres
especial y exclusiva". Esto obliga a la mujer a separarse
y alejarse de todos los demás hombres que existen.
Aparentemente el mensaje y la advertencia aquí son para la
mujer. Sin embargo, si bien la mujer debe cumplir el Precepto
de actuar con recato, ella recibe la fuerza para hacerlo y
cumplir con su obligación únicamente de su marido. En otras
palabras, si el hombre cumple con sus propios deberes hacia
su esposa y satisface las necesidades emocionales de ella
–y en especial, el amor, el respeto y la atención– entonces
ella no va a tener ningún problema para serle siempre fiel,
puesto que no le falta nada. Pero si el marido no cumple con
su parte, entonces la esposa sentirá sed de amor, de atención
y de respeto. Al principio ella se quejará con amargura y se
volverá agresiva y hasta su fidelidad hacia él se perjudicará.

La bendición de 'Shehejeiánu'

A esta altura es costumbre (especialmente entre los
sefaradíes) de pronunciar la bendición de 'Shehejeiánu' ("que
nos ha hecho vivir") por el nuevo *Talit* (manto de rezo con
franjas):

*"Bendito eres Tú, HaShem, Dios nuestro, Rey del
Universo, Quien nos ha hecho vivir, nos ha preservado, y
nos ha hecho llegar a este momento".*

Además, al pronunciar esta bendición, el novio tiene que tener en mente la intención de agradecer también por todos los maravillosos regalos de su nueva vida –su novia, el momento de festejar su boda, la ropa nueva, el nueva casa, los nuevos muebles, etc. El novio pronuncia la bendición por sí mismo y por su novia. Ella debe concentrarse en la bendición como si fuera ella misma quien la hubiera pronunciado y también agradecer por todo lo mencionado.

La lectura de la *Ketubá*

El rabino oficiante o algún erudito de la Torá lee la *Ketubá*, y luego el novio y los testigos la firman.

La adquisición, el juramento y la firma

En la *Ketubá*, el novio se compromete a cumplir diez requisitos básicos: alimento, ropa, relaciones conyugales, la suma de dinero asignada en la *Ketubá*, atención médica cuando surja la necesidad, redención del cautiverio, entierro –si ella fallece en vida de él–, dejar que ella siga viviendo en la casa de él –si él fallece antes que ella–, alimentos para sus hijos y los derechos de herencia de la *Ketubá* para los hijos de ella.

Estas obligaciones principales incluyen otras obligaciones laterales tales como un lugar donde vivir, la promesa de no casarse con otra mujer, el compromiso de no vender ni hipotecar la propiedad sin su expreso consentimiento y muchos otros detalles que no analizaremos ahora. Para que la *Ketubá* asuma una absoluta validez legal, el novio debe llevar a cabo un acto de adquisición elevando un objeto del rabino, como por ejemplo un pañuelo o una lapicera.

Las 'Siete Bendiciones' matrimoniales

Las 'Siete Bendiciones' matrimoniales que se pronuncian bajo la *Jupá* y luego durante cada uno de los siete días festivos que siguen, constituyen bendiciones obligatorias para el novio, pero –tal como se mencionó más arriba– nuestros Sabios establecieron que las pronuncie otro hombre, para evitar avergonzar al novio que no sabe recitarlas como es debido.

Las bendiciones deben ser recitadas por alguien que las entienda y las pronuncie bien. Es muy importante que la pareja recién casada escuche las bendiciones con la intención de cumplir su obligación por intermedio del hombre que está pronunciando la bendición.

1) La primera bendición: *"Bendito eres Tú, HaShem, Dios nuestro, Rey del Universo, Quien crea el fruto de la vid".*

Tal como explicamos más arriba, las ceremonias judías se inician con la bendición del vino.

2) La segunda bendición: *"Bendito eres Tú, HaShem, Dios nuestro, Rey del Universo, Quien lo ha creado todo para Su Gloria".*

Éste es un gran mensaje para el novio: debes casarte con el fin de aumentar la gloria del Creador – no por tu propio honor y tu placer.

3) La tercera bendición: *"Bendito eres Tú, HaShem, Dios nuestro, Rey del Universo, Quien forma al hombre".*

El novio Le agradece al Creador y Lo bendice por transformarlo en un hombre completo ya que hasta ahora –antes de casarse– era incompleto.

4) La cuarta bendición: *"Bendito eres Tú, HaShem, Dios nuestro, Rey del Universo, Quien formó al hombre a Su*

Imagen, conforme a la imagen de Su estructura, y le preparó –de él mismo– un edificio para la eternidad. Bendito eres Tú, HaShem, Quien forma al hombre".

Ahora el novio expresa su gratitud al Creador por haber creado a Adán, el primer ser humano, a la Imagen Divina. Y del ser humano que fue creado en la imagen Divina, Dios tomó una parte y de ella construyó un "edificio para la eternidad". En otras palabras, la mujer quien fue creada del hombre mismo, es el "edificio para la eternidad" de su marido – sin ella no tiene el hombre casa ni hogar. Por eso nuestros Sabios llamaban a sus esposas "mi hogar".

No debemos pensar que Eva fue la única en ser creada de una parte del cuerpo de Adán. Es algo intrínseco a la Creación que cada hombre sienta (cuando cumple como corresponde con su papel de marido) que su mujer es una parte de él mismo – igual que sus propios miembros. Por eso nuestros Sabios dijeron: "La esposa del hombre es como su mismo cuerpo".

Por lo tanto, el marido debe evitar el enojo a toda costa. Porque enojarse con ella es como enojarse con su propio cuerpo. Él siempre deberá entender los sentimientos de ella, regocijándose con la alegría de ella y sufriendo el dolor de ella. Tal como hemos mencionado el hecho en que el Rabino Arie Levín *zt"l* acompañó a su esposa al médico pues ella sufría fuertes dolores en una de sus piernas. Cuando el doctor preguntó qué problema tenía su esposa, Rabí Arie le contestó: "¡Nos duele la pierna!". Él sentía el dolor de ella como si fuera el suyo propio.

5) La quinta bendición: *"Haz que se regocije y tenga júbilo la 'estéril' (Jerusalén) reuniendo a sus hijos en su interior con alegría. Bendito eres Tú, HaShem, Quien alegra a Sión a través de sus hijos".*

Esta bendición es una plegaria para la reconstrucción de Jerusalén y el retorno de los exiliados. El texto compara a Jerusalén con una mujer estéril y oramos para ver su regocijo en la completa redención del Pueblo de Israel y el retorno de los exiliados. Porque cuando sus hijos están en ella, Sión (la santa Jerusalén) ya no es más considerada estéril.

Todo hogar que esté construido sobre la base de la paz y el amor está aproximando la *Gueulá*, la Redención. Por eso, cuando los esposos construyen un hogar así, es como si hubieran reconstruido una de las ruinas de Jerusalén. Dado que la ceremonia matrimonial que se lleva a cabo como es debido está acelerando la Redención, es un momento propicio para rezar por la reconstrucción del sagrado Templo en Jerusalén.

6) La sexta bendición: *"Alegra a los amados amigos tal como alegraste antaño a Tu ser creado en el Jardín del Edén. Bendito eres Tú, HaShem, Quien alegra al novio y a la novia".*

Esta bendición es de enorme profundidad. Antes que nada, los novios son llamados "amados amigos". Esto nos enseña que la base de su relación debe ser construida y basada en la amistad. El marido y su mujer deben ser amigos íntimos que disfrutan de la compañía mutua, ayudándose el uno al otro, comunicándose en forma abierta y libre y siendo leales el uno al otro.

La parte principal de la bendición es pedirle al Creador que bendiga a la nueva pareja igual que bendijo a Adán y Eva en el Jardín del Edén. En efecto, es una bendición para que estén satisfechos con su parte en la vida: que el marido esté satisfecho con su esposa y que la esposa esté satisfecha con su marido. Adán y Eva se tenían el uno al otro y no tenían a nadie más con quien compararse; por lo tanto no sentían competencia ni celos. La relación libre de celos y de competencia es una verdadera bendición.

La nueva pareja es bendecida con alegría debido a que la principal alegría de toda persona es estar contenta con lo suyo; debe estar satisfecha con lo que el Creador le dio, sin mirar nunca a los demás ni compararse con ellos. Los esposos deberían sentirse igual que Adán y Eva: así como ellos fueron creados en forma especial el uno para el otro, así también los esposos deberían sentir que también fueron creados el uno para el otro.

7) La séptima bendición: *"Bendito eres Tú, HaShem, Dios nuestro, Rey del Universo, Quien ha creado el regocijo y la alegría, el novio y la novia, la dicha, la alegre canción, el placer y el deleite, el amor y la hermandad, la paz y la amistad. Que muy pronto, HaShem, Dios nuestro, se escuche en las ciudades de Yehudá (Judea) y las calles de Yerushalaim (Jerusalén) el sonido de regocijo y el sonido de alegría, la voz del novio y la voz de la novia, el sonido de júbilo de los novios desde sus palios nupciales y de jóvenes desde sus fiestas llenas de canción. Bendito eres Tú, HaShem, Quien alegra al novio junto con la novia".*

Ésta es una bendición muy especial. HaShem ha creado una pareja espiritual –el regocijo y la alegría, para que acompañe a la pareja física, al novio y la novia, junto con todos los otros invitados de honor espirituales: la dicha, la alegre canción, el placer, el deleite, el amor, la hermandad, la paz y la amistad. Cuanto más los novios se unen con una genuina unión espiritual, más permanecerán junto a ellos en su nuevo hogar los "invitados espirituales" de la boda y de los siete días de celebración.

Cuando en el hogar reina el amor, la hermandad, la paz y la amistad, uno puede esperar escuchar el regocijo y la alegría de la completa redención. Un hogar de paz y amor en

el mundo material crea unidad en el mundo espiritual. Y la
unidad entre el mundo material y el mundo espiritual invoca
la Presencia Divina para que ésta resida también en el mundo
material. Por lo tanto, cuando la pareja vive en paz, está
literalmente construyendo el Templo Sagrado de Jerusalén,
ya que está haciendo de este mundo un lugar apropiado para
la Presencia Divina.

Y viceversa: Las rinas y el divorcio equivalen a la
destrucción del Templo Sagrado y perpetúan el exilio y la
Diáspora, ya que la Presencia Divina no puede soportar un
mundo de agitación. La paz es el mejor receptáculo para la
santidad. Y como tal, la *Jupá,* el palio nupcial, constituye una
oportunidad irremplazable para invocar la Presencia Divina
y acelerar la *Gueulá,* la total Redención, y en especial cuando
la nueva pareja se compromete a construir un hogar de amor
y de paz.

Recordar la destrucción

Tras las bendiciones, el novio pisa un vaso de vidrio y lo
hace añicos en conmemoración a la destrucción del Templo
Sagrado de Jerusalén. Y entonces recita los siguientes
versículos de los Salmos (137:5-6) diciendo: "Si te olvidare, oh
Jerusalén, que mi diestra olvide su destreza. Que se pegue
mi lengua a mi paladar si no te recordare, si no he de elevar
a Jerusalén por encima de mi alegría más grande". Nuestros
Sabios nos mandan conmemorar la destrucción de Jerusalén
en cada ocasión festiva para que recordemos que ninguna
alegría es completa si la Presencia Divina no reside junto a
nosotros. Y hasta que HaShem no reconstruya Su Templo
Sagrado en el mundo material, no podemos alegrarnos en
forma total.

Síntesis

La ceremonia nupcial judía, sus rituales y sus bendiciones, tienen por objetivo enseñarnos la forma correcta de vivir la vida matrimonial. El principio básico es que el varón es el que da y la mujer es la que recibe. El novio se compromete a una larga lista de obligaciones y responsabilidades mientras que la novia se compromete solamente a ser la esposa.

De este modo, nuestros Sabios nos enseñan los respectivos papeles de marido y mujer. El marido debe ser el *'mashpía'*, el que "influye", el dador. La mujer recibe el papel de *'mekabelet'*, la receptora, la que recibe. Cuando es así, el matrimonio es sano y se forma un ambiente que conduce a la paz y la armonía. Pero cuando ocurre lo contrario, cuando el marido espera recibir, está usurpando el rol de la mujer. Y cuando dos mujeres compiten – el hogar se transforma en un campo de batalla, ya que va en contra de las leyes de la Creación y hay fricción en lugar de armonía. Por eso, el marido debe dar sin restricción y en forma abundante, sin esperar recibir nada a cambio.

Disfruta la dulzura

Está escrito (Deuteronomio 30:15-19): "Mira, Yo puse hoy ante ti la vida y el bien, la muerte y el mal... La vida y la muerte puse delante de ti, la bendición y la maldición – ¡elige la vida!"...

De aquí aprendemos un sentido completamente distinto relativo al concepto conocido como "premio y castigo". La Torá describe dos senderos diferentes: el de las bendiciones y el de las maldiciones. El Creador del Universo, nuestro Padre Misericordioso, creó un mundo bello lleno de cosas buenas y dulces, "frutas jugosas", "vitaminas" y "minerales": la *Emuná*, la plegaria, la Torá y los Preceptos. Si elegimos el buen camino, el sendero de la Torá y escuchamos las enseñanzas y los consejos de nuestros Sabios, disfrutamos de la dulzura de este mundo. Sin embargo, el Todopoderoso ha creado también "venenos" y todo tipo de "espinas": la herejía, la lujuria, la arrogancia, la melancolía, las transgresiones, etc., que le dan a la vida un gusto amargo. Cada uno tiene el libre albedrío para elegir el sendero que prefiera.

Nosotros somos los únicos que podemos decidir qué es lo que queremos: gozar de la buena vida que el Creador nos ofrece viviendo una vida de Torá, de auténtica espiritualidad y santidad, o engullir del veneno de este mundo y revolcarnos en su suciedad, contaminando nuestro cerebro con imágenes y pensamientos lascivos y heréticos, transgrediendo los Preceptos, etc. – la decisión es nuestra. Aún, el Creador nos aconseja: "Por el propio bien, ¡elijan la vida!".

En los Salmos (34:22), el Rey David dice: "El mal matará al malvado". En otras palabras, el transgresor sufre las tribulaciones que se causó a sí mismo con sus desafortunadas decisiones. El sufrimiento de los malvados no es un castigo sino simplemente el resultado de haber elegido cosas que van en contra de la Torá.

Si la persona elige la vida, o sea, vivir de acuerdo con el consejo de la Torá, tiene esperanza de disfrutar de la dulzura de un período placentero y agradable en esta Tierra. Incluso si hasta ahora había consumido veneno espiritual, aún existe la esperanza. HaShem, en Su infinita compasión, nos dio un antídoto espiritual que anula por completo los efectos negativos de las malas elecciones y el veneno espiritual. Este antídoto se denomina *Teshuvá,* o sea, arrepentirse y retornar a HaShem, con la fuerte resolución de que a partir de este momento se comenzará a transitar por el sendero de la Torá y los Preceptos.

El novio y la novia deben tomar la decisión de hacer de su nuevo hogar una residencia digna de la Presencia Divina. Esto significa una casa decente con las menores influencias negativas posibles. La santidad y la paz van mano a mano con las bendiciones, mientras que la lascivia y la falta de recato, en cualquier forma en que se presenten (fotografías, reproductores de DVD, Internet no protegido, forma de vestirse, forma de hablar, y demás) están íntimamente relacionadas con las maldiciones, ya que ellas y la Presencia Divina son mutuamente excluyentes.

La tradición judía, las velas de *Shabat,* el *Kidush,* la mesa de *Shabat,* la celebración de las festividades, y todo lo demás le confieren al hogar una atmósfera de tranquilidad y santidad. Cuando el marido y la mujer hablan de *Emuná,* de confianza en HaShem, de amor y de alegría, de la Torá y de los Preceptos, la Presencia Divina ilumina su hogar.

La 'Pureza Familiar' le permite a la pareja gozar de la verdadera dulzura del matrimonio. He aquí algunas de sus valiosas ventajas:

• **Renovación** – los días en que la pareja se abstiene de mantener relaciones por la menstruación de la mujer crean un maravilloso clima de renovación mensual. Estos días de separación física crean un anhelo del uno por el otro, y es por eso que la noche de la inmersión en la *Mikve* es como la noche de bodas que vuelve a tener lugar cada mes.

• **Hijos** – los hijos que nacen dentro del contexto de pureza familiar son dulces y equilibrados. Por el contrario, los que nacen de una mujer que no se sumerge en una *Mikve* son a menudo rebeldes e insolentes.

• **Sustento** – el acto de cumplir con las leyes de la 'Pureza Familiar' conduce a un buen sustento. Las parejas que no observan las leyes de pureza familiar por lo general sufren de dificultades financieras y de deudas sin entender la causa.

La preparación principal

La preparación más importante con vistas al matrimonio es la plegaria. La persona que planea casarse deberá contar con un plan de ahorro de plegarias, sin dar por sentado ningún detalle. Deberá orar para encontrar a la pareja indicada, para poder llevar a cabo todos los preparativos de la boda y para todo lo que va a necesitar después de la boda. Deberá rezar para que el Creador le dé paz en el hogar, comprensión, comunicación, autorrealización, tranquilidad, salud física y emocional, buenos hijos, un sustento adecuado, buenos vecinos...

¡No dejes piedra de plegaria sin mover! Cuantas más plegarias hayas acumulado, más probabilidades tendrás de tener éxito en el matrimonio.

La persona soltera se está haciendo a sí misma un enorme favor al separar una hora diaria para la 'Hitbodedút', la plegaria personal en aislamiento, y en especial para pedirle al Creador que le envíe su verdadera pareja. Cada plegaria crea un ángel poderoso que ayuda a la persona en algún momento de la vida. Cuando el novio oró en forma extensiva antes del casamiento, todos esos ángeles que formó se paran junto a él bajo el palio nupcial. Además, no hay nada que invoque la ayuda del Todopoderoso como la plegaria.

Uno de los principios básicos de la *Emuná* es que la vida del hombre está determinada por el Tribunal Divino. Cuando se reza antes de llegar a la boda, o sea, antes de que llegue el juicio, entonces, a través de esas plegarias se diseña literalmente el propio futuro conyugal y se puede agregar más y más colores y belleza al cuadro de la futura vida.

Por el contrario, cuando se empieza a rezar *después* de que surge la necesidad, se debe enfrentar una complicada serie de juicios severos. Es mucho más difícil revocar un juicio severo que ya se ha manifestado en la vida, que uno que aún no se ha puesto de manifiesto. Es por eso que la plegaria preventiva y la plegaria diaria en aislamiento son tan importantes.

Además, hay que saber que las oraciones mutuas tienen un poder especial. El novio y la novia no deben rezar solamente para tener éxito en su vida en conjunto sino que también deben rezar el uno por el otro. Deberán rezar por sus aspiraciones mutuas, por amor, por amistad, por comunicación, y por comprensión. Esas plegarias son el cimiento de la unidad en el hogar.

Tampoco deberán olvidar rezar ser fértiles y tener hijos buenos, justos y sanos. También deben rezar para que haya paz entre ellos y entendimiento entre las familias de los dos, para estar de acuerdo en el lugar en que vivirán, etc.

Ahora bien, la principal responsabilidad de la plegaria recae sobre los hombros del marido, ya que la paz conyugal depende enteramente de él. Por consiguiente, él debe rezar para lograr respetar y honrar a su esposa, para amarla en forma incondicional y abstenerse de toda crítica, reproche u observación, pase lo que pase.

Para sabe sobre qué hay que rezar, se debe estudiar antes. Por lo tanto, cada novio deberá estudiar este libro en forma muy concienzuda y escuchar nuestros CDs como 'El Respeto a la Esposa', y otros que contienen invalorable información que es absolutamente necesaria para el éxito conyugal. No basta con aprender, luego hay que rezar sobre lo estudiado para que el Creador ayude a interiorizar y a ponerlo todo en práctica.

La plegaria y el estudio son de crucial importancia antes de la boda – antes de que empiecen los errores lo que, Dios no lo permita, pueden llevar a la destrucción del matrimonio que apenas comenzó. Reparar un edificio mal construido es mucho más difícil que construir un edificio macizo desde cero. Lo mismo ocurre con el matrimonio. Por eso, la combinación de plegaria e instrucción prematrimonial (como por ejemplo, este libro y los mencionados CDs) constituyen una forma maravillosa de prepararse para este proyecto de vida – el matrimonio.

Las plegarias del día de la boda

El día de la boda es un momento especial que debe dedicarse a la plegaria y a la *Teshuvá*. Hay que tomar todos los recaudos para que el novio y la novia no tengan que ocuparse de detalles de último momento en ese día tan importante, sino que puedan tener el día libre dedicado a una seria preparación espiritual para la nueva vida compartida.

Si uno vive en Israel, lo más recomendable es ir de visita al Muro de los Lamentos (el *Kotel*) o a la tumba de algún gran Justo. Si uno se encuentra fuera de Israel, deberá tratar de encontrar una habitación o un lugar apartado en el que pueda orar y hablar con el Creador sin interrupciones.

En primer lugar, uno deberá darle las gracias a Dios por todas las bendiciones que tuvo en la vida hasta ese momento y en especial por el inminente día más importante de su vida: el día de su boda. Luego deberá llevar a cabo un profundo examen de conciencia y pedirle perdón al Creador por todas las faltas que cometió desde que nació hasta ese mismo día. La confesión, el genuino arrepentimiento y la firme resolución de que se comportará mejor, constituyen la clase de *Teshuvá* que purifica por completo el alma. Luego, uno deberá rezar por una *Emuná* genuina e inquebrantable en HaShem, en Su Torá y en los Justos.

En este día tan maravilloso, los novios deberán rezar por vivir el resto de sus vidas bajo un mismo techo. Lo principal es que oren por *Emuná* y paz hogareña. Deberán pedirle a HaShem que les dé amor, amistad, comprensión, mutuo respeto y santidad para que su hogar sea un lugar digno de la Presencia Divina. Los novios también deberán rezar por todas sus necesidades materiales, y en especial gozar de excelente salud, un adecuado sustento y éxito en todo lo que emprendan. Éste es también el día indicado para rezar por la fertilidad y por hijos buenos, rectos y justos, que sean sanos física y mentalmente. También deberán orar para vivir en paz y para que haya buenas relaciones entre ambas familias. Nada puede darse por sentado. Son tantas las cosas que pueden ir mal que uno debe rezar para que la ceremonia del casamiento sea un éxito y que haya mucha alegría y muchos bailes. Lo más recomendable es escribir una lista de todas estas plegarias en un cuaderno o una libreta. También se pueden recitar las plegarias de Rabí Natan de Breslev que figuran en el libro 'Recolección de Plegarias' (*Likutey Tefilót*).

Podemos aprender el poder de la plegaria en el día de la boda de una anécdota de Rabí Najman de Breslev. El Rabí oyó que su hija casada le estaba gritando a la criada. Entonces le preguntó: "¿Por qué no rezaste por una mucama buena y confiable que siempre te entienda y cumpla con tu voluntad en el día de tu casamiento? Así ahora no tendrías que estar gritando y perdiendo los estribos...".

El nivel más exaltado es cuando los novios tienen el mérito de llegar a la boda tras un día repleto de plegarias y de *Teshuvá*.

¡Que HaShem los ayude y que tengan mucho éxito!

Glosario

Arca del Pacto – El Arca que contenía las Tablas de piedra en las que estaban inscriptos los Diez Mandamientos, y que estaba guardada en la recámara más santa del Templo.

Cabalá, Cábala (hebreo) – La tradición, sabiduría y pensamiento esotérico (místico) judío.

Emuná (hebreo) - La firme y absoluta fe en un único, supremo, omnisciente, benévolo, espiritual, sobrenatural y todopoderoso Creador del Universo, a Quien nos referimos como Dios. En el libro 'En el Jardín de la Fe' se explica que la Emuná se basa en tres reglas principales: La convicción de que todo proviene del Creador, de que todo es para bien, y que en todo lo que le sucede al hombre se encuentra un mensaje individual para él.

Gueulá (hebreo) – La redención del Pueblo de Israel y del mundo entero.

Halajá (hebreo) – La Ley Judía, extraída de la Torá escrita y oral. El libro principal de la *Halajá* es el *'Shulján Aruj'*.

HaShem (hebreo) – Dios Todopoderoso, el Creador del Universo, el Rey de reyes. Literalmente significa "El Nombre", un término sustituto para Dios Todopoderoso de modo que no nos arriesguemos a usar Su Santo Nombre en vano.

Hitbodedút (hebreo) – La "Plegaria Personal en Aislamiento", una diaria cita íntima con el Creador de por lo menos sesenta minutos, donde el hombre puede expresarse con sus propias palabras y lengua frente a HaShem, pidiendo Su guía ayuda o consejo y un tiempo adecuado para meditación y introspección.

Juicios Severos – *"Diním"* en hebreo, fuerzas espirituales creadas por las transgresiones y pecados de una persona y que le conducen a todo tipo de tribulaciones si no ha hecho *Teshuvá.*

Jupá (hebreo) – Palio nupcial.

Kasher, Kosher (hebreo) – Apto. Término utilizado para indicar el cumplimiento de los requisitos de la Ley Judía. También se usa para describir una comida permitida según la *Halajá.*

Kedushá (hebreo) – Estado de santidad que llega de la purificación espiritual del hombre.

Ketubá (hebreo) – El contrato matrimonial judío donde se detalla las obligaciones del marido a su esposa.

Kidush (hebreo) – Plegaria y bendición recitadas sobre el vino para santificar el sagrado día de *Shabat,* antes de la comida festiva.

Midrash (hebreo) – Colección de interpretaciones de la Torá que contiene enseñanzas morales y filosóficas de los Sabios, sobre todo de fuentes Talmúdicas.

Mikve (hebreo) – Literalmente "recolección de aguas". Es el baño ritual judío alimentado por agua natural pura (como agua de lluvia o de un manantial) que al sumergirse en ella lleva a la purificación espiritual.

Mishná (hebreo) – La primera redacción escrita de la Ley Oral como fue estregada por HaShem a Moisés en el Sinaí, finalmente codificada por Rabí Yehudá HaNasí en el segundo siglo de la era común con las principales tradiciones de los Sabios hasta su época.

Parashá (hebreo) – Sección de la Torá.

Preceptos – Los Mandamientos del Creador. *"Mitzvót"* en hebreo.

Shabat (hebreo) – El sábado, el sagrado séptimo día de la semana de descanso, que atestigua la Creación del universo. Una de las observaciones principales y más características del Judaísmo.

Shalom Bait (hebreo) – Literalmente "paz en el hogar", la perfecta dicha y armonía matrimonial.

Shejiná (hebreo) – La Presencia Divina.

shlit"a (hebreo) – El sufijo usado después del nombre de un rabino contemporáneo. Es el acrónimo de "que merezca buenos y largos días".

Shulján Aruj (hebreo) – El Código de Ley Judía compilada por Rabí Yosef Caro de Safed (1488–1575), y que toca todos los aspectos de la vida.

Talmud (hebreo) – Cuerpo oficial de la tradición y Ley Judía sobre el cual se basa la *Halajá*. Es el conjunto de la *Mishná* escrita en hebreo y de la *Guemará* que elabora a la *Mishná*, escrita en arameo.

Tefilín (arameo) – Filacterias. Dos pequeñas cajitas negras de cuero que contienen pasajes específicos de la Torá. La Torá ordena a todo varón judío desde trece años a colocárselos encima sobre la frente y el brazo todo día hábil.

Teshuvá (hebreo) – Literalmente "retorno o regreso", el término que se refiere al proceso del arrepentimiento por las transgresiones de alguien y su retorno a HaShem y al buen camino de la Torá.

Tikún – rectificación espiritual del alma del hombre.

Tikún HaBrit (hebreo) – literalmente "rectificación del pacto santo", implica un estado de pureza y santidad personal.

Tikún HaKlalí (hebreo) – "El Remedio General". Los famosos Diez Salmos (16, 32, 41, 42, 59, 77, 90, 105, 137, 150) revelados por Rabí Najman de Breslev para la purificación del alma y la santidad personal del hombre.

Tzadik (hebreo) – Justo. Persona muy piadosa y recta que cumple con la Voluntad Divina. (*Tzadikim* en plural).

Tzitzit (hebreo) – Flecos que prenden de los cuatro ángulos del *Talít* (manto ritual de rezo).

Yeshivá (hebreo) – Institución o seminario para el aprendizaje y estudio de la Torá.

Zohar (hebreo) – "Libro del Esplendor". Obra principal de la Cabalá que contiene la interpretación esotérica de la Torá según la tradición oral por Rabí Shimon bar Yojai y sus discípulos en el siglo dos de esta era.

z"l (hebreo) – Iniciales de "bendita sea su memoria" que es el sufijo usado después del nombre de un fallecido (tal como se usa "que en paz descanse").

zt"l (hebreo) – Iniciales de "bendita sea la memoria del Justo" que es el sufijo usado después del nombre de un gran Sabio o Justo fallecido.

¿Disfrutaste de este libro?

¡De ser así, únete a nosotros y ayúdanos a difundir el mensaje de la *Emuná*, la pura y auténtica fe, alrededor del mundo!

***

Contribuciones, preguntas, comentarios y encargos:

972–52–2240696

www.myemuna.com

Instituciones *'Jut shel Jesed'*

972 2–5812210

Apartado postal: 50226,

Jerusalén, Israel

Que el mérito de este libro lleve
éxito material y espiritual a

Eliahu ben Rut

Y toda su familia

Que el Creador los colme con todas
las bendiciones escritas en la Torá,
¡Amén!

Made in United States
Orlando, FL
30 November 2024

54657055R00215